重庆大学中央高校基本科研业务费项目
"21世纪国际共产主义史学新发展研究"

中国
社会科学
博士论文
文库

历史唯物主义视域下的空间伦理研究

On Space Ethics: An Understanding Based on
Historical Materialism

李家丽 著
导师 董慧

中国社会科学出版社

图书在版编目（CIP）数据

历史唯物主义视域下的空间伦理研究／李家丽著 .—北京：中国社会科学出版社，2022.12

（中国社会科学博士论文文库）

ISBN 978-7-5227-0749-5

Ⅰ.①历… Ⅱ.①李… Ⅲ.①伦理学—研究 Ⅳ.①B82

中国版本图书馆CIP数据核字（2022）第145852号

出版人	赵剑英
责任编辑	朱华彬
责任校对	谢　静
责任印制	李寡寡

出　版	中国社会科学出版社
社　址	北京鼓楼西大街甲158号
邮　编	100720
网　址	http://www.csspw.cn
发行部	010-84083685
门市部	010-84029450
经　销	新华书店及其他书店

印刷装订	北京君升印刷有限公司
版　次	2022年12月第1版
印　次	2022年12月第1次印刷
开　本	710×1000　1/16
印　张	15.75
字　数	256千字
定　价	89.00元

凡购买中国社会科学出版社图书，如有质量问题请与本社营销中心联系调换
电话：010-84083683
版权所有　侵权必究

《中国社会科学博士论文文库》编辑委员会

主　　任：李铁映

副 主 任：汝　信　江蓝生　陈佳贵

委　　员：(按姓氏笔画为序)

王洛林　王家福　王辑思
冯广裕　任继愈　江蓝生
汝　信　刘庆柱　刘树成
李茂生　李铁映　杨　义
何秉孟　邹东涛　余永定
沈家煊　张树相　陈佳贵
陈祖武　武　寅　郝时远
信春鹰　黄宝生　黄浩涛

总 编 辑：赵剑英
学术秘书：冯广裕

总　序

在胡绳同志倡导和主持下，中国社会科学院组成编委会，从全国每年毕业并通过答辩的社会科学博士论文中遴选优秀者纳入《中国社会科学博士论文文库》，由中国社会科学出版社正式出版，这项工作已持续了12年。这12年所出版的论文，代表了这一时期中国社会科学各学科博士学位论文水平，较好地实现了本文库编辑出版的初衷。

编辑出版博士文库，既是培养社会科学各学科学术带头人的有效举措，又是一种重要的文化积累，很有意义。在到中国社会科学院之前，我就曾饶有兴趣地看过文库中的部分论文，到社科院以后，也一直关注和支持文库的出版。新旧世纪之交，原编委会主任胡绳同志仙逝，社科院希望我主持文库编委会的工作，我同意了。社会科学博士都是青年社会科学研究人员，青年是国家的未来，青年社科学者是我们社会科学的未来，我们有责任支持他们更快地成长。

每一个时代总有属于它们自己的问题，"问题就是时代的声音"（马克思语）。坚持理论联系实际，注意研究带全局性的战略问题，是我们党的优良传统。我希望包括博士在内的青年社会科学工作者继承和发扬这一优良传统，密切关注、深入研究21世纪初中国面临的重大时代问题。离开了时代性，脱离了社会潮流，社会科学研究的价值就要受到影响。我是鼓励青年人成名成家的，这是党的需要，国家的需要，人民的需要。但问题在于，什么是名呢？名，就是他的价值得到了社会的承认。如果没有得到社会、人民的承认，他的价值又表现在哪里呢？所以说，价值就在于对社会重大问题的回答和解决。一旦回答了时代性的重大问题，就必然会对社会产生巨大而深刻的影响，你也因此而实现了你的价值。在这方面年轻的博士有很大的优势：精力旺盛，思维敏捷，勤于学习，勇于创新。但青年学者要多向老一辈学者学习，博士尤其要很好地向导师学习，在导师的指导下，发挥自己的优势，研究重大问题，就有可能出好的成果，实现自己的价值。过去12年入选文库的论文，也说明了这一点。

什么是当前时代的重大问题呢？纵观当今世界，无外乎两种社会制度，一种是资本主义制度，另一种是社会主义制度。所有的世界观问题、政治问题、理论问题都离不开对这两大制度的基本看法。对于社会主义，马克思主义者和资本主义世界的学者都有很多的研究和论述；对于资本主义，马克思主义者和资本主义世界的学者也有过很多研究和论述。面对这些众说纷纭的思潮和学说，我们应该如何认识？从基本倾向看，资本主义国家的学者、政治家论证的是资本主义的合理性和长期存在的"必然性"；中国的马克思主义者，中国的社会科学工作者，当然要向世界、向社会讲清楚，中国坚持走自己的路一定能实现现代化，中华民族一定能通过社会主义来实现全面的振兴。中国的问题只能由中国人用自己的理论来解决，让外国人来解决中国的问题，是行不通的。也许有的同志会说，马克思主义也是外来的。但是，要知道，马克思主义只是在中国化了以后才解决中国的问题的。如果没有马克思主义的普遍原理与中国革命和建设的实际相结合而形成的毛泽东思想、邓小平理论，马克思主义同样不能解决中国的问题。教条主义是不行的，东教条不行，西教条也不行，什么教条都不行。把学问、理论当教条，本身就是反科学的。

在21世纪，人类所面对的最重大的问题仍然是两大制度问题：这两大制度的前途、命运如何？资本主义会如何变化？社会主义怎么发展？中国特色的社会主义怎么发展？中国学者无论是研究资本主义，还是研究社会主义，最终总是要落脚到解决中国的现实与未来问题。我看中国的未来就是如何保持长期的稳定和发展。只要能长期稳定，就能长期发展；只要能长期发展，中国的社会主义现代化就能实现。

什么是21世纪的重大理论问题？我看还是马克思主义的发展问题。我们的理论是为中国的发展服务的，决不是相反。解决中国问题的关键，取决于我们能否更好地坚持和发展马克思主义，特别是发展马克思主义。不能发展马克思主义也就不能坚持马克思主义。一切不发展的、僵化的东西都是坚持不住的，也不可能坚持住。坚持马克思主义，就是要随着实践，随着社会、经济各方面的发展，不断地发展马克思主义。马克思主义没有穷尽真理，也没有包揽一切答案。它所提供给我们的，更多的是认识世界、改造世界的世界观、方法论、价值观，是立场，是方法。我们必须学会运用科学的世界观来认识社会的发展，在实践中不断地丰富和发展马克思主义，只有发展马克思主义才能真正坚持马克思主义。我们年轻的社会科学博士们要以坚持和发展马克思主义为己任，在这方面多出精品力作。我们将优先出版这种成果。

2001年8月8日于北戴河

序

　　李家丽博士的新著《历史唯物主义视域下的空间伦理研究》即将出版，请我作序。这部著作是作者在其博士论文的基础之上，不断修改与完善而成的。作为她的博士生导师，有感于家丽学术成长历程和空间伦理研究重要的理论价值和时代意义，谈一些初步的想法。家丽本硕阶段学的都是哲学专业，有良好的哲学基本功底，在博士论文选题时，她延续了我前期在空间理论研究领域的方向，从空间批判发展到空间伦理的建构上来。时隔两年，重新阅读这篇博士论文，依旧觉得空间伦理研究有必要性和合理性。

　　家丽选择空间伦理作为博士论文的研究对象，这是我们讨论而确定的。选择这个研究主题原因有二。第一个原因是，新时代中国面临的一系列空间善治问题需要进行伦理反思，主要体现在与民生相关的住宅空间、城乡关系和全球空间的治理方面。资本全球化的逐利行为形成了全球"中心——边缘"的空间结构，导致空间不平衡发展。因此，从空间视角进行资本及其权力的批判显得极为重要。资本与权力是空间不平衡发展的重要原因，是对空间异化的解构性研究。而空间伦理侧重于建构性研究，对资本与权力固化的空间结构进行打破与重组，激活社会空间的人文价值与情感关怀。空间资本论和空间权力论的研究，在国内已经取得了不少重要的研究成果。但是从空间伦理角度展开的批判性研究还处于发展阶段，需要进一步地推进。在这样的背景下，该博士论文选题就显得很有意义。

第二个原因是，学术研究延续性的问题。空间伦理是对马克思主义空间批判思想的进一步研究。虽然在马克思恩格斯的论著中并没有直接的、清晰的、系统的空间内容，但是空间却始终存在于马克思恩格斯对资本主义社会的批判过程中，空间成为联系资本、阶级和社会的枢纽。空间批判是马克思主义研究的重要内容和方法。在人文社科类研究兴起"空间转向"的过程中，空间要素的重要性开始凸显出来。人们在对流逝时间的关注中发现"地方""场所"和"空间"也是影响人类社会发展的重要因素。地理空间、社会空间和精神空间共同组成了人类生存与发展的空间范畴。资本、权力、伦理与阶级共同作用在空间之中，在空间形态上烙印了人的实践痕迹，呈现出政治性、价值性和社会性等特征。因此，空间批判研究中必然内含了伦理向度的思考。

我在2008年左右关注到以大卫·哈维、亨利·列斐伏尔等为代表的马克思主义空间批判学者及其观点。在翻译大卫·哈维的《金融危机的城市根源：反资本主义斗争的城市重建》（2012）和《资本的城市化：资本主义城市化的历史与理论研究》（2017）的过程中，也在《哲学研究》《世界哲学》等期刊上发表了一系列关于空间正义、城市权利、空间批判主题的学术成果。2016年，我获得"基于空间正义的城市治理研究"的国家社科项目，同年，家丽取得华中科技大学创新研究院硕博连读资格，按照华中科技大学国家治理研究院和马克思主义学院的交叉学科博士培养方案攻读博士学位。我们在开展上述国家社科项目研究的过程中，结合她的教育背景与培养计划，确定了她的博士论文研究方向——继续展开马克思主义空间理论方面的研究。这种师门学术传承是一种有效的、科学的研究方法，有利于推进马克思主义空间理论研究的延续性与发展性。

空间伦理追问的是人如何在空间中生活得更好的现实问题。该书尝试将空间伦理作为独立的研究问题提出，用于对个体与人类生存所面临的身体空间、城市空间以及全球空间中出现的纵横交错的空间现象做出分析，进一步从空间善治的伦理角度构建一套认识人民群众美好生活的整体框架。空间伦理本身的研究在学界并不多，没有形成较为通用的概念。但由于它与人的生存息息相关，理解起来也并非难题。我们或多或少都会经历一些空间伦理的问题，比如身心健康就是一种空间伦理状态，健康的身体才是符合伦理要求的。目前学界在空间批判方面的研究集中于空间资本化与空间权力化两方面，这些研究为空间伦理奠定了基础。在此基础上，该书将空间批判转向了伦理视角。

作为一个马克思主义基本原理专业的博士生，家丽首先将研究视野拉回到了马克思。并立足文献，梳理出了马克思恩格斯在批判资本主义社会及其生产方式的过程中产生的空间伦理的精彩洞见，比如异化劳动中劳动者的身心健康问题，资本逻辑中城乡空间逐步分离、对立的伦理关系问题，世界市场形成过程中资本主义文明对全球地方性、民族性文化的冲击问题。在此基础上，伴随着时空条件的发展，根据人类实践产生的社会关系以及生存空间的不同层次，该书提出了研究的基本框架，将空间划分为：身体空间、城市空间和全球空间，再结合微观视角、中观视角和宏观视角对空间实践的伦理问题进行具体性的分析与解释，形成身体伦理、城市伦理与全球伦理三大研究对象，并展开讨论了具体空间伦理问题的表现方式、根本原因和解决路径。该书的最后一章将空间伦理的理论研究落脚在了新时代中国的空间实践上，凸显了空间伦理研究的现实意义。新时代中国的空间实践以空间善治为根本目标，坚持以人民为中心的发展思想，推动"住有所居"政策的落实，回归居住空间的原初功能；推动城乡融合一体化发展，实现城乡空间对生产、生态和生活的有机统一；推动"一带一路"空间倡议的深化，增进全人类的共同福祉。

每一个现实的个人都向往着美好生活，这种力量凝聚为人类对理想社会的追求。从"理想国""乌托邦""明日的田园城市"等，到"自由人的联合体""人类命运共同体"，这些理想社会都蕴含着空间伦理的思考。在全球化、信息化加速发展的新时代，空间有了新的形式——网络空间成为社会关系的重要场域，整个社会空间正在分裂与重组，一切都是新的开始。"理论是灰色的，生活之树常青"，对于空间伦理的理解将伴随着时空变迁，需要我们做出新的回答，这是历史唯物主义视域的内在要求，也是保持理论创新与实践创新的必然要求。立足马克思主义基本立场，运用好唯物辩证法，一切研究从人的实践活动出发，让理论与实践相互激荡，激活学术研究的生命力。

正是因为有非常清晰和明确的研究方向，在华中科技大学哲学学院打下了扎实基础，以及在华中科技大学国家治理研究院和马克思主义学院接受了良好的科研训练，家丽在博士期间取得了优秀的学术成果：主持完成了华中科技大学研究生自主创新项目"城市文化及城市治理现代化研究"，并参与多项国家社科项目；在《世界哲学》《学习与实践》等期刊上发表了与空间主题相关的论文，其中一篇被人大复印报刊资料《哲学原理》全文转载；同时，面向现实问题，积极撰写对策建议案，其中一篇被《光明日报》内参（《情况反映·知识界动态清样》）所采纳。2020年博士毕业后，入职重庆大学马克思主义学院，主持重庆市社会科学规划项目。这些都表明家丽博士具有敏锐的问题意识和开阔的学术视野，也说明了马克思主义空间批判这个主题的前沿性、丰富性和重要性。相信家丽博士在未来的学术研究领域中会取得更大的成绩。

董 慧

2022 年 9 月 28 日

于华中科技大学

摘　　要

人类社会是一部时间史，也是一部空间史。人民群众既是历史的创造者，也是空间的实践者。在历史唯物主义视域下，空间伦理是指人类在空间实践中以善的价值为核心形成的规范性关系秩序。空间伦理有利于人们自觉协调个人与自我、与群体、与人类的社会关系，实现空间善治状态中人与空间的和谐。

历史唯物主义视域下的空间伦理研究立足于人的生产活动和生活实践，以空间存在和空间伦理的辩证关系为依据，考察空间伦理的具体形态和实践路径。根据社会关系内容的多样性和空间范围的层次性，空间被具体划分为三个层次：微观层面的身体空间、中观层面的城乡空间、宏观层面的全球空间。由于全球化和现代化的城市内集中了大量的人口和资本，社会利益关系更加紧张，所以伦理问题便集中在当代人的身体、城市和全球中不断凸显。据此，根据具体空间的伦理诉求主要讨论相互关联的身体伦理、城市伦理和全球伦理。

马克思恩格斯在批判资本主义社会时也触及了空间伦理的基本问题。比如资本主义生产方式下异化劳动对个体身心健康的损害、城市资本伦理对乡村血缘伦理的解构、世界市场对地方传统的冲击等。他们认识到要实现人的解放和全面发展的终极价值就必须对资本主义社会进行彻底的批判。此后伴随着全球化、信息化、城市化进程，当代空间有了新的形态：个体身体呈现出标准化和符号化特征，城市社会中阶级关系开始流动起来，全球空间也从资本主导走向了多元因素并存的现实。在新的历史条件下，空间伦理的基本问题也有了新的内容，需要进一步反思。

首先，身体伦理是空间伦理的微观起点。现实的个人以身体为存在的基本事实，重构身体伦理是指现实的个人要在丰富的日常生活世界中解放被技术标准化的身体和被消费主义符号化的身体，从而确立人的主体性地位，达到自觉完善的目的。其次，城市伦理是空间伦理的中观核心。人拥有身体的同时也生活在城市空间中，重构城市伦理是指在城市陌生化社会中，以人文、和谐、正义的伦理精神去指导城市空间治理，实现人民的城市权利和空间正义，激发城市社会生机活力。最后，全球伦理是空间伦理的宏观未来。在以全球伦理乌托邦化的时代背景下，重构全球伦理就是指在经济、政治、文化等多元因素并存的全球化中，重新思考全球与地方的发展关系，发扬人类命运共同体理念，在风险与机遇中寻求合作共赢，增进全人类的共同福祉。

无论是身体伦理、城市伦理还是全球伦理在本质上都属于空间伦理的有机部分，它们共同朝向了空间善治目标，即实现人民对美好生活的向往。空间伦理研究启发新时代中国在面对人民居住、城乡关系和全球合作等重任时，落实了以人民为中心的"住有所居"的空间政策；构建了以城乡一体化发展为伦理目标的"城乡融合"的空间格局，推动了以共商共建共享为伦理原则的"一带一路"的空间倡议。这既凸显了中国在新时代空间治理的责任担当，也印证了空间伦理研究的现实价值。

关键词：空间伦理；空间实践；价值规范；空间善治

Abstract

Human society is a history of time as well as a history of space. The people are both the creators of history and the practitioners of space. The reason why space ethics has become a new era theme of social space criticism and Marxist philosophy research is not only the essential requirement of how people in the new era live better in different Spaces, but also the innovation of the era of Marxist space philosophy research theme. Ethics must be incorporated into the thinking of space from the perspective of space as the ontological principle of human existence. Space ethics not only includes the expression of different ethical relations in space, but also includes how to realize different ethical relations in space. From the perspective of historical materialism, space ethics refers to the normative relational order formed by human beings in space practice with the value of goodness as the core. Space ethics is conducive to coordinating the social relationship between individuals and self, groups, and human beings, so as to realize the harmonious relationship between people and space in the state of good spatial governance.

The study of space ethics from the perspective of historical materialism is based on human production activities and life practice, and based on the dialectical relationship between space existence and space ethics, it examines the specific practical form of space ethics. The space is divided into three parts according to the diversity of social relations and the hierarchy of the spatial extent: body space at the micro level, urban and rural space at the meso level, and global space at the macro level. With globalization and modernization, the population and resources are more and more concentrated, and the social interests are more tense. Therefore, ethical issues are constantly highlighted in contemporary people's bodies, cities and the world. According to the demands of space ethics, the book will mainly discuss body ethics, urban ethics and global ethics.

When Marx and Engels criticized capitalism, they touched on the basic problem of spatial ethics. For example, alienated labor under private ownership damages the physical and mental health of workers, the urban capital ethics deconstructs the rural blood ethics, and the world market impacts local traditions. Since then, with the process of globalization, informatization, and urbanization, contemporary space has taken on a new form: individual body forms are gradually standardized and symbolized; Class relations in urban society have become fluid and alienated; The global space has also moved from the dominance of capital to the reality of the coexistence of multiple factors. Under the new historical conditions, the generated new questions of space ethics require new reflections. This book focuses on the following three parts:

First, body ethics is the microscopic starting point of space ethics. The basic fact that the real individual takes the body as the existence, reconstructing the body ethics means that the individual should liberate the body standardized by technology and symbolized by consumerism in the world of daily life, so as to establish the status of human subjectivity and achieve self-improvement.

Secondly, urban ethics is the meso-core of space ethics. Humans live in cities while they have bodies. Reconstructing urban ethics means integrating the ethical spirit of humanity, harmony and justice into urban space governance in an urban defamiliar society, realizing people's urban rights and space justice, and stimulating the vitality of urban society.

Finally, global ethics is the macro future of space ethics. In the predicament of utopianization of global ethics, reconstructing global ethics means rethinking the relationship between global and local in the coexistence of economic, political, cultural and other factors, establishing the concept of a community with a shared future for mankind, and seeking win-win cooperation amid risks and opportunities. To enhance the common well-being of all mankind.

Essentially, the body ethics, urban ethics, and global ethics studied in the preceding paragraphs are all organic components of space ethics. Their core values all point to good governance in space. In the new era, China adheres to the principle of good spatial governance and promotes the practice of spatial ethics, which is embodied in the following aspects: first, to realize the people's longing for a better life; second, to build a spatial development pattern of "urban-rural integration"; third, highlighting the co-construction and sharing space ethics of the "Belt and Road". This not only reflects China's responsibility in the new era, but also confirms the practical value of space ethics research.

目 录

引 言 ……………………………………………………（1）

第一章 历史唯物主义视域下空间伦理的基本规定 …………（33）
 第一节 研究视域：历史唯物主义视域 ………………（34）
 第二节 内涵界定：空间、伦理与空间伦理 …………（39）
 第三节 研究对象：身体、城市和全球的伦理困境 ……（52）
 第四节 基本特征：历史性、实践性、价值性 …………（59）

第二章 历史唯物主义视域下空间伦理的基本问题 …………（62）
 第一节 微观层面：异化劳动对个体道德的损害 ………（63）
 第二节 中观层面：城乡对立对社会伦理的解构 ………（73）
 第三节 宏观层面：世界市场对地方传统的冲击 ………（82）

第三章 空间伦理的微观起点：现实的个人和身体伦理 ……（91）
 第一节 身体：微观空间的表现形式 …………………（91）
 第二节 理论透析：身体空间和伦理的内在统一 ………（94）
 第三节 问题缘由：身体空间中的伦理问题及原因 ……（100）
 第四节 重构身体伦理，引导个体自我完善 …………（108）

第四章 空间伦理的中观核心：社会关系和城市伦理……（117）
  第一节 城市：中观空间的表现形式……………………（117）
  第二节 理论透析：城市空间和伦理的相互表征………（121）
  第三节 问题缘由：城市空间中的伦理问题及原因……（126）
  第四节 重构城市伦理，激活社会生机活力……………（136）

第五章 空间伦理的宏观未来：人类解放和全球伦理……（147）
  第一节 全球：宏观空间的表现形式……………………（148）
  第二节 理论透析：全球空间和伦理的互构关系………（151）
  第三节 问题缘由：全球空间中的伦理问题及原因……（158）
  第四节 重构全球伦理，增进人类共同福祉……………（165）

第六章 新时代中国空间伦理的善治实践………………（176）
  第一节 空间伦理的善治目标：人民对美好
       生活的向往……………………………………（177）
  第二节 空间伦理的善治实践：新时代中国的
       空间治理………………………………………（186）

结　论………………………………………………………（202）

参考文献……………………………………………………（205）

索　引………………………………………………………（223）

致　谢………………………………………………………（227）

Contents

Introduction ··· (1)

**Chapter 1 Basic Provisions of Space Ethics from the
            Perspective of Historical Materialism** ················ (33)

  Section 1 Research Perspective: Historical Materialism
              Perspective ·· (34)

  Section 2 Connotation Definition: Space, Ethics and
              Space Ethics ·· (39)

  Section 3 Object of study: Physical, Urban and Global
              Ethical Dilemmas ··· (52)

  Section 4 Basic Features: Historicity, Practicality,
              Value ··· (59)

**Chapter 2 The Basic Problems of Space Ethics in
            Historical Materialism** ································· (62)

  Section 1 Micro level: Alienated Labor Damages
              Individual Morality ······································ (63)

  Section 2 Mesoscopic level: Urban – rural Opposition
              Deconstructs Social Ethical Relations ············ (73)

  Section 3 Macroscopic Level: Local Tradition Impacted by
              World Markets ·· (82)

Chapter 3　The Basis of Space Ethics is Realistic Human and Body Ethics ……………………………………………… (91)

Section 1　Real body: The Existence Form of Microscopic Space ………………………………………………… (91)

Section 2　Theoretical Analysis: Internal Unity of Body and Ethics ………………………………………………… (94)

Section 3　Reasons for the Problem: Ethical Issues and Reasons in Body Space ………………………… (100)

Section 4　Guiding Subject to Perfect Self by Reconstructing Body Ethics …………………………………… (108)

Chapter 4　The Core of Spatial Ethics is Urban Social Relations ……………………………………………… (117)

Section 1　Urban society: Forms of expression of medium space ………………………………………………… (117)

Section 2　Theoretical Analysis: Mutual Expression of Urban Space and Ethical Spirit …………… (121)

Section 3　Reasons for the Problem: Ethical Problems and Reasons in Urban Space ………………… (126)

Section 4　Activating the Vitality of Society by Reconstructing Urban Ethics …………………………… (136)

Chapter 5　The Future of Space Ethics is Human Liberation and Global Ethics ………………………… (147)

Section 1　Global Space: Macroscopic Manifestation of Space ………………………………………………… (148)

Section 2　Theoretical Analysis: The Relationship Between Global Space and Ethical Spirit ……… (151)

Section 3　Reasons for the Problem: Ethical Problems and Reasons in Global Space ……………… (158)

Section 4　Promoting the Common Welfare of Mankind by
　　　　　　Reconstructing Global Ethics ················ (165)

**Chapter6　Good Governance Practice of Chinese Space
　　　　　　Ethics in the New Era** ····························· (176)
　Section 1　The Good Goal of Space Ethics: People's
　　　　　　Yearning for a Better Life ······················ (177)
　Section 2　Practical Experience of Good Governance
　　　　　　Goal of Space Ethics: China's Spatial
　　　　　　Governance in the New Era ·················· (186)

Conclusion ·· (202)

Reference ·· (205)

Index ··· (223)

Acknowledgement ··· (227)

引　言

　　人的幸福和解放是马克思终生探索的目标。人的存在既是历史纵向的阶段性、持续性发展，也是空间横向的关系性、整体性发展。人类的认识和实践都离不开时间和空间两个基本维度，人们总能感觉到时间的快速流逝，常有"一寸光阴一寸金"的感叹，但对空间的珍贵价值却认识不足。人们常以为自己所处的空间是相对稳定的、自然的、静止的，因此空间对人的发展并没有重要影响。但在历史唯物主义视域中，人的存在既是时间性的历史过程，也是空间性的结构关系。空间在人类社会历史中的重要性在当代生存空间紧缺、空间资本化、地理不平衡发展的现实困境中逐步凸显出来。主体占据空间的优势在一定程度上意味着他在社会关系中占据着主导地位。这样的空间不再是自然的、中立的，相反，空间所承载的资本性、政治性和价值性被人的实践激活了，这就是空间的人化。本书所涉及的空间主要是指人类基于物质空间实践形成的社会空间，通过人的实践将物质空间和社会空间相统一。因此，空间伦理是对空间实践问题的伦理回应。

　　虽然空间伦理的议题到近些年才开始进入学界的讨论之中，但它并不是一个全新的研究话题。因为只要有人类在空间中存在就会有伦理意识，而伦理意识与空间现实出现偏差的时候就会产生伦理问题，因此，从人类社会的发展进程来看，空间伦理其实一直存在着，只是随着资本主义生产方式的空间扩张导致全球和地方、城市和乡村的紧张关系加剧，使人在空间中的生存处境堪忧，所以研究空间伦理凸显了更为深远的意义和现实的价值。空间伦理包含的不仅是空间本身的伦理问题，还包括了空间内人的实践伦理问题，而且后者对于人类社会而言是更为重要的内容，因为人的空间实践会直接影响，甚至改变空间本身的结构和形态。所以本书更注重对人在空间实践中产生的伦理问题进行分析。

人类历史上提出的"理想国""乌托邦""明日的田园城市"和"自由人的联合体"等理想社会形式都可看作空间伦理的表达形式。在历史唯物主义视域下空间和伦理都在人类社会实践中形成，空间是人类社会实践的承载者，表达着不同的社会关系；伦理是在实践中逐步总结出的具有调节社会关系、规范社会行为的价值秩序。因此，空间伦理是指在人类空间实践的过程中规范空间生产和人类行为的价值规范。空间伦理理论要落实在具体空间实践中即个体与群体的关系、城市与乡村的关系、全球与区域的关系之中才有意义。人民群众作为创造历史的主体，也是空间伦理的主体。主体的物质生产实践是空间伦理问题的现实根源，依据空间存在与空间意识的辩证关系原理分析空间伦理的问题产生和解决，以期达到空间善治与人的解放的终极价值目标。

一　问题提出与选题意义

在历史唯物主义视域下提出空间伦理的问题具有现实的必然性和理论的合理性。空间伦理是现实空间实践与价值规范相结合促生的新研究内容。历史唯物主义视域下的空间伦理研究具有重要的理论指导意义和现实关怀价值。

（一）问题提出

从现实条件来讲，空间不平衡发展和空间非正义等现实困境亟须伦理向度的反思。人类通过生产生活实践与空间及其内在因素发生交互关系，所以空间形态也不可避免地被资本、权力、技术等因素干预，由此造成了空间不平衡发展、空间非正义、空间伦理失序等现实问题。这些问题冲击了空间内原有的传统伦理文化，也压抑了人类丰富的生命特征，导致个人与社会都处于扁平化的存在状态。伴随着人类实践空间范围的不断扩展，加深了个体与群体、城市与乡村以及全球与区域之间的联系与冲突，空间伦理研究便应运而生。

第一，现实空间和虚拟空间中个体身份关系的错位。信息化时代，人们生活在现实空间同时也生活在网络虚拟空间之中。全球互联网使用的普及率正在不断提高，截至2020年3月，中国网民规模为9.04亿，互联网普及率已达64.5%[①]。在互联网中，人的交往已经形成了一个虚拟的生活空间。与现实空间相比较而言，网络空间表现出虚拟性和隐匿性，包括了身份信息的虚拟性、所在地点的虚拟性、传达信息的虚拟性。借助虚拟身份人们便在网络空间中随意发布信息和散布流言等，严重扰乱了网络空间的秩序。多元信息流容易形成相对主义和虚无主义的社会价值观，不利于人对自身作为历史主体、空间主体、实践主体的价值认同。所以说，由于人在现实空间和网络虚拟空间中拥有的不同身份定位和价值观念，导致了在现实空间与虚拟空间中个体身份的错位关系，道德观念对网络空间中的行为约束力会减弱，个体也会更多地释放自己的本能冲动。习近平总书记强调要建立网络空间命运共同体，将"加强互联网内容建设，建立网络综合治理体系，营造清朗的网络空间"[②]。因此，要解决现实空间与虚拟空间对个体造成的这种撕裂感，解决现实空间和虚拟空间中个体身份和身体的迷失问题，就需要提出一种关于现实的个人的身体伦理，促进个体对身份的确认和全面发展。

第二，城市空间和乡村空间中社会关系的差异。空间是人类存

[①] 中国互联网络信息中心：《第45次中国互联网络发展状况统计报告》，2020年4月28日，http://www.cac.gov.cn/2020-04/27/c_1589535470378587.htm，2020年8月1日。

[②] 习近平：《决胜全面建成小康社会 夺取新时代中国特色社会主义伟大胜利》，人民出版社2017年版，第42页。

在必不可少的维度或形式。从这个角度来说，空间首先是一种物质性的、有边界的地理空间，这是一种自然存在的现实空间；同时，因为人们处于不同位置与他人交往会形成复杂的社会关系，这正是所谓的社会空间。这两种空间共同作用于人类生存状态。人们生活的城市和乡村空间，它们在地理环境、生产方式、生活方式、教育方式以及表达方式等方面都存在巨大的差异。从人类发展的历程来看，城市总是代表了更加先进的文明和技术，乡村成了衰落和落后的代名词。在城市发展的上升期，由于人口的过度集中、资源的快速流动导致陌生人社会的形成。根据国家统计局发布的《中华人民共和国2021年国民经济和社会发展统计公报》，2021年末全国常住人口城镇化率为64.72%。[①] 城镇之间人口流动速度不断提高，这对于城市发展是一次机遇，但也对城市治理提出了挑战。从伦理角度来看，加速的人口流动会更快地形成暂时性的城市社会关系，这样的关系是脆弱的、冷漠的、金钱至上的邻里关系，因此，需要重构城市伦理来重新营造城市空间的和谐关系、人文性、历史性和公共性等价值。正如在中央城镇化工作会议中强调的，"让城市融入大自然，让居民望得见山、看得见水、记得住乡愁"[②]，城镇化要达到人民城市为人民的发展目标。

第三，全球空间与区域空间之间共同价值的统一。全球化是21世纪的空间事实。从地理空间来说，区域空间本身就是全球空间整体的一部分；从社会空间来说，全球化的过程中技术、资金、文化等通过在不同区域间流动而形成一个你中有我、我中有你的社会整体。全球化中不同的区域、国家之间的联系已超越了地理空间的关系，上升到了命运与共的生存论价值。同时，在全球化过程中很多地方性的、民族性的文化和风俗受到了冲击，具体又表现在发达国

[①] 国家统计局：《中华人民共和国2021年国民经济和社会发展统计公报》，2022年2月28日，http://www.stats.gov.cn/xxgk/sjfb/zxfb2020/202202/t20220228_1827971.html，2022年4月20日。

[②] 《中央城镇化工作会议在北京举行》，《小城镇建设》2013年第12期。

家将消费文化、意识形态、生产方式等输入发展中国家，严重同化影响了人们的世界观、价值观和人生观。全球空间的价值观和区域空间的价值观之间的对立统一关系是全球化面临的重要问题。面对这种全球空间的价值同化与价值冲突，中国坚定马克思主义立场，提出了共同构建"人类命运共同体"①理念来协调区域与全球、发达国家与发展中国家之间的关系。

所以，在现实空间与虚拟空间、城市空间与乡村空间、全球空间与区域空间中，由于人的实践以及经济、政治、文化等诸因素的不合理运用，产生了各种伦理问题。个体之间的伦理关系以利益为主，因利而聚、因利而散，缺乏情感和道德信仰的联系；而城市盲目地追求土地面积的扩大和城市建筑更新来刺激资本流通的速度，缺乏可持续性发展理念的科学规划；全球空间内的国际关系重组和国际定位伴随着经济实力而处在博弈之中，同时，人类社会也出现了生态危机、气候变暖、信息泄露等全球性风险。人们如何在这些空间中实现对美好生活的向往，实现对美好社会的建设，这是一个社会问题，也是一个伦理问题。

从理论背景来讲，推进历史唯物主义视域下的空间伦理研究是马克思恩格斯的空间思想和伦理思想在当代拓展的内在要求。

第一，空间伦理是对马克思恩格斯空间思想的进一步研究。虽然在马克思恩格斯思想中并没有直接的、清晰的、系统的空间内容，但是空间却始终存在于马克思恩格斯对资本主义社会的批判过程中，空间成为联系资本、阶级和社会的枢纽。马克思主义认为"对空间的拥有、对空间的组织、对空间的控制和操作就变成资本主义运行与组织的一种力量"②。因此，马克思恩格斯对资本主义社会中涉及的住宅空间、生产空间、消费空间以及世界空间的分析始

---

① 参见《习近平谈治国理政》第二卷，外文出版社2017年版，第537页。
② [英]安杰伊·齐埃利涅茨：《空间和社会理论》，邢冬梅译，苏州大学出版社2018年版，第6页。

终与资本、阶级和人的解放交织在一起。同时,马克思看到资本家由于掌握了资本也就拥有了对无产阶级支配的权力,所以无产阶级的空间处境还与政治、权力交织在一起,无产阶级只有夺得政权才能获得更多生存空间,掌握空间资源。可以看出,资本和权力是影响人与空间关系的主要原因,在资本的支配下,空间从生产对象演变为生产产品;在权力的支配下,空间从自然状态转变为管理人们和社会的工具。如果说资本和权力的规约是空间善治的硬性条件,那么伦理精神的建构则是空间善治的韧性条件。因此,马克思恩格斯思想中涉及的空间伦理内容只是历史唯物主义视域下对空间伦理的初步探索,并没有进入更系统、更直接的研究中去。本书尝试在马克思恩格斯对空间与资本主义社会、资本、阶级权力的批判研究基础上进行当代空间伦理研究,这是马克思恩格斯空间思想的当代转化和拓展。

第二,空间伦理是对马克思恩格斯伦理思想的拓展。马克思恩格斯的实践伦理思想超越了那些只讲道德普遍法则的伦理理论,也超越了个体道德哲学的禁锢。他们对伦理思想的解释以现实生活为起点,并在批判资本主义时始终贯穿了人追求自由全面解放的价值立场。[①] 所以,马克思恩格斯的伦理思想一直坚持了实践逻辑、批判精神和解放目标,这也符合历史唯物主义的要求:伦理研究不能只停留在形而上学的理论研究,还应该有现实的问题导向和实践品格。由于人们所处时空的变迁,便有了不同的生产方式和交往方式,从而形成了不同的伦理观念和关系,所以除了关注不同历史阶段的伦理关系,还要关注到空间在人的伦理观念中所起的作用。在不同空间内,人类有不同的社会实践行为和选择,由此促使空间形成不同的价值规范诉求。在历史唯物主义视域下,空间与伦理的实践主体都是人民群众,他们是推动空间历史和构建伦理规范的直接

---

① 李培超:《论马克思伦理思想的逻辑思路》,《当代世界与社会主义》2007年第4期。

力量。空间与伦理都具有历史阶段性和社会实践性。可以说,空间与伦理有内在的一致。因此,空间伦理研究是马克思主义实践伦理思想中本就存在的潜在方向,只是现在我们将其通过空间维度更加凸显出来。

空间伦理研究是空间思想整体性和伦理思想实践性内在的理论生长点,直接关系到人们能否在空间中更好地生活的问题。人类社会的整体发展离不开崇高的理想信念的引导,人民对美好生活的向往、对真善美的追求是空间伦理研究的不懈动力。本书立足新时代背景下身体空间、城市空间和全球空间中的伦理问题,将马克思恩格斯关于空间伦理的洞见不断深化和拓展。重构空间伦理意在将外在空间形式转化为具有价值的内心空间,引导实现人民的自身价值、城市社会的和谐文明以及全球人类的共同福祉,让人民在空间中享有更多的幸福感、安全感和获得感。

(二) 选题意义

总的来说,空间伦理研究还是属于空间领域内的问题研究。空间问题在当代社会愈加突出,但是却始终徘徊在资本、权力的维度,并没有更多地思考空间问题中涉及的伦理价值内容。学界对空间的研究正趋于全面而深化,随着资本和权力对生活空间的挤压,人们的空间伦理意识逐步觉醒,所以空间伦理必然会成为空间研究领域的重要主题。空间伦理研究在历史唯物主义视域与当下现实问题的结合下才具有真正的问题意识和研究意义。

对于任何个体、城市和国家而言,空间中的价值秩序的失序和伦理意义的失落是当今空间实践严重的价值危机。在全球化、信息化、城市化的时代,思考不同空间发生伦理困境的原因是什么;人类在空间中实践应该坚持怎样的价值观;如何构建和实现不同空间中的伦理价值等;这些问题都需要立足现实条件去思考。本书研究的目的在于处理好人与空间的关系,让人们在空间中生活得更好。

第一,空间伦理研究是对空间现实问题的伦理把握。身体、城市和全球是人类生存的不同层次的空间形态,但在本质上这些空间都是社会关系的表达。正因为作为实践主体的个体性，所以造成了空间种类的复杂性和多样性，这样的差异性关系为人类从空间维度展开对资本同质化的抵抗提供了可能性；但同时，差异性和复杂性的关系也带来了很多不可避免的问题：比如通过对个体身体和精神的规训、城乡空间"中心—边缘"的不平衡发展模式，以及全球空间中区域之间时常发生的矛盾冲突等等。对这些问题的把握不同学科具有不同的方法和角度，马克思主义对此现象的分析从历史唯物主义视域出发，立足人真实的存在状态，用实践的、辩证的方法去透析空间存在的问题。从伦理的角度来分析空间，与从资本和权力的角度分析空间在本质上是统一的，虽然从资本和权力角度的分析是对空间现状的原因追溯，侧重对空间现状的解构性剖析；从伦理角度分析则侧重对空间规范性秩序的建构性分析。但伦理本身蕴含着人的目的性，可以对被资本、权力、技术所渗透的空间异化问题进行反思与重构。所以从资本、权力和伦理角度研究空间都会对空间问题产生解构与重构的双重过程。其中，破解空间资本化与权力化问题是过程和手段，构建空间伦理化则是目的和结果，空间伦理研究是对空间资本化与空间权力化研究的补充与完善。

第二，空间伦理有利于为空间治理实践提供有效的价值规范。空间生产是将空间作为生产资料或商品的过程；空间重组是根据经济、政治、文化、生态等社会因素的要求对已有空间格局进行不断调整。从生产力和生产关系的辩证关系来讲，空间生产和重组决定了空间层次和社会关系。由于空间生产过度追求利益带来身体的工具化、城市和全球内部的等级化、碎片化，因此，在空间生产和再生产时要坚持空间伦理，通过伦理价值来规范空间生产和社会实践中存在的伦理失序问题和现象。城市的物质空间和社会结构是在经济、政治、文化、宗教等各方面的影响下形成的结果，不同因素会对城市发展产生不同的影响，但是有个前提：空间是这些因素可以发挥自身作用的必要条件。城市空间伦理本质上是城市社会伦理，它是城市自身怎样成为一个好的、符合人民发展权利的空间诉求。

全球伦理在全球化时代具有不可忽略的意义。全球化是不可逆转的发展趋势,虽然在全球化过程中出现了一些逆全球化的思潮和事件,但是全球化依旧是未来发展的最优选择。在全球空间成为整体的关系网时,如何协调不同的国家、地区之间的利益、权利关系成为重要问题,全球伦理的提出为纷繁复杂的全球局势找到求同存异的基础。根据历史唯物主义视域的实践论内容,在不同的空间类型中应构建起符合具体实践的空间伦理为空间生产与空间生活提供有效的价值规范。

从理论意义来看,历史唯物主义视域下的空间伦理研究有利于创新马克思主义理论的时代性;有利于推进空间理论研究的整体性;有利于充实伦理理论研究的现实性。理论应伴随人类实践的时代环境和历史发展不断地创新和丰富。

第一,空间伦理研究有利于创新马克思主义理论的时代性。哲学家根据所处的历史环境、社会条件、人民要求,不断凝练创新和丰富马克思主义的内容。历史唯物主义是研究人类历史存在的重要方法,恩格斯曾这样肯定其重要性:"只要进一步发挥我们的唯物主义论点,并且把它应用于现时代,一个强大的、一切时代中最强大的革命远景就会立即展现在我们面前。"[①] 历史实践证明,马克思主义理论及其历史唯物主义方法不会过时,相反,它们伴随着时代的发展不断创新自身理论以适应当时当地人民的需要。马克思主义可以在世界各地快速生根、发展的现实就足以说明它不是教条而是充满现实观照的开放性思想,它既能够从历史唯物主义视域解释新的时代和空间中产生的新问题,也能为新问题指出新方案。20世纪的空间运动将马克思恩格斯思想中的空间维度凸显了出来,历史唯物主义视域下的空间伦理包含了社会公平、身份平等、生态正义、城市权利等丰富内容。在马克思主义的指导下空间治理以及空间批判已经取得了一定成果,但是在某些领域内的发展依旧存在短

---

① 《马克思恩格斯文集》第2卷,人民出版社2009年版,第597—598页。

板，比如住宅空间的紧缺、城乡空间的不平衡发展、全球空间的同质化等问题，它们制约着人民美好生活的实现。解决空间不平衡、非正义等发展问题除了实施对资本的规约和权力的限制，还要通过伦理层面的反思将问题解决提升到人类解放的高度。因此，空间伦理是马克思主义在当代社会空间现实中形成的精神结果之一。

第二，空间伦理研究有利于推进空间理论研究的整体性。历史唯物主义的认识观和世界观中既有时间维度也需要空间维度，社会历史的发展既是物质精神文明的进步，也是生存环境、生活空间的向外拓展，因为空间分布与地理环境十分明显地影响了人类的投资偏好、风俗习惯、文化传统以及伦理关系。本书从伦理维度进入空间理论指出空间伦理的目的就是达到人在空间中与自然、他者、社会、人类的和谐关系。人们对于空间的认识从人的身体开始，并在城市和乡村中展开，而且进一步在全球空间中深化。空间中资本因素、权力因素、技术因素成为现代人们进行身体塑造、城市规划、国际交往最直接的影响力和依据标准。资本的过度扩张和权力的无界限应用都需要人们自觉、自主地构建伦理秩序去规范，但是目前关于空间伦理研究以及空间伦理规范的体系建立相对还比较薄弱。空间一旦被人类实践活动所改造就不再是价值中立的范畴，社会化的空间因为涉及人与人之间的关系因而蕴含了明显的政治性、价值性。空间伦理是指人类在空间中进行生产活动和社会实践时需要树立伦理的价值规范，以达到人在空间中的良好状态，具体通过身体伦理、城市伦理和全球伦理展现出空间伦理的丰富现实性。空间伦理的研究拓展了空间理论的研究范围，将空间研究从资本运作、权力规训中拓展到伦理精神的建构，将空间理论从原因研究深入到了目的论研究。空间资本化和权力化直接造成了空间伦理的诸多问题，通过空间伦理研究反思批判空间资本化和权力化的现象。

第三，空间伦理研究有利于充实伦理研究的现实性。历史唯物主义视域下以实践性、历史性和价值性为特征的空间伦理与传统规范伦理学、元伦理学的伦理概念有根本的不同。历史唯物主义视域下的空间伦理研究坚持了传统规范伦理学和元伦理学的相统一,既关注空间伦理对生活的规范性,也不能脱离元伦理学的"善"的概念和本体论思想。所以,空间伦理的研究是要突破以往伦理学的抽象概念,在实践中将规范伦理学与元伦理学有机结合在一起。空间伦理的理论来源于人类的生产实践活动,空间伦理是以人类解放为根本目的的社会伦理,通过调整社会伦理去适应人类生活,让社会成为符合人类自由本质的社会,成为共产主义式的自由王国。马克思提出的"共产主义社会"和"人类解放"是人类社会发展的最高伦理理想,共产主义社会既是人类实践的一种精神引导也是一种社会运动。从历史唯物主义的实践观来看,"共产主义不是教义,而是运动。它不是从原则出发,而是从事实出发"[①]。共产主义的社会理想建立在人类发展的悠久历史基础上,并与各国实际国情紧密结合成为在全球空间展开的一种革命运动。换句话说,人类的伦理观念是在物质实践、历史传统、血缘关系、地理空间的共同作用下形成的,所以,空间伦理主要是指一种规范性和目的论相结合的伦理研究,它立足于人的日常生活考察生产、生活、生态空间,强调伦理在空间中的实践性、现实性和历史性。

空间伦理既是伦理的空间性即伦理关系的发生都要有一定的空间场域,也是空间的伦理性即空间实践的过程需要伦理进行规范才能合乎人的需求。不管是个体、城市还是全球的发展和治理都离不开伦理精神,而伦理精神的实践也离不开具体空间的实践。所以空间伦理研究有利于充实伦理研究的现实性,伦理的"善"在不同空间中有不同表现和具体诉求,但是具体空间的伦理目标也都指向了空间伦理的善治目标即指向人类对美好生活和美好社会的向往。

二 国内外研究现状述评

空间伦理是一个理论问题,也是一个实践问题。从理论层面

[①] 《马克思恩格斯文集》第1卷,人民出版社2009年版,第672页。

讲，它涉及马克思主义理论、伦理学、文学、建筑学等诸多学科内容；从现实层面讲，空间伦理伴随着人类实践而持续存在。学界对空间伦理的研究文献为本研究提供了理论基础和启发；但由于历史条件的更新，对空间伦理主题的讨论依旧值得进一步研究。

（一）国内研究现状

借助中国知网系统，进行"空间伦理"的主题检索，可以获得国内空间伦理研究的整体面貌。国内学者对空间伦理的研究从2000年左右起步，并呈现出逐年增长的发展趋势。相关文献研究涉及哲学、文学、城市规划、社会学、旅游经济、马克思主义等学科。空间伦理相关文献的主要研究关键词涉及伦理、空间、网络空间、空间生产、空间正义、城市、异化、身体、资本等内容。

根据文献的具体内容来看，国内学者的研究主要包括了理论和实践两方面内容。一方面是理论性的阐述与解释，通过对马克思主义涉及的经典空间伦理思想的引介和阐述为基础，展开探讨空间伦理研究的时代背景、普遍原则、研究价值等内容；另一方面是以理论为依据进行现实问题的剖析，更加侧重实践内容。着眼于具体的、特殊的空间及其伦理问题，将空间伦理的理论应用于我国的建筑空间、城乡关系、网络空间、公共空间、居住空间的现实之中，考察全球化、城市化过程中这些空间面临的伦理困境和需要的解决之道。总的来看，学界将空间伦理视作一种思考人在空间中存在的新方式，"以空间的方式构想伦理关系和伦理的基本问题是一个新颖的和具有一定启发意义的尝试"[①]。具体来讲，国内研究文献的主要内容有以下几点：

第一，空间伦理的背景和原因。一方面，空间伦理的研究是对空间理论完善的需要。以往的空间研究范式都在一定程度上忽略了或者遗忘了空间所承载的生命性和伦理性。吴红涛认为空间伦理学

---

① 段素革：《伦理的空间隐喻：个人与共同体的统一》，《学术研究》2018年第7期。

既是为了预防现有空间研究范式中忽略伦理的弊病的需要,也是人们理解和化解现实困境、构建和谐空间的内在诉求。① 还有学者也持有同样的认识,认为由于当代的意见空间内的自由是十分有限的,需要提出空间伦理来解放自由。孙全胜、曲蓉从哲学层面来思考,认为空间视角和伦理视角具有内在的契合性,空间伦理正是对规范伦理学中"空间特性与伦理规范之间联系的内在规律性"② 的研究证明。所以空间理论在理论层面的研究是不可缺少的。

另一方面,出于解决空间现实问题的真实需要。由于资本支配空间生产③和空间中的政治霸权的存在④,空间实践中产生伦理问题是必然的。正如胡大平教授所指出的:"当代城市化和空间重组产生了复杂而深远的社会后果,亦产生了对其进行伦理干预的迫切需要。"⑤ 资本和权力不加限制地使用会导致缺乏社会空间人文关怀和生态理想,所以,空间生产和空间的良善状态都需要人文价值的引导,现实中人的空间生存困境也需要空间伦理来解决。总的来说,国内学者认为,空间伦理的提出既是理论发展的需要,也是改造现实的需要。

第二,空间伦理的基本内容。空间与伦理的关系是空间伦理研究的首要内容。对此,吴红涛、张中、曲蓉、张厚军等学者都持有一种共同的认识,空间伦理从字面上看是"空间"和"伦理"概念的组合,但本质上它不是二者简单地相加,而是空间和伦理有机结合形成的新概念。空间和伦理两个领域的内容本身就有内在的统一性:空间是伦理研究的重要视角,空间为伦理关系的存在提供了

---

① 吴红涛:《空间伦理:问题、范畴与方法》,《深圳大学学报》(人文社会科学版)2017年第4期。
② 曲蓉:《关于空间伦理可能性的确证》,《道德与文明》2016年第2期。
③ 任政:《空间正义论:正义的重构与空间生产的批判》,上海社会科学院出版社2018年版,第58页。
④ 孙全胜:《空间生产伦理:条件、诉求与建构路径》,《理论月刊》2018年第6期。
⑤ 胡大平:《通向伦理的空间》,《道德与文明》2019年第2期。

场域；伦理关系又反过来塑造了不同的空间存在，空间生产研究缺乏伦理学维度就不能深入走向现实，而伦理学唯有增加空间向度才能更深入地走进生活。[①] 因此，空间与伦理相互作用、相互成就。

国内学者普遍认为具体空间中存在特殊性的伦理问题，而这种差异性内在源于人自身的多元本性，外在源于历史文化、地理环境的条件不同。从空间的不同类型划分而言，空间伦理的内容具有多样性，伦理在国家、社会、个人层面上有不同的价值追求。[②] 不同类型和范围的空间直接限定了不同性质的伦理关系。[③] 总之，空间伦理研究的中心内容是围绕着人类如何在空间中生活得更好这一主线，既包括空间本身的生产非正义问题，也包括空间内人的权利问题以及人与空间的辩证关系。也就是说，空间伦理必须以生活为中心、以人为中心重新审视物与人的关系。[④]

第三，空间伦理的研究目的。从根本目的来讲，国内学者认为研究空间伦理的目的是通过探讨不同空间和人的道德、幸福、存在、认同等实践之间的伦理关系，将空间中主体内在的情感、感性能力、道德感激活出来，让空间成为蕴含着温情价值的场所，让人们在居住空间、公共空间、生产空间中感受到社会对人民的重视。人类最崇高的善的现实基础是人与自然的和谐相处，是客观自然规律和人类历史规律的统一。善的社会条件是人与社会的和谐——个人的发展与社会的进程相统一。在空间实践中伦理正是实现这种根本"善"的方式。

从具体目的来讲，有学者认为空间伦理要实现的是人与空间的生态关系，构建生态城市空间，将生态的存在视为人和空间发展的主要目标。空间伦理应是人类空间生活方式发展到一定阶段的新内

---

① 张中：《空间伦理与文化乌托邦》，《华中科技大学学报》（社会科学版）2010年第1期。
② 张厚军：《当代社会空间伦理秩序的重建》，《伦理学研究》2018年第1期。
③ 曲蓉：《关于空间伦理可能性的确证》，《道德与文明》2016年第2期。
④ 胡大平：《通向伦理的空间》，《道德与文明》2019年第2期。

容。人类遇到的居住空间问题、公共空间问题、生产空间的问题等，它们表面看起来是城市空间规划的结果，但是本质上来讲，它们都是价值层面是否以人民为中心的问题。总的来看，国内学者基本已经认识到以人民为中心是空间伦理的目的，这也符合马克思主义理论中追求人类解放的实践发展目的。

第四，空间伦理的实践路径。空间需符合伦理精神的发展，实现空间与人类的和谐共生，这是人类可持续发展的必然诉求。空间实践因资本、权力、技术等因素造成了人文伦理精神的缺乏，要实现空间的善治就要尝试去重新建构并实践空间伦理。目前，国内学者提出空间伦理的实践路径主要有具体实践和价值建构两方面。

从具体空间的实践方面来讲，具体、微观的空间是伦理实践基础。吴红涛等认为，空间伦理的实践具有流动性和开放性。因此，必须从具体实存的现象、微观的空间出发。具体空间的典型是建筑空间和居住空间。建筑空间蕴含着人类的伦理思想和审美偏好，建筑与人的关系要实现伦理转变，必须从一种依附关系转变到伙伴关系，"人只有对建筑产生归属感与认同感，才可能将全部身心定居于此"[1]。由于人的存在，建筑的本质演化为一种历史感的思想空间。[2] 而居住空间（住宅空间）更能体现人的伦理性，陈丛兰、张淑、王福民[3]等学者都认为住宅空间蕴含着人的归属感、生活伦理、家庭伦理等。总之，学界认识到人们对美好生活的向往中良好的居住空间是一种比较基础的、前提性的要求。[4]

从空间伦理的价值建构来讲：一方面要构建多元化的空间思

---

[1] 漆捷：《空间、场所与生活世界——建筑现象学的哲学解读》，《学术研究》2018年第11期。

[2] 万书元：《空间的衰朽——鲍德里亚对当代建筑和城市空间的批判》，《文艺理论研究》2012年第5期。

[3] 王福民：《家庭：为生活主体存在空间之价值论旨趣》，《哲学研究》2015年第4期。

[4] 陈丛兰：《居住需求伦理的本质与功能探论》，《伦理学研究》2018年第6期。

想，因为空间本身具有多样性，所以空间伦理的价值应该多元化。从文化层面来讲，要解放空间文化霸权的意识和思想，增强一种相互交流的空间文化；从价值层面出发，要遵循道德哲学基本原则、顺应时代的转换、立足于多样性的空间形态。① 综上所述，人们在不同空间进行生产、交往实践需要根据具体情况、条件反射去构建不同的伦理关系。

另一方面，空间伦理的实现既需要主体的内化认同，也需要社会制度来保障，建立健全空间实践相关的资本制度、政治制度等，以具体制度保障伦理的实现，制度是一种达成共识的规章要求，它对伦理主体起到外在的、强制的规范。最后，空间伦理是人类实践的产物，当人类存在的时代环境和社会条件发生改变时，就需要重新定义空间伦理的价值内容，② 构建新的伦理标准亦即构建新的空间伦理观。

（二）国外研究现状

国外学者对空间伦理的研究相比国内更加具有原创性和前沿性。对空间伦理的关注其实在马克思恩格斯的时代就已开启，虽然当时他们并没有直接以空间伦理为论题进行研究，但是在对资本、空间和阶级的关系分析中已经蕴含了个体道德、自由人的联合体、人类解放等空间伦理思想。概括来说，马克思主义学者进行空间批判和空间理论研究内容的主要线索和目的都以"人与空间的关系"为核心，认为空间概念、形态、意义和价值都与人的实践紧密相关，而人与人之间的伦理关系也影响了空间的区域结构、价值定位和实践目的。

第一，空间具有多重的属性。国外学者基本达成了一种共识，

---

① 孙全胜：《论空间生产与伦理的双向建构》，《河南理工大学学报》（社会科学版）2017年第4期。

② 胡大平：《通向伦理的空间》，《道德与文明》2019年第2期。

即人类的实践创造出了不同的空间[①]，因为人对于空间的重要性，所以对于人类而言空间是非中立的，它具有与人相关的各种属性。其一，空间具有伦理性。Andrzej Zieleniec 指出人类的社会关系必须是发生在某个地方，这个地方是非中立的社会空间，它充满了人类实践的痕迹和伦理的色彩，不同地方有不同的风俗传统与伦理关系。[②] 其二，空间具有政治性和战略性。现代法国思想大师列斐伏尔（Henri Lefebvre）认为"空间是政治性的"[③]。英国激进地理学家、马克思主义女性工作者多琳·马西（Doreen Massey，又译多琳·梅西）认为空间的布局和规划与国家政治政策紧密相关。[④]其三，空间具有社会性。空间是人类社会实践的产物。其四，空间具有资本性。空间在生产活动中成为可购买与置换的商品和对象[⑤]。其五，空间具有关系性。有一些学者认为空间更为本质的属性是关系性，法国哲学家、社会思想家米歇尔·福柯（Michel Foucault）认为"我们生活在一个关系集合的内部，这些关系确定了一些相互间不能缩减并且绝对不可迭合的位置"[⑥]。而多琳·马西直接认为"空间是相互关系的产物"[⑦]。总的来说，国外学者们从各种不同的视角认识到与人相关的空间具有丰富的属性。空间是一种多样性存在的构建过程。

[①] David Harvey, *Social Justice and the City*, Georgia Trend, The University of Georgia Press, 2009, p. 13.

[②] Andrzej Zieleniec, *Space and Social Theory*, SAGE Publications Inc, 2007, pp. viii-xvii.

[③] ［法］亨利·列斐伏尔：《空间与政治》（第二版），李春译，上海人民出版社2015年版，第37页。

[④] 张也：《空间、性别和正义：对话多琳·马西》，《国外理论动态》2015年第3期。

[⑤] ［英］大卫·哈维：《资本的城市化：资本主义城市化的历史与理论研究》，董慧译，苏州大学出版社2017年版，第88页。

[⑥] ［法］福柯：《另类空间》，王喆译，《世界哲学》2016年第6期。

[⑦] ［英］多琳·马西：《保卫空间》，王爱松译，江苏教育出版社2013年版，第13页。

第二，空间伦理问题的具体表现。总的来看，国外学者的相关研究中已经涉及人的身体、现代化的城市、互联网、太空等十分多样的空间，指出在这些空间中都存在与伦理有关的问题，因此，空间伦理问题表现出多样性和复杂性。

在身体空间上，伦理问题主要表现为个体对物的过度崇拜，以及在生活中的道德堕落。① 在城市空间中，伦理问题主要表现在现代城市内容的同质化、模式化、资本化，缺乏的人文关怀。因为全球化的现实，更多学者关注到了全球空间中的伦理问题，全球空间中出现了空间的不平衡发展，发达国家和发展中国家之间始终处在不平等的权利位置。② 网络空间的形成也促使现代社会成了一个流动空间。网络空间中存在的伦理困境主要是主体的认同问题。

国外学者还将空间伦理的研究视野放到了更为广阔的太空领域，Baum S D. 认为对太空的探索应该遵循太空伦理，③ 因为在太空中出现了太空"房地产"的资本渗透现象，④ 但是由于目前对太空领域研究的有限性，所以造成了提出具有共识的太空伦理规范的困难。⑤ 综上所述，国外学者对于空间伦理的研究涉及不同的空间层次，并挖掘了不同空间存在的伦理问题和困境。

第三，空间伦理问题的产生原因。国外学者认为资本、消费主义、权力和性别是造成空间伦理问题的重要原因。

第一种观点认为，造成空间伦理问题的主要原因是资本积累和资本逻辑，这种观点具有普遍性。马克思指出资本主义制度的生产

---

① 《马克思恩格斯文集》第 1 卷，人民出版社 2009 年版，第 409—412 页。

② ［英］大卫·哈维：《资本的限度》，张寅译，北京：中信出版社 2017 年版，第 575 页。

③ Baum S D, "The Ethics of Outer Space: A Consequentialist Perspective", *The Ethics of Space Exploration*, 2016, p. 110.

④ Williamson M, "Space Ethics and Protection of the Space Environment", *Space Policy*, Vol. 19, No. 1, 2003, pp. 47 – 52.

⑤ Schwartz J S J, Milligan T., "On the Methodology of Space Ethics", *The Ethics of Space Exploration*, 2016, pp. 93 – 107.

方式不仅剥削了劳动者的剩余价值,还因异化劳动造成了劳动者无法获得教育和道德提升的机会。英国地理学家、社会学家、哲学家大卫·哈维(David Harvey,又译戴维·哈维)认为资本的城市化、全球化造成了不平衡的空间发展和社会非正义现象的产生。[1] 总之,国外学者基本达成了资本逻辑是造成各种空间问题的根本原因的共识。

第二种观点认为,消费主义的文化观念影响了人与空间的伦理关系。法国哲学家让·鲍德里亚(Jean Baudrillard)、英国学者西莉亚·卢瑞(Celia Lury)、英国社会学家迈克·费瑟斯通(Mike Featherstone)等都持有这种观点,消费文化和消费主义用一种过度强调物品所代表的身份认同、社会地位等符号严重扰乱了人类社会伦理关系的应然状态。消费符号化将人类丰富的伦理关系扁平化了,以消费主义为核心的消费伦理关系是一种对传统伦理以及异化状态的表达。

第三种观点认为,权力是干预空间伦理关系的主要因素。福柯的权力空间规训思想[2]和多琳·马西的"权力几何学"思想都认为空间与权力是一种辩证关系。空间是权力实践的工具和结果,权力关系呈现出地理分布的特征,权力对空间的掌控,压制了空间本身的伦理性和其他可能性的维度。

第四种观点认为,由于社会性别的不同造成了空间中人的存在不公平状态。从性别出发分析空间实践的理论中比较具有代表性的是多琳·马西。她认为之前的空间研究中忽略了一个十分重要的社会因素即男女性别,"空间和地方不仅本身被赋予了性别,而且通

---

[1] [英]大卫·哈维:《资本的城市化:资本主义城市化的历史与理论研究》,董慧译,苏州大学出版社2017年版,第183页。
[2] [法]福柯:《规训与惩罚:监狱的诞生》,刘北成、杨远婴译,生活·读书·新知三联书店2012年版,第155—157页。

过这种方式，它们都反映和影响了性别被建构和理解的方式"①，因为性别差异导致了男性和女性在劳动与发展时享有不平等的社会空间地位和资源权利。

第四，空间伦理问题的解决路径。针对空间伦理问题，国外学者提出了多样的尝试解决路径，与之相关的城市权利、空间正义、审美主体和希望空间都从不同侧面推进了空间伦理的进程。

路径一，提出城市权利，来对抗城市空间中的权力不平等现象。城市权利是人民寻求空间权利的一种类型，鲍德里亚认为，只有当部分人所拥有的空间及其附加权利是在损害其他人的权利之上获得的时候，空间权的意识才会出现。因此，只有树立城市权利的思想，让人民认识到自身的空间权利，才有可能在资本的控制下解放主体。列斐伏尔指出进入都市的权利是一种有待实现的总体性，它不是抽象的权力而是属于城市居民的权利。② 同样，大卫·哈维也持有一致的观点，在《叛逆的城市》中他指出"城市权利是一种按照我们的期望改变和改造城市的权利"③。总的来说，国外学者认为城市权利是一种个体权利和集体权利相结合的总体性权利；同时城市权利也是一种实践的权利，需要在城市治理中将其实现。

路径二，寻求空间正义，破解空间生产的非正义现象。国外学者 G. H. Pirie 认为空间只有作为社会的产物时才能实现空间正义关系。④ 对空间正义的研究最具有代表性的则是美国学者爱德华·索亚（Edward W. Soja 又译苏贾）。索亚在《后大都市》中更加深入地探索了空间正义范畴，他将空间正义与社会正义进行区分，指出

---

① ［英］多琳·马西：《空间、地方与性别》，毛彩凤、袁久红、丁乙译，首都师范大学出版社 2018 年版，第 231—232 页。

② ［法］亨利·列斐伏尔：《空间与政治》（第二版），李春译，上海人民出版社 2015 年版，第 13 页。

③ ［美］戴维·哈维：《叛逆的城市——从城市权利到城市革命》，叶齐茂、倪晓晖译，商务印书馆 2014 年版，第 4 页。

④ G. H. Pirie, "On Spatial Justice", *Environment and Planning A*, Vol. 15, No. 4, 1983, pp. 465–473.

"想把社会生活各方面潜在有力但尚属模糊的空间性更加清晰地拿出来……通过有意识的空间性实践和政治把这个世界变得更美好"[①]。而且在《寻求空间正义》中，索亚认为空间正义是不可避免的研究内容，正义本身就具有空间性，而空间生产更需要正义精神来规范。总的来说，国外学者认为只有将正义的理念深入到空间实践中，人类世界才能更加美好。

路径三，培养道德主体，解放异化身体的物化消费。身体的重要性在马克思主义实践哲学中不言而喻，身体是人类在空间中的坐标，产生我们的方位感，激发我们感官的体验，当人们突破外界带给人的局限时，体验到的心灵和意识的解放则更加明显。[②] 消费主义禁锢了身体的感觉，要想打破这种商品逻辑的支配，人们只有"期待着剧烈的突发事件和意外的分化瓦解"[③] 物品及其表面富裕的陷阱和消费行为带给人们的无尽空虚。消费行为的合目的性符合人类的本性和真实的需求，才符合人类长远的发展目的。福柯将这种合目的性的消费主体塑造为一种道德主体，目的是通过道德主体的感性和审美意识的觉醒，尝试反抗消费和权力带来的规训。[④] 还有一类学者的诉求是承认所有人都是生态主体，促使人们建立团结关系，以对抗资本对人的异化，[⑤] 这种道德主体是多元的，最常见的是伦理委员会、道德咨询服务者和个人伦理学家等。

路径四，畅想一种希望的空间，从超越性的价值层面进行展

[①] [美] 爱德华·苏贾：《后大都市：城市和区域的批判性研究》，李钧等译，上海教育出版社2006年版，第476页。

[②] [美] R. 舒斯特曼：《身体美学与乌托邦式身体》，刘检译，《世界哲学》2011年第5期。

[③] [法] 让·鲍德里亚：《消费社会》，刘成富、全志钢译，南京大学出版社2014年版，第203页。

[④] [法] 福柯：《声名狼藉者的生活：福柯文选 I》，汪民安编，北京大学出版社2016年版，编者前言IX。

[⑤] Lisa Eckenwiler, "Displacement and Solidarity: An Ethic of Place-making", *Bioethics*, Vol. 32, 2018, pp. 562–568.

望。人们对美好世界的希冀始终存在着,古希腊哲学家柏拉图提出"理想国"、马克思恩格斯提出"自由人的联合体"、社会学家托马斯·莫尔(St. Thomas More)提出的"乌托邦"①、法国建筑大师勒·柯布西耶(Le Corbusier)提出的关注内在价值的新建筑②、英国城市学家霍华德(Ebenezer Howard)提出的"田园城市"③……它们都是一种乌托邦式的"希望的空间"。这些著名的空间构想在不同的阶段为人类提供了对未来空间的希望,包含着人类对自身和空间关系的重新思考。这些希望的空间以人类生命为中心原则,④将那些剥削、同质的空间生产转向适合人类整体的可持续发展为目的,⑤超越特殊利益和具体空间的局限,寻求人类最崇高的价值——"善"。

(三) 研究现状评析

综上所述,国内外学者对空间理论和空间伦理思想的研究成果丰硕,虽然学者们因学科背景和研究兴趣对空间伦理问题的研究各有侧重之处,且形成了不同的观点和内容,但对人类社会实践中伦理思想进行了多方面的探讨形成了认识空间伦理问题的大体轮廓。这些研究为进一步推进空间伦理的系统研究提供了理论基础和启示意义。

首先,对空间资本化、空间权力化现状的批判反思以及对不同空间的结构和认识都推进了空间与人的关系研究。其次,国内外的研究成果为人们提供了思考自身存在的另一种维度和方法,重新开

---

① [英] 托马斯·莫尔:《乌托邦》,戴镏龄译,商务印书馆1982年版。

② [法] 勒·柯布西耶:《走向新建筑》(修订版),杨至德译,江苏凤凰科学技术出版社2020年版。

③ [英] 埃比尼泽·霍华德:《明日的田园城市》,金经元译,商务印书馆2010年版。

④ Michael N Mautner, "Life–centered Ethics, and the Human Future in Space", *Bioethics*, Vol. 23, No. 8, 2009, pp. 433–440.

⑤ David Harvey, *Social Justice and the City*, Georgia Trend, The University of Georgia Press, 2009, p. 14.

始认识人自身、城市与全球之间的关系，尝试从空间来建构人的身体、城市社会和全球化空间的一种良善状态。最后，国内外关于空间正义、城市权利的研究深化了我们对空间伦理问题的理论认知，因为权利、正义、人性都是伦理内部的重要部分。根据前文展示的国内对空间伦理的研究主题、关键词和学科分布的现状，可以看出，国内学者对空间伦理的研究虽然涉及不同学科方向，也关注到空间伦理研究的一些重要对象，但是研究还是局限在各自的研究视域中，没有形成比较整体性的学术研究。特别是以马克思主义理论学科为背景的整体性、系统性的学位论文研究还处于比较匮乏的状态。

第一，空间伦理的研究广度和理论深度有待加强。

根据目前文献内容来看，国内外关于空间伦理的直接研究文献还是较少，成果内容主要集中在与空间伦理相关的一些主题上，比如：空间正义、社会正义、城市权利、乌托邦理想等；相反，以空间伦理为主要内容的直接研究文献在数量上相对有限，目前国内外学者除了对网络空间伦理进行了比较深入和详细的研究之外，对其他具体空间伦理的研究还不足够。同时，空间伦理的内容并不局限在正义、权利上，还应包括空间内发展的平衡、和谐、善治状态，空间对人类生存的观照和对社会问题的回应。因此，本书对空间伦理的层次化和系统化相结合的研究是十分必要的。一方面，本书对身体伦理、城市伦理和全球伦理是空间伦理的具体化内容，通过对身体、城市和全球空间的伦理问题的研究是对空间伦理的广度研究，拓展了空间伦理的空间范围。另一方面，本书通过对具体空间伦理的分析再总结构建起空间伦理的整体理论，包括空间伦理的理论内涵、基本特征、主要内容、善治目标。通过总体—具体—总体的论述思路，追问空间中伦理的重要性，伦理对空间的需求是什么，人们如何通过重构空间伦理达到空间善治目标。因此，本书的研究是对空间伦理的理论广度和深度的进一步拓展。

第二，空间伦理研究的历史唯物主义视域有待凸显。

目前国内外空间伦理研究的主题相对比较分散，缺乏整体性视域的研究成果。国内外文献对空间伦理研究的内容大多以单一空间为对象，以单一学科为背景。空间伦理的研究视域主要集中在哲学、文学、建筑学视域，主要考察空间哲学、建筑空间、网络空间、文学空间等。这些研究视域虽然也为空间伦理研究提供了合理解释，但是同时也为本书选择历史唯物主义视域提供了启示。历史唯物主义视域相比其他视域更能凸显出空间伦理的历史性、实践性和价值性。

本书选择历史唯物主义视域进行空间伦理研究，主要是基于空间伦理本身的实践内核要求。历史唯物主义要求从人类认识和实践、生产力和生产关系、经济基础和上层建筑等现实的辩证关系出发去思考空间伦理。同时，也要求从历史的系统性和空间的层次性相统一的原则去分析空间伦理的内容，构建空间伦理体系框架，实现现实的个人、城市社会和全球空间及人的伦理精神的相互构建。空间伦理是对空间本身以及人在空间中实践产生的问题的伦理回应。因此，空间伦理问题更应该用一种比较宏观的视野来把握，历史唯物主义的研究视域要求我们对空间伦理的研究要从人在空间中生活的实际状况为出发点，考虑到在不同的空间中人的伦理有不同表现，在对其进行具体对待的同时也要从宏观层面把握，突出空间伦理研究对于现实的个体、人类社会和人类文明的价值性和目的性。

以上总结的研究不足正为本论题的展开提供了可能性。本书选择在历史唯物主义视域下考察空间伦理，意味着要从人民群众的主体观、空间存在与空间伦理的辩证关系出发，既关注到人的实践行为对空间伦理的直接影响，也关注到空间形态对人的伦理精神的不同构建。本书立足人的社会实践将伦理指向个体化、城市化和全球化的空间实践，重构起身体伦理、城市伦理和全球伦理的精神，达到空间伦理的善治目标，实现人民对美好生活和美好社会的向往。

三 研究思路与研究方法

本书的研究思路从空间伦理的理论分析展开到空间伦理的实践检验，坚持了理论与实践的相统一；同时，也坚持了整体与部分的相统一。从空间伦理的整体理论到身体伦理、城市伦理和全球伦理的部分内容再到对空间伦理的整体实践，形成整体—部分—整体的有机体系。本书的研究也坚持了文献研究和现实反思相结合、历史考察与逻辑分析相结合、跨学科交叉研究的研究方法。

（一）研究思路

本书尝试从历史唯物主义视域分析在"实践"范畴下空间和伦理的有机统一，包括空间伦理的基本内涵、主要对象、存在问题和解决之道。通过分析人类实践中形成的社会关系划分微观空间（身体）、中观空间（城市）和宏观空间（全球）。本书将对这三层次空间目前存在的伦理问题表现进行根源探究，并尝试重构不同空间应有的伦理规范秩序，并为人们在多重空间中生活得更好，促进新时代中国空间治理的善治状态提供启示。

空间伦理问题有其存在的历史合理性和演变过程，它从具体的、微观的问题发展到一个普遍和宏观的社会问题，同时又存在于不同空间之中。人类在空间中进行社会实践活动并形成了诸多利益关系和多元的价值观念，多元意味着百花齐放也意味着冲突与共存。伦理正是对人类空间实践中那些冲突的价值观和行为进行规范制约，只有在伦理的规范下空间治理才能合乎人类的本真需求与善治目标。以往对空间伦理的研究要么是对具体某空间的伦理反思，要么是用抽象的伦理理论去批判空间的资本化和权力化，既缺乏空间伦理的整体性研究，也忽略了空间伦理的实践性和历史性研究。因此，本书选择历史唯物主义视域来研究空间伦理，就既要做到对空间伦理的整体把握，也要突出空间伦理的实践性立场。

全书行文将按照以下章节思路具体展开。

引言部分主要阐明"历史唯物主义视域下的空间伦理研究"的

选题缘由、研究现状、研究思路、研究方法等，通过梳理已有的研究成果，指出空间伦理问题在人类发展史中的重要性和必要性。

第一章主要从历史唯物主义视域界定空间伦理的基本规定，包括视域选择的合理性、空间伦理的内涵、研究对象、基本特征，为后文的展开奠定理论基础。

第二章旨在分析历史唯物主义视域下马克思恩格斯对空间伦理问题的初步探析。在马克思恩格斯的思想中可以找到诸多对于空间与资本、阶级、人类解放之间关系的论述，具体从异化劳动下现实的个人的道德状况，城乡分离与对立的伦理表达以及世界市场对传统地方伦理的冲击三方面来阐明马克思恩格斯对空间伦理问题的认识。在马克思恩格斯时代之后，社会发生了翻天覆地的变化，因此这些空间伦理问题有了新的内容。

所以在之后的几章内容中，将要讨论当代社会对空间伦理问题的原因和解决之路。第三章、第四章、第五章中系统讨论了在技术化、消费化、信息化、全球化的当代社会背景下重构身体伦理、城市伦理和全球伦理的内容。不同空间因主体的具体实践、社会条件和各种因素而造成不同的伦理问题，同时面对空间伦理问题需要以人为中心去尝试重构空间伦理的精神，为实现人们在空间中更好地生活而努力。

第六章的内容是在对身体伦理、城市伦理和全球伦理分析基础上做出的总结性回应。前文具体空间伦理的重构都朝向了空间的善治目标。空间伦理的善治目标在新时代中国有了具体的治理实践，包括了"住有所居"的空间政策；"城乡融合"的空间布局以及"一带一路"的空间倡议等。

（二）研究方法

根据历史唯物主义视域的要求和特征，本书主要采用了三种研究方法，它们都服务于论文的内容逻辑，并贯穿始终、相互交织地应用在整个论文论证过程中。

论文思路图示（作者自制）

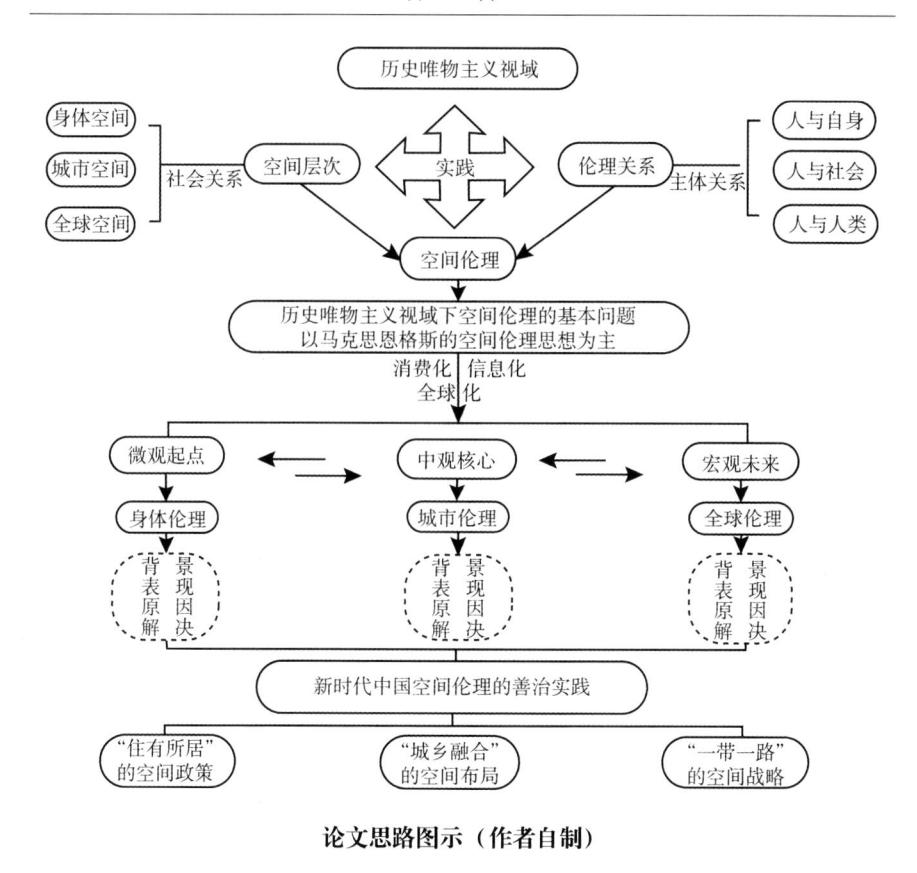

1. 文献阅读与现实反思相结合的方法

文献阅读主要是对空间伦理研究相关文献进行全面而系统化的梳理，为其研究的展开奠定理论基础。文献阅读一方面要求做到分析文献的全面性；另一方面需要做到把握文献的时效性，将马克思主义经典文献与新时代中国空间实践的研究文献相结合。同时，文献阅读作为理论分析需要现实状况的支撑，对新时代全球化的空间问题的反思才是马克思主义经典文献的生命力和立足点之所在。空间伦理的研究本质上是对人在空间中存在状况的研究，正如马克思认为由于人的实践而产生的社会问题，总是可以在人的认识和实践的过程中得到解决。空间伦理问题并不只是理论的抽象思辨，而且是需要在现实的人的空间实践活动中得到深入理解。理论与实践相结合的研究方法凸显了马克思主义的立场和观点。坚持马克思主义的实践观和方法论，为历史唯物主义视域下的空间伦理研究提供了有效保障。

2. 历史考察与逻辑分析相结合的方法

历史唯物主义视域下的空间伦理研究既要重视空间伦理的历史考察，也要重视空间伦理的内部逻辑分析。任何事物的成长都是一个不断动态发展的过程，同时在这个过程中，与事物相关的环境、主体、文化、经济、政治等都会对事物发展起到影响作用。历史考察可以对空间和伦理的概念及其发展进行历时性的整体发展脉络的把握，空间伦理在不同的历史阶段有不同的表现形式和内容要求。逻辑分析让我们对空间伦理能够更加深入地剖析，身体伦理、城市伦理和全球伦理的具体空间伦理认识，体现了空间伦理研究从微观—中观—宏观的递进式研究思路。历史唯物主义视域本身就包含了历史维度和现实维度，因此，研究既要考虑到空间伦理的历史发展，也要思考到空间伦理形成的现实因素。不能只谈历史逻辑，也不能只谈现实逻辑，两者的结合才能让历史唯物主义视域下的空间伦理研究成立，使空间的历史发展印证人的伦理逻辑，让人的伦理逻辑具有空间的实践性。

3. 跨多学科交叉研究的方法

空间伦理研究中包含了多学科的内容，涉及马克思主义理论、人文地理学、哲学伦理学等学科。空间伦理涉及社会空间理论、空间生产理论、规范伦理理论、空间治理理论、城市哲学、人文地理等内容，所以对空间伦理的研究必然需要选择一种多学科交叉式的研究方法，以期用一种综合性、交叉性的方法对空间伦理做出比较合理的解释和深化。空间伦理虽然涉及不同的学科内容，但是在研究的过程中并不能将空间和伦理当作两部分内容来探讨，空间理论是一个研究整体，空间实践中应有伦理因素，伦理实现中也少不了空间因素。本书将坚持马克思主义的立场，运用马克思主义的辩证思维、系统思维和底线思维，并结合多学科理论知识，分析空间伦理在身体、城市与全球层面的具体表现，辨析空间与经济、制度、社会关系、文化、生态环境之间的复杂关系。本书对空间伦理的研究既是对马克思主义空间理论内容的丰富发展,也是对马克思主义经典理论的时代化创新。研究以空间伦理的善治为落脚点,旨在对新时代中国的民生幸福、城乡关系和国际关系等重大发展领域的治理提供指导。

四　研究重难点与创新点

本书尝试在历史唯物主义视域下考察空间伦理理论,以马克思恩格斯对空间的伦理反思思想为本书展开的理论基础,进而分析全球化背景下身体和城市因资本、权力、消费观念等而产生的伦理问题,挖掘出这些伦理问题的产生根源,据此尝试构建不同空间中的伦理规范,并构建起一个相对完整的空间伦理体系。

(一) 研究重难点

本书的重点包括身体伦理、城市伦理、全球伦理这三部分内容。它们在逻辑上是浑然一体的,以身体伦理、城市伦理和全球伦理的内容为主要研究对象,剖析出身体、城市和全球中存在的伦理问题及其原因并找到解决方案将是本书研究的重点所在,并通过善治目标来总结出空间伦理的研究价值。

虽然国内外学者对空间伦理的研究已经有了一定的基础,但对空间伦理的研究仍然是一项重要而又复杂的任务。因为该选题涉及不同学科和不同主体的现实问题,这并非一朝一夕可以解决的,需要不断地根据实际情况进行推进,才能完善空间伦理的理论。如何立足马克思主义理论的精神内核和历史唯物主义视域去分析空间伦理问题,让理论构建既具有马克思主义的理论深度,也具有多因素研究的理论广度,这是本书在研究过程中遇到的主要难题。同时,构建空间伦理的理论框架也是本书研究的一个难点。在纷繁复杂的文献研究中,因中西文化和历史传统的差异导致了对伦理本身的认识形成了相互博弈的理论观点,而且,由于全球化、信息化时代的到来,人类实践方式急剧变化造成了伦理观念的转变。人们的伦理观念从传统的血缘宗法伦理转变为以金钱关系为中心的资本伦理。要在多元价值观中，构建一个符合人类实践的空间伦理体系并重构那些曾被解构的伦理精神，比较具有挑战性。本书将根据新时代人民群众对美好生活的需求以及美好社会的建设目标，以马克思主义理论为指导思想去尝试构建空间伦理的体系。

（二）论文创新点

历史唯物主义视域下的空间伦理研究是在中外学者研究的基础上推进的工作。本书立足于历史唯物主义视域，根据人类社会的发展规律与基本原理指出空间伦理问题来源于人类空间实践，并在政治、经济、文化、生态等社会因素中展开对空间伦理问题的探讨和解决。本书的创新之处主要有以下几点。

第一，历史唯物主义视域下的空间伦理思想与以往的唯心主义、旧唯物主义中的空间伦理思想有根本的区别。历史唯物主义视域下的空间伦理思想以现实的人的物质生产实践为基础，以人的解放和全面发展为终极价值目标，具有社会性、实践性、历史性、价值性的特征。这种空间伦理思想既批判了唯心主义的空间先天形式，也批判了旧唯物主义中物质的、惰性的、静止的空间客体。在唯心主义与旧唯物主义中，空间和人是相互独立的存在，独立的空间不涉及人的伦理、实践、精神、自由等价值追求。而在历史唯物主义视域下，空间是人民群众的实践结果，它深深烙上了人类实践的印记，并且展示出与人民群众相关的政治性、伦理性与目的性。因此，历史唯物主义视域下的空间伦理思想研究相较于唯心主义和旧唯物主义的空间观而言，这是一种新的研究内容，它发掘了空间与人类精神相关的内容。本书在历史唯物主义视域下认识到空间伦理是从现实中生发出来的问题，而不仅仅是空间理论或伦理理论研究的内容。历史唯物主义与空间伦理在本体论、方法论、目的论层面都有内在的契合性，空间伦理的研究既立足于现实的个人的空间生存现状，又指向了人类解放的价值目标。

第二，本书运用了新的研究方法对空间伦理进行研究。具体来讲，本书研究结合了历史唯物主义的方法和伦理学的方法。历史唯物主义视域下的空间伦理研究，一方面要立足历史唯物主义视域这个基本立场不动摇；另一方面，也要坚持伦理学方法和价值论原理去研究人类社会历史中空间与人的关系问题，以及人在历史和空间中如何更好地生活的问题。所以本书首先立足历史唯物主义视域对空间、伦理、空间伦理等基本概念进行了阐述说明和规定，其次通过融合价值原则与伦理规范对空间——人类实践的重要场所、生产资料和社会关系的承载者进行伦理学的反思，为人类在空间中的伦理地生活提供了依据。以往历史唯物主义对空间的研究，大多集中在空间的政治化和空间的资本化内容，关注当代人类社会空间发生异化问题的资本逻辑和根本原因。但这还不够，空间问题和人在空间中的问题虽然在表面上看是由资本和权力的过度干预造成的，但从更深层次来看，这些不平衡、非正义的空间发展状态直接影响到了个人生存、社会公正和人类解放。所以，对空间资本化和权力化的批判要以伦理反思为更深的依据。通过价值论和伦理学方法的融合，提出空间伦理是指人类的空间实践以善的价值引导而形成的具有规范作用的社会秩序，它有利于人们自觉协调与自我、他人、类本质的关系，引导空间达到和谐有序、共生共荣的善治状态。空间伦理的研究中要将元价值原则和空间实践的具体环境结合在一起，将价值原则转化为空间实践的伦理规范，为具体空间实践提供价值指导。

第三，本书从历史唯物主义视域分析空间伦理的根本目的在于用它指导人民群众的实践行为。空间伦理既有其一般性的规定和社会发展规律，也有现实空间的具体性。本书既研究了历史唯物主义视域下空间伦理的一般规定和要求，也关注到了具体空间，比如身体空间、城市空间和全球空间中的伦理问题。当然这些具体空间的选择并不是随意的，而是根据人类社会关系的层次进行的相对性划分：身体和家庭空间体现的是人与自身的社会关系、城市和乡村空间体现的是人与他人的社会关系、全球空间体现的是人与人类的社会关系。从而形成关于身体伦理、城市伦理以及全球伦理的认识和反思。历史唯物主义视域下的空间伦理研究最重要的是要落脚在新时代中国的空间实践之中，对中国的人民生活、城乡发展、国际关系起到一定的积极现实意义。新时代中国坚持以人民为中心、人民至上的善治目标，展开了"住有所居"的空间政策、"城乡融合"的空间格局和"一带一路"的空间倡议等空间治理实践。因此，历史唯物主义视域下的空间伦理研究既是理论层面的建构，更是立足现实问题对人类在身体、城市和全球空间中实践行为的价值重建，以此达到个体身心健康、城市社会和谐、全球命运与共的空间伦理善治状态。

　　本书立足历史唯物主义视域，将身体伦理、城市伦理、全球伦理以及空间伦理的善治有机构成空间伦理的理论体系。虽然这些研究有一定的合理性和研究价值，但是由于空间划分标准的多样性，以及人类空间实践本身的阶段性和时代性，导致本书对空间的层次划分和研究内容可能存在一定的局限性。那些更为丰富的新内容需要笔者努力在今后的科研工作中进一步去探讨与拓展；所以空间伦理作为一个历史范畴，伴随着人类实践历史条件的发展，它的理论也会不断创新与发展，这也正是马克思主义理论常用常新、永葆活力和生命力的秘密所在。

第 一 章

历史唯物主义视域下空间伦理的基本规定

　　历史唯物主义是空间伦理研究的重要立场和思维方法。在马克思恩格斯思想中历史唯物主义的立场就是指,"一切重要历史事件的终极原因和伟大动力是社会的经济发展,是生产方式和交换方式的改变"①。概括而言,就是说从历史唯物主义视域去研究事物或者事件意味着要以经济基础、生产方式为出发点,一切生产关系、社会意识和上层建筑都由当时人们所处的历史经济状况所决定。人类历史发展的过程中不断改造的生产工具、提高的生产效率、更新的生产关系都表明了历史在总体上不断向着更为先进的文明发展,旧的社会制度总会被新的社会制度所代替。实现历史更迭的不懈力量正是现实的个人的实践活动和社会合力。历史唯物主义的世界观改变了以自我精神为中心的唯心主义世界观,让人们意识到作为实践主体他们有认识世界、改造世界的能力,人们有力量寻找一个更加公平、正义、和谐的世界。

　　探讨历史唯物主义视域下的空间伦理理论及其实践问题时,首先应该对"空间伦理"相关的概念如空间、伦理和空间伦理进行阐明,并消除可能存在的理解歧义和运用混乱,这是本研究深入展开的必要前提。本章将立足历史唯物主义视域,坚持人类解放和人的

---

① 《马克思恩格斯文集》第 3 卷,人民出版社 2009 年版,第 509 页。

自由全面发展的价值立场，从理论层面对空间、伦理以及空间伦理进行概念分析与界定，并进行空间伦理的研究对象和基本特征的阐明；在此基础上，后文将从实践层面研究当代社会中身体伦理、城市伦理和全球伦理的问题原因和重构路径。

第一节　研究视域：历史唯物主义视域

进行空间伦理研究的时候，选择一个合适的、科学的研究视域是前提。不同的研究视域会影响空间伦理研究的方向和内容。空间伦理可以选择不同的研究视域，不同的研究视域有各自的问题意识和研究重点。从元伦理学出发，主要是对空间伦理中涉及的普遍价值概念进行思辨的反思；文学研究视域下的空间伦理主要是依据伦理理论对经典文学著作中人类社会空间的案例问题进行研究分析；建筑学视域下的空间伦理研究主要立足于建筑空间本身与周边生态环境、地域特性、人的需求等之间的关系，侧重强调建筑空间的结构是否符合人类的需求、地点选择是否达到规划的预期目标等。但是空间伦理问题是在人类历史实践中产生的问题，对其研究就绕不开生产力和生产关系、经济基础和上层建筑等范畴，所以，要在人类社会历史中考察空间伦理，选择历史唯物主义视域则是最为合理的选择。本书强调在人类的发展历史中去研究空间伦理，立足于人类的物质实践和社会实践过程，从社会存在与社会意识之间的辩证关系中去考察空间存在和空间伦理的关系，研究目的在于实现人类在空间中实现解放，以及空间之间的平衡、和谐发展。

历史唯物主义的核心观点和空间伦理的内容在内在肌理上具有深刻的一致性，因为历史唯物主义不仅是一种世界观、价值观，还是一种方法论和认识论。以历史唯物主义视域去研究空间问题，这是一种"历史唯物主义的空间化建构"①，历史唯物主义在以往的认识中都是以时间为发展线索的。随着空间转向对人文社会科学领域产生的影响，既影响了研究思维从历时性向空间性的转变，也影响了研究对象的转变。只有用历史唯物主义的视域去研究空间伦理，才能找到空间伦理真实的理论根基和现实依据，为空间伦理的实现提供现实土壤和可行路径。空间伦理不是形而上的伦理概念，也不是纯粹辩证的伦理原则，而是与历史、现实、主体、社会相关的一系列关系。它与我们每一个人息息相关，与人类未来解放直接相连，研究空间伦理就是走向良善的、和谐的美好生活。历史唯物主义的空间伦理研究要从以资本生产为中心转向以人民幸福为中心。

关于历史唯物主义视域在空间伦理研究上的适用性和合理性，本书将从以下四点来论证：从主体来讲，人民在历史中的主体性地位也表现在空间伦理中，人民群众既是物质实践主体也是伦理实践主体；从方法来讲，社会存在与社会意识的辩证法与空间伦理的生成逻辑具有一致性，空间存在决定了空间伦理；从内容来讲，历史唯物主义的物质生产实践也正是空间伦理产生的现实基础；从目的来讲，历史唯物主义中人的解放的终极价值目标与空间伦理的善治目标的指向相一致。所以，选择历史唯物主义视域对于空间伦理研究具有必要性，是我们坚持马克思主义指导精神进行的空间实践。

（1）从主体来讲：历史唯物主义视域中人民群众是空间伦理的实践主体。从历史唯物主义中的人民主体观来讲，人民群众是空间伦理的主体。伦理在本质上是人学，所以空间伦理的内在核心是人。世界的形成来源于人民群众的历史实践，不论是认识世界还是改造世界，实践活动的主体都是人民群众，正如马克思所说："在

---

① 林密：《〈共产党宣言〉的空间生产思想及其当代意义再探析》，《南京社会科学》2019 年第 1 期。

一切生产工具中，最强大的一种生产力是革命阶级本身。"① 这里是指无产阶级及其进行的阶级革命才是社会进步的最大动力和社会生产力。人民群众是历史的创造者，处于历史的主体性地位，人在历史中的主体性地位体现在人是认识世界的认识主体、改造世界的实践主体，同时，人也是塑造世界的价值主体。空间最初是物质性的自然存在，它的关系性、社会性和伦理性都必须通过人的实践才能激活。

首先，人的主体性存在是空间伦理成立的逻辑起点，正因为人是感性和理性、自然性和社会性的有机统一体，所以人具有伦理要求和道德意识。而空间作为生存场所，作为社会关系的承载者，它融合了人的伦理精神形成了空间的伦理内容。

其次，人的存在状态是空间伦理的核心线索。空间伦理从身体、城市、全球三个层次来构建时，也以人的社会关系层次为依据：不同范围的社会关系构成了不同层次的空间，而人们在不同空间中存在具体的行为又丰富了社会关系的内涵。

最后，人的主体性地位是空间伦理的逻辑依据，空间与人的伦理辩证互动的关系依据是人的主体性实践，人在不同空间的实践影响了空间的形态和空间的伦理关系。空间的变迁和伦理观念的转变始终伴随着人类的实践而发展，人在历史中的主体性地位的显现依赖于时间和空间的结构，所以历史唯物主义视域下人的本体论存在是空间伦理问题研究的逻辑基础。

（2）从方法来讲：社会存在与社会意识的辩证法是空间伦理的生成逻辑。从马克思主义唯物辩证法来讲，社会存在和社会意识之间是一种辩证关系，"不是人们的意识决定人们的存在，相反，是人们的社会存在决定人们的意识"②。在时代生活条件、生产方式、社会关系、社会存在的改变中人类社会意识的内容也不断更新。由

---

① 《马克思恩格斯文集》第1卷，人民出版社2009年版，第655页。
② 《马克思恩格斯文集》第2卷，人民出版社2009年版，第591页。

此，空间意识和空间存在是人类社会的两方面内容，它们是辩证的、动态的关系，奠定了空间伦理的生成基础。社会存在是人类物质经济生产以及生活实践的内容总和，社会存在主要是指历史唯物主义中那些对人类发展过程起到基础性地位的条件。社会存在与社会意识是辩证的关系，社会存在影响了社会意识的内容包括文化思想、精神教育、政治意识、伦理道德等。空间伦理正是社会存在和社会意识辩证作用的结果。

一方面，空间伦理是社会空间存在中因空间生产、空间消费、空间分配等实践过程造成的伦理问题；另一方面，空间伦理是社会意识的内在部分。空间伦理是人们从空间存在的现实基础中生发出来的伦理意识，是空间资本化、空间权力化、空间消费化现实激发出来的社会意识。良善的空间伦理的意识形态能够对空间实践产生积极的促进作用；非良善的空间伦理意识形态又能对空间实践产生消极的阻碍作用。所以空间伦理研究必须要从社会的辩证法出发，亦即在"本质上是从它们的联系、它们的联结、它们的运动、它们的产生和消逝方面"[①] 去考察空间伦理。

（3）从内容来讲：人的物质生产和社会关系的再生产是空间伦理的现实基础。马克思主义理论的本质是一种实践论。实践的唯物主义阐明了认识来源于实践、实践检验理论的原理，也阐明了人类认识世界和改造世界的方式。"根据唯物主义观点，历史中的决定性因素，归根结底是直接生活的生产和再生产。"[②] 也就是说，人类生产实践包括了物质生产实践和人类自身的再生产实践，生产实践为人类伦理观念提供了基础。当技术和创新推动生产力更新时就会影响社会关系的内容。工业生产改变了农业生产中的血缘和地缘关系，同时，信息生产又改变了工业生产中单一的资本关系，总之，生产力决定了空间伦理关系的改变。

---

① 《马克思恩格斯文集》第3卷，人民出版社2009年版，第541页。
② 《马克思恩格斯文集》第4卷，人民出版社2009年版，第15页。

空间伦理不能脱离人的现实处境去讨论，意味着我们不能离开物质生产和社会关系再生产的现实去讨论人的自由和解放。之所以说物质生产实践是空间伦理的理论起点和现实基础，就是因为历史唯物主义视域强调物质第一性。空间首先是一种物质性存在，其次它才具有社会性，空间生产既包括物质生产还有社会关系的再生产，空间生产正是空间伦理的现实基础。而现实基础的发展需要明确的价值指向，马克思指明人民群众的解放"不仅仅决定于生产力的发展，而且还决定于生产力是否归人民所有"①。同理，空间伦理不仅指要用伦理规范空间生产的因素和过程，更要求空间成果和空间权利归属所有人共享，只有人民在空间中共建共享是空间伦理的实现。

（4）从目的来讲：历史唯物主义中人的解放是空间伦理的终极价值指向。空间伦理在历史唯物主义的视域内将人的自由和解放以及人的现实幸福当作理论和实践的价值指向。价值论能够衡量空间伦理理论和实践是否符合人的发展标准，从价值论来审视空间伦理，就是从人类自身的权利出发来思考空间实践的价值精神。在历史唯物主义视域中，人的"解放是由历史的关系，是由工业状况、商业状况、农业状况、交往状况促成的"②。人类解放和幸福感受不是抽象的理论，人的解放只有通过人民的实践奋斗才能获得。人的解放是一切实践的最终价值目标，但是对解放的追求会受到自然条件和社会条件不可避免的制约。实现人的自由、解放和幸福是有条件的，除了要求基础性的生产力的充分发展，还要求人民作为具有独立意识的主体将生产成果把握在自己手中，实现社会生产的共建共享。人在空间中实践的最高价值指向就是现实的幸福和人的解放，这种幸福从空间角度讲，是人们获得合乎生存要求的生活空间、平等的空间权利、公平的空间资源等。

---

① 《马克思恩格斯文集》第 2 卷，人民出版社 2009 年版，第 689 页。
② 《马克思恩格斯文集》第 1 卷，人民出版社 2009 年版，第 527 页。

坚持历史唯物主义的研究视域，也就是坚持从社会存在与社会意识的辩证关系，从生产力与生产关系的辩证关系，从个人与社会的辩证关系等马克思主义基本原理出发去理解空间伦理，解释空间伦理的问题根源，寻找空间伦理的实践之道。空间伦理是与人的社会生活紧密相关的领域，空间伦理的产生与形态都离不开人的实践活动。空间伦理作为调节人类社会关系的规范性秩序，属于社会意识的有机组成部分，它必然会受到当时的历史条件、地理环境、空间状态的影响。从根本上讲，不同的生产方式决定了空间伦理的形态，生产力决定生产关系，生产关系又是社会关系的核心内容，社会关系变迁会影响空间伦理形态的变化。

历史唯物主义视域下空间伦理论题成立的基本根源在于空间伦理问题是由社会经济因素所导致的，正如马克思指出的，"劳动者在经济上受劳动资料即生活源泉的垄断者的支配，是一切形式的奴役的基础，是一切社会贫困、精神沉沦和政治依附的基础"[①]。所以，只有大力发展物质生产实践和再生产，才能推动空间存在和空间伦理的良性辩证关系，并为人类解放和现实幸福的善的目标奠定基础。总的来说，历史唯物主义的主体论、方法论、实践论和目的论为空间伦理的研究提供了合理的主体、基础和实践路径，也证明了历史唯物主义视域与空间伦理研究的逻辑自洽性和内在统一性。下文将要在历史唯物主义视域下进一步对空间伦理的内涵界定、研究对象和基本特征展开讨论。

第二节 内涵界定：空间、伦理与空间伦理

在历史唯物主义视域下空间和伦理伴随着人类社会存在了漫长的历史，同时，人类对空间和伦理概念的认识也都伴随着社会实践的历史变迁而变化。只有清晰地认识空间和伦理概念才能更好地把

---

① 《马克思恩格斯文集》第3卷，人民出版社2009年版，第226页。

握空间伦理的基本内涵。马克思恩格斯用历史唯物主义的方法对传统文化中空间与伦理概念进行批判与发展研究，更突出空间与伦理的实践性和社会性。总体而言，本书所涉及的空间和伦理都是在历史唯物主义视域下界定的，它们都属于人类实践层面的内容。空间和伦理都是广义层面的概念，历史唯物主义视域下的空间是人类全部社会实践形成的结果，既包括了物质空间和社会空间，也包括了身体空间、城市空间和全球空间。伦理是指那些在人类社会中对生产和生活起到良好的规范作用的价值秩序。因此，空间伦理是指人类在一定空间中进行社会实践形成的具有规范、引导作用的价值秩序，它表现出历史性、实践性和价值性的特征。总之，空间伦理是朝着善治目标而发展的。

一　空间：人类社会实践的关系总和

空间在日常生活和学术研究中都占据重要地位，但是我们在使用时却未加区分和辨别空间的特定内涵，导致空间理论中空间使用比较混乱。空间成为一个被提及时都知道，但却无人能够言说清楚的概念，这种对空间的模糊认识也增加了界定空间伦理内涵的困难。在空间发展史上，哲学、宗教学、物理学、数学、马克思主义等学科都对空间的性质、地位有一定的认识，形成了不同的空间观，比如形而上的空间形式、宗教空间、几何空间、物理空间等。由于学科不同，所以目前对空间本质的把握还没有形成一个相对统一的观点。

首先，历史唯物主义中的实践性空间不同于中国传统文化中的客观空间。在中国传统文化中，空间是人们活动的必要客观因素。人类和空间在客观上是共存的，人的自然生命基本遵循四季轮回的自然规律，也遵循天地宇宙的演变逻辑。《管子·宙合》曰："宙合之意，上通于天之上，下泉于地之下，外出于四海之外，合络天地以为一裹。"① 即在古代中国天人合一的观念里天地万物都在时间和空间之中，并共生为一个生命共同体，所以，空间既是天地万物生存发展必不可少的容器，同时也是天地万物中的有机部分。总的来说，空间在中国传统文化中甚至是一种位于更高层次的关于宇宙、自然界、社会与人生的存在，② 客观的空间环境长久地影响着中国人的认识论和生存论观念。

在历史唯物主义视域下，空间所隐匿的那些社会性、实践性、价值性的东西逐渐被凸显出来。马克思认为任何人类的实践活动都离不开空间，人类对世界的认识活动和改造活动给自然空间深深地烙上了人的自由意志和价值观念的痕迹。人们将自然空间改造为"第二自然"即社会空间，用以表达人与人之间的社会关系。在历史唯物主义视域下讨论空间范畴，其实讨论的是在经济、政治、文化、生态等因素共同作用下形成的社会空间，以及在空间中人的生存状况和阶级关系。所以，历史唯物主义视域下的空间范畴不只是天地宇宙代表的客观空间环境，而且是指与人民群众相互融合为一体的空间存在。

其次，历史唯物主义中的社会空间不同于西方传统文化中形式或物质属性的空间。总体而言，在西方文化中对于空间的认识基本有两条线索：一条是形而上学的空间认识，一条是实践论的空间认识。在形而上学中空间和时间是先天存在的认识形式，"从柏拉图、亚里士多德到笛卡尔和康德，都是把空间看作一个客观的、同质的载体或者说容器"③。而在实践论中空间不再是先天形式而是经过人类社会实践形成的结果，它表达着人类作为世界主体的主观能动性，空间成为理解人类存在的重要方式。从古希腊哲学到马克思历史唯物主义这段历史中人们对空间概念的认识经过了几次重要转

---

① 《管子》（上），李山、轩新丽译注，中华书局2019年版，第213页。
② 罗小未、张家骥、王恺：《中国的空间概念》，《时代建筑》1986年第2期。
③ 陆扬：《空间和地方的后现代维度》，《学术研究》2009年第3期。

折：古希腊时期的形而上空间观、中世纪的定位空间、近代物理学的绝对空间以及当代社会实践空间。

古希腊时期的空间观主要表现在柏拉图的哲学思想中。柏拉图根据理念论认为国家是放大的个人，个人是缩小的国家，它们在内部结构上是同构的，它们拥有同样的结构划分，这样的空间观是理性抽象的、形而上学的。中世纪空间观是定位的空间，在基督教的宗教意识中上帝的彼岸性和人的此岸性之间存在绝对的空间和时间鸿沟，人对上帝的信仰也只能通过特定的教堂空间去传达。近代物理学对空间的认识摒弃了人为的定位功能，将其视作绝对的空间，它是同质的、静止的、无限的，不依附于任何事物而独立存在。但是，笛卡尔和莱布尼茨则反对这种观点，他们认为空间必须依附于某种实体才可能存在，空间作为事物的一种属性而存在。空间认识论在康德哲学中再次发生了转变。康德认为空间是一种先天形式，它不是经验所得的概念，"空间是外感官的形式，即感知一切外部现象的先天直观条件"[①]。由此可以看出，在历史唯物主义和实践唯物主义观点形成之前，人类对空间的把握要么是抽象的思想形式，要么是纯粹物质的自然属性，几乎没有关注到空间的实践性和社会性。

当"空间转向"运动发生之后，空间成了人文社科研究新的视野、方法和对象。人们对空间的认识已经超越了机械的物质性空间，空间成为人类存在过程的另一种表达形式，通过空间即不同位置的关系可以构建和反思人类的社会关系。当代主体存在于不同关系之中，比如横向的关系、纵向的关系以及横纵交错的关系，这些关系构成了不同的社会空间，空间不再是同质性、普遍性的形式，而是充满差异性和多样性的关系总和。关于此观点，列斐伏尔提出了"空间三元辩证法"；福柯提出了"异质空间"；索亚则批判继

[①] 邓晓芒、赵林：《西方哲学史》，高等教育出版社2012年版，第212页。

承了前人思想并真正提出了一切都汇聚在其中的"第三空间"①，这些观点都指向了一种多样化、差异性的空间存在。空间的丰富性基于人的丰富性而成，从人这个主体的实践及其形成的社会关系出发，我们可以通过微观到宏观的递进关系更好地构建以人为中心的空间结构以及空间与人的关系。

最后，本书研究的对象是历史唯物主义中的空间概念。本书研究的空间范畴限定在这种差异性、多样性、实践性的社会空间层面，而不是古希腊空间、宗教空间、几何空间。立足历史唯物主义，空间本质上是人类社会实践的结果，它以物质客观空间作为基础，由此延伸出更加复杂、多样的社会空间。物质空间和精神空间的二元对立关系不利于我们解释世界和认识世界，必须要形成超越二元对立关系的空间观念，将物质空间和精神空间当成一个有机整体，这就是提出社会空间的重要意义。空间意味着多种关系交织形成的一个整体，多种因素和多元主体被交织在一起，无法脱离空间对其的规定。也就是说，任何人、任何事都无法在真空之中独立生活。人总是处在一定的关系中、生活在一定的空间里，以我们自身为认识的出发点，构成了主体与自我的关系，主体与他者、群体的关系、主体与人类的关系。这些关系形成了微观空间、中观空间和宏观空间的主要内容。

二 伦理：规范社会实践的关系秩序

马克思恩格斯的伦理思想，既包括了对个体道德的探讨，也包括了人类解放的终极伦理目标，在伦理中个体与人类达成了一致。马克思恩格斯的伦理思想主要通过批判资本主义生产方式与异化劳动，将人类从资本主义生产方式和阶级矛盾的枷锁中解放出来。与中西传统文化中的"人伦"思想和"德性"理念相比而言，马克

---

① ［美］爱德华·索亚：《第三空间：去往洛杉矶和其他真实和想象地方的旅程》，陆扬等译，上海教育出版社2005年版，第87页。

思恩格斯的伦理思想更强调现代社会的公平、正义、自由的秩序。一般情况下，人们将伦理与道德两个概念混同使用，不必详细区分。但从理论考究来看，伦理与道德两个概念之间既有关联之处，又有不同之处。

首先，历史唯物主义中的现代社会伦理概念不同于中国传统文化中的"人伦"。在中国传统文化语境中，伦理是"伦"和"理"的结合。伦在古代中国话语体系中第一种解释为"人伦"，即"同类之次"，"辈也"，即基于"礼"的宗法等级制度的人际关系和秩序，这种人伦中表现出的秩序正是"理"之所在。第二种解释为"凡音者，生于人心者也；乐者，通伦理者也"①。两者相通是指伦理与音乐的内在要求都是各因素之间要达到和谐有序。从以上概念解释可知，在中国传统文化中伦理的根本是"人伦"，伦理是发生在人类世界中的，而不是物体之间、动物之间的关系，同时伦理"一定是以某种秩序呈现"出来的和谐关系。在中国传统社会中，伦理是一种先天的秩序关系，它对人们的行为和思想起到一定的规范和制约作用，即在中国古代社会主要"以礼义伦理教训人民"②。但是传统伦理中有十分明确的以血缘和君臣为主要内容的等级特征，亦即传统文化中的"礼"之内容。总的来讲，在中国传统文化中伦理就是指以血缘关系、亲疏远近为"人伦"核心内容的具有明显等级特色的社会秩序。

与封建社会的等级秩序伦理不同的是历史唯物主义中平等的、正义的实践伦理。历史唯物主义中的伦理思想发生在资本主义社会中，通过对资本主义生产方式和交往方式的批判，为实现现实的个人的自由全面发展、全人类解放的根本目标而努力。马克思恩格斯揭露批判了"资产阶级的奴隶主道德、金钱道德和利己主义道

---

① 《礼记·乐记》，胡平生、张萌译注，中华书局2017年版，第716页。
② 《新书》，方向东译注，中华书局2012年版，第174页。

德"①，在解构资本主义伦理思想的同时也建构起了现代社会中以自由、公平、正义精神为核心的人类解放伦理目标。这个伦理目标立足于无产阶级身心受到剥削压迫的现实条件，即从阶级对立关系的物质生活出发思考因资本、阶级所引发的伦理问题。换句话说，在马克思恩格斯的"社会主义和共产主义思想既包含了对资本主义的道德批判，也体现了他面向未来的道德理想"②。所以，在历史唯物主义视域下，道德、伦理范畴是人类社会关系秩序井然的价值规范。

其次，历史唯物主义中的实践伦理也不同于西方传统文化中的个体德性。伦理的英文单词是"ethics"，"起源于希腊文'ethic'，这个词最初表示习惯恒常的住所、共同的居住地"③。所以伦理又被理解为经过共同生活而得出的风俗、习俗等行为规范，指向了个体对其生存环境、历史文化、生活方式、交往理念的认同。在西方伦理学史上有元伦理学、规范伦理等分支。关于认识伦理有两条路径，一条是以柏拉图为代表的理性路径，以"善"的终极目标构建理念世界，每个部分或因素处在自身的位置，发挥自己的功能使得整体能够和谐有序，这就是伦理关系的实现。另一条是以亚里士多德为代表的实践路径，讨论了实践领域内个体的德性、勇敢、节制等美德。古典哲学的研究将伦理关系看作最高的善、和谐，或者"中和"。这种与人相关的伦理实践观点为马克思恩格斯面向现实的伦理思想奠定了基础。历史唯物主义中的伦理思想正是立足于人类社会的伦理反思。

历史唯物主义中伦理思想不同于"人伦"道德，也不同于个体

---

① 李义天：《马克思主义伦理思想史：内涵与分期》，《吉林大学社会科学学报》2020年第2期。

② 李培超、陈吕思达：《论马克思伦理思想的基本范式》，《湖南师范大学社会科学学报》2017年第6期。

③ 李建华：《伦理与道德的互释及其侧向》，《武汉大学学报》（哲学社会科学版）2020年第3期。

德性。它是面向人类社会实践的价值,更侧重伦理的社会层面价值,更强调平等的、正义的精神。马克思恩格斯的伦理思想是对先验性、理念性的伦理原则的批判,强调道德伦理是从社会存在中生产力和生产关系的辩证关系中生长发展的。马克思恩格斯的人本思想和伦理思想对当下社会依旧具有启示意义,伴随着时代条件,伦理思想也在不断发展。在历史和现实的辩证关系中,人类解放和自由发展依旧是当代社会追求的终极目标。要推动人类社会的伦理目标,就要坚持历史唯物主义中的批判精神、解放精神和实践精神,用它们指导人类去协调个体与群体、城市与乡村、全球与区域的关系。历史唯物主义视域下的空间伦理思想既要应对具体空间的特殊伦理问题,也要解决空间伦理的理论建构问题。因此,在历史唯物主义中伦理是指人类社会实践中形成的价值规范。

最后,历史唯物主义中"伦理"与"道德"概念的关系辨析。要辨析清楚伦理概念,除了从伦理本身在不同环境中形成的内涵去考察之外,还需要辨析与其相似的"道德"概念之间的联系与区别。在历史唯物主义中伦理(ethics)始终都与"道德"(nomal)紧密相连,甚至混用,这是因为个体是社会的一部分,所以道德和伦理就会混淆在一起。但是仔细考察,发现伦理与道德之间还是有所区别的:"'伦理'一词主要是指称客观的宗法等级'关系'范畴;道德、德性属于'伦理'中角色个体的内在精神。"① 从关涉对象来讲,伦理关涉的是社会,而道德则关涉的是个人;从内在核心来讲,伦理的核心是社会关系及其秩序,而道德的核心是个体的德性;从实践作用来看,伦理起到对社会整体的规范作用,而道德则对个人行为起到积极引导作用。但立足人类社会广义角度来看,伦理包括了道德内容,道德离不开伦理,人只有在伦理之中才能明白自身的道德责任和义务。同样,人只有树立了个体道德,才能构

---

① 朱贻庭:《"伦理"与"道德"之辨——关于"再写中国伦理学"的一点思考》,《华东师范大学学报》(哲学社会科学版)2018年第1期。

建良好的社会伦理秩序,达到个体与社会的良性互动。因此文中所涉及的是广义层面,以及包括个体道德的伦理范畴,主要指整个人类实践中以善为目的形成的规范性价值秩序,伦理本质是向善的、好的。

历史唯物主义中关于"伦理"与"价值"概念的关系辨析。元价值理论是"价值"的价值研究,研究什么是"价值"这个问题。这是我们讨论空间伦理所具有的价值的基础,价值只有与人发生关系的时候才能凸显出来,一个物品本身是无所谓价值的。本书认同价值存在于主客体的关系之中,与某一客体同人的需要、兴趣、利益等联系在一起的价值概念界定。从根本上讲,空间的本质也是关系,本书更多强调的是一种社会关系化的空间,所以空间伦理正是对以善为核心的价值的具体实践方式。善是元伦理中不可还原的概念,也是人类价值中最高的价值。空间伦理的基本问题就是人类如何在空间中实现善治目标的问题的解决,追问空间如何实现人民对美好生活的向往。将元价值融入对空间伦理的概念、基本内涵、根本目标等论证过程中,为空间伦理的合理性、合法性、科学性做出进一步的完善。在空间伦理的重构过程中,实现人民群众个体的自我完善、激活社会的生机活力以及增进人类的共同福祉等价值目标。

三 空间伦理:以善为目的的实践规范

在历史唯物主义视域下,空间和伦理都是人类社会实践的结果。空间是人类社会实践的承载者,伦理是人类社会生活实践中形成的有助于平衡社会关系的价值秩序,"当我们思考伦理时,我们将重点放在人们衡量自己的生活以及在其中找到意义的价值和规范"[1]。空间与伦理之间有着深刻的内在关系,"以伦理学的相关路

---

[1] James D. Proctor, David M. Smith. *Geography and Ethics*. London: Routledge, 1999, p.3.

径来看待空间问题,不仅符合空间研究的诉求,也应和了空间本身的特性,同时更是联结'空间'与'人'之关系的核心视角"①。所以,不管是从空间本身的特性出发还是从人的生存出发,空间伦理的提出都是必要的。空间伦理指人类在一定空间中进行生产和生活实践需要遵循善的价值和应有的伦理规范,亦即在空间中人应该如何处理好与自身、与社会、与人类关系的回应。空间伦理既包括空间本身发展中不平衡非正义问题对伦理的诉求,也包括空间内人与人之间的伦理关系,从根源上来讲,这些空间伦理问题都与人的存在紧密相关。

空间维度为反思元伦理学和传统规范伦理学提供了新思路。传统的元伦理学主要关注的是对伦理概念的论证,它忽略了伦理的实践应用功能。伦理精神不能独立于人的生活世界形式与过程之外存在,而要在不同的空间中通过实践,增强伦理理论的生命力和适应力。空间作为理解伦理的维度,有利于反思元伦理的抽象概念和传统伦理学体系。元伦理学以探究伦理概念为主要内容,因而忽略了人们在日常生活世界中所形成的微观的、实践的伦理。空间伦理是对伦理理论的实践把握,空间伦理的核心是实践性,而不是抽象性,要在不同层次空间之中构建起不同的伦理规范,这才能说明空间伦理的现实价值。因此,空间伦理的研究指向了微观空间、中观空间、宏观空间中的具体伦理问题和伦理关系。

空间从作为认识对象到作为研究方法和思维的转变意味着空间的重要性不断凸显,目前已有研究仍旧处在一种方法论或认识论层面,尚未深入到价值论的层面。伴随着资本和权力而进行的空间生产和空间建构有一个明显的缺陷,那就是空间内对人自身真实需求的忽视和压抑。空间的资本化、权力化、技术化并不是空间自身的结果,而是人们对这些因素的不合理应用导致的问题。人始终是空

---

① 吴红涛:《空间伦理:问题、范畴与方法》,《深圳大学学报》(人文社会科学版) 2017 年第 4 期。

间实践和空间治理的目的，而资本、权力、技术等只是人们构建善的空间的手段，我们不能本末倒置。但是人作为主体也时常会被资本、权力、技术所支配和裹挟，那么如何恢复人在空间中的主体性地位，构建一种具有价值意义的伦理空间或重视空间治理的伦理维度，正是人们在时空中自我解放所要面对的问题。

空间伦理是善的价值原则和伦理规范在空间内的统一。空间伦理是空间与伦理的内在结合，辩证地看包括空间的伦理性与伦理的空间性。空间的伦理性强调价值对空间的引导规范；伦理的空间性强调空间对于伦理实践的重要性，主要说明一种伦理关系通过空间来实现的过程，"伦理关系存在的前提是社会关系和社会互动，社会关系和社会互动要求人与人、人与群体之间具有某种类型的联系……而这又要求他们置身于同一空间之中"[1]。伦理的空间性，也就是伦理的关系性和社会性，伦理关系必须在人与人的社会交往中形成。伦理因主体的不同而具有不同的内容和要求，通过空间的划分、分配、建构来达到伦理对人和社会的规范作用。

空间上的远近对我们形成统一的风俗和伦理原则有重要的影响。人们生活的空间距离越近，就越容易形成具有共识的伦理精神、风俗习惯和语言风格；而空间距离越远，则生活习惯就差异性越大，比如所谓"一方水土养一方人"，中国南北方人民生活环境的巨大差异造就了南北方不同的生活习惯和风土人情。同样，西方人文地理学派也以人地关系为研究对象，阐述了不同地方和气候环境会直接影响人们形成不同的性格、习惯和心理。比如法国启蒙思想家、社会学家孟德斯鸠认为，"炎热的气候使人的力量和勇气委顿；而在寒冷的气候下，人的身体和精神有一定的力量使人能够从事长久的、艰苦的、宏伟的、勇敢的活动"[2]。这说明人的品格的形

---

[1] 曲蓉：《关于空间伦理可能性的确证》，《道德与文明》2016年第2期。
[2] ［法］孟德斯鸠：《论法的精神》（上册），张雁深译，商务印书馆1959年版，第326页。

成与其生活所在的客观环境有一定的相关性。

另外，人的品性与社会空间结构紧密相关。人化的社会空间结构比自然空间对人的认知和行为更具有规范性和引导性，宗族血缘伦理在家庭空间中实现，而社会交往伦理主要在公共空间实现。血缘关系要在公共空间获得认可是不合理的，也不符合公共空间强调人与人之间的公平与正义的要求。通过空间安排来实现性别的平等，不再将女性限制在厨房、家庭之中，女性也拥有平等的人格和社交权力，性别平等是建立在尊重性别自然身体差异性上的平等，而不是绝对化的公平。[①] 本书更侧重于社会空间的伦理研究，因为对比家庭空间，社会空间更为复杂和多样，社会空间是开放的，它包括了很多流动的主体，因此社会空间对伦理关系的需求也是动态的、多元的。

空间伦理也因具体涉及的社会关系不同而有所不同。通过前文依据伦理关系将空间划分为微观空间的身体、中观空间的城市和宏观空间的全球三个层次，可知它们中所表达的伦理关系是有不同侧重的，所以形成了具体的身体伦理、城市伦理和全球伦理。在当代这些空间伦理都遇到了新的问题，需要重构空间伦理，实现空间善治。重构的身体伦理是指要在人的身体空间中激活主观能动性，恢复身体达到一种健康的、良好的、能动的状态，促进自我的积极认同。城市伦理是指在城市空间的发展要遵循人文、和谐、正义的伦理精神，增强人民城市生活的幸福感，实现社会的和谐生机发展。全球伦理是指在多元因素并存的全球空间中要重新思考全球与地方的发展关系，树立人类命运共同体理念来解决全球地理不平衡发展和相互冲突的现实问题，在合作互助的发展中增进全人类的共同福祉。

为了说明空间伦理，还需要对相关概念进行辨析。第一，"空

---

① [英]多琳·马西：《空间、地方与性别》，毛彩凤、袁久红、丁乙译，首都师范大学出版社 2018 年版，第 229—230 页。

间伦理"与"时间伦理"的辨析。空间与时间都是人类存在的必要条件,经过人类的社会实践把物理空间和物理时间变成了社会空间和社会时间,因为涉及人这个主体,因此,社会空间与社会时间都有了伦理本性。时间的价值是人的价值,我们常说,时间就是金钱,而现代人又将金钱财富视作人生的意义,所以"财富成为人生存意义的唯一根据,时间的价值只能转化为财富的价值来衡量"①。只有从时间的缺乏和压力中解放出来,当代人才能真正地自由和全面发展。因此,时间伦理就是要破解因时间资本化对人类价值的消耗,关注人们在过去、现在和未来的社会中如何实现持续性的发展,恢复人生存论意义上的时间意义,而不仅仅是时间的金钱意义。总之,时间伦理与空间伦理都是人类实践中的伦理反思,但是它们却关涉人类存在的不同维度。时间维度和空间维度对于人类存在缺一不可,因此,研究空间伦理的时候并不意味着否定时间伦理的研究价值,而是在肯定时间伦理重要性的基础上侧重空间伦理的研究。从空间和时间的辩证关系中,空间伦理也伴随着人类历史时间的发展有了新的内容。

第二,"空间伦理"与"空间正义"的辨析。在研究空间伦理时不可避免地会联想到空间正义,因为空间正义也表达了空间伦理的要求。从广义而言,伦理范畴要大于正义范畴,正义是伦理的必然内容,属于伦理的内在要求;但伦理不仅包括正义精神,还包括了平等、和谐、公正、有序、人文等多种精神。因此,根据伦理与正义的关系,可以得出空间正义是空间伦理的必然内容,空间伦理是空间正义的发展目标。空间正义是指"社会正义以空间物化方式的形塑,是其立体表征"②。这是"一种符合伦理精神的空间形态

---

① 缪成长、李军:《时间伦理:一个亟待建立的伦理维度》,《科学技术哲学研究》2017年第2期。
② 胡潇:《空间的社会逻辑——关于马克思恩格斯空间理论的思考》,《中国社会科学》2013年第1期。

与空间关系"①。具体要求我们用伦理精神规范空间生产过程中的非正义问题，空间伦理除了要解决不平衡、非正义的空间生产问题，还要解决空间中人与人的社会交往问题，实现人们对美好生活和美好社会的向往。综上所述，空间正义是空间伦理内容的核心部分，但是空间伦理还内含了更多"善治"的要求。空间伦理是人类在空间实践过程中进行空间占有、分配、改造、交往等时形成的价值体系，核心问题是如何实现人类在空间中更好地生活。

第三节 研究对象：身体、城市和全球的伦理困境

本节内容主要阐述历史唯物主义视域下的空间伦理研究的主要对象，即身体空间、城市空间和全球空间实践中的伦理问题，这些伦理问题从囊括着人类社会关系、实践行为和价值取向等内容中产生。根据现实的人的社会关系内容以及空间范围的大小，大致将空间划分为以下具体空间：身体在微观层面表达人与自我的关系、城乡空间在中观层面表达人与他人或群体的关系、全球在宏观层面表达人与类本质的关系。

一 基于社会关系的空间层次划分

人具有自然属性和社会属性，人的自然属性指人是自然界的有机组成部分，人们可以在自然界中获取食物、水源等来维持生存；人的社会属性指人的存在必然处在一定的社会关系之中，社会交往是满足人的情感需要和发展需求的必要条件。人的社会交往活动必然在一定的空间中，人的活动既改变了社会关系，也改造了空间形态。人类社会关系并不是单一的内容，如果"我们越往前追溯历

---

① 陈忠：《空间辩证法、空间正义与集体行动逻辑》，《哲学动态》2010年第6期。

史，个人，从而也是进行生产的个人，就越表现为不独立，从属于一个较大的整体"①。所以社会关系中的个人并不是独立的个体，他有丰富的关系体系，包括了他与自身、与他人或群体以及与人的类本质之间的关系。这些社会关系的存在与社会中的政治、经济、文化等因素密不可分，因为社会关系是属人的关系，是"以一定的方式进行生产活动的一定的个人，发生一定的社会关系和政治关系"②。人的这些社会关系表现在不同的空间之中，根据社会关系的层次（个人与自我、与他人或群体、与人类）和空间范围的大小（微观、中观、宏观），本书尝试通过人的实践将二者结合起来进行研究。

个人与自我的关系通过身体（微观空间）来表现，个人与他人或群体的关系通过城乡（中观空间）来表达，个人与类本质的关系通过全球（宏观空间）来表达。这种划分只是为了研究方便，在现实生活中，现实的人是同时处在身体、城市、全球的综合空间中的。当然从微观到宏观的空间划分并不是空间划分的唯一标准答案，根据不同划分标准，空间可以被划分为其他类型：比如根据空间与人的关系，它可以被划分为未有人参与的自然空间和经过人改造的社会空间；也可以根据空间是否有实体形式将其划分为现实空间与虚拟空间等。

（一）微观空间：个体与自我的社会关系表达

身体作为微观空间是对人与自我社会关系的表达。在历史唯物主义中个体与群体是相对应的概念，因为个体是社会的人，他必然要在群体关系的参考系中认清自己的位置和身份。而身体正是个体与群体、与世界交往的主要媒介，个体通过身体构建社会关系、体验世界、认识世界和改造世界。马克思主义理论中现实的个人所拥有的身体既有肉体的感性，也有灵魂的理性。由于人是感性和理性

---

① 《马克思恩格斯文集》第8卷，人民出版社2009年版，第6页。
② 《马克思恩格斯文集》第1卷，人民出版社2009年版，第523—524页。

的统一，因此，在历史唯物主义视域下使用的身体是属于现实的个人的身体，这个身体具有物质性、社会性和精神性，物质性是身体的存在基础，社会性是身体的必要属性，精神性是身体的价值属性。人们自我的身体空间在最根本的意义上来讲就是指个体的身体（肉体），然后从肉体的存在才能引申出个体存在的意义，所以身体不仅仅是指一种物质性的身体，还包括个体对自身的认识，通过身体来认识我与自我的关系，确立人在世界之中的意义。它不是和灵魂对立的肉体，也不是纯粹形式的自我概念，它是现实的、鲜活的、动态的，融入社会关系的身体，表达着个体与群体的关系。社会群体的形成离不开个体，群体代表了个体的社会集合。如果个体和群体的利益是一致的，那社会就处在和谐的状态；如果个体和群体的利益相悖，社会就存在不断的冲突、斗争。

（二）中观空间：个体与他者的社会关系表达

人与他者的社会关系表现在群体的生活场所之中，群体的生活场所比较典型的就是城市与乡村这类中观空间。从人类历史发展的进程来看，人类生产和生活的主要空间曾发生过转变：城市主要是非农业生产和非农业人口聚集的地方，乡村主要以农业生产为主。马克思恩格斯认为与乡村比较，城市是人类文明进步的空间形式。从乡村到城市意味着生产方式从手工作坊到大工业生产的转变；意味着交往方式从血缘家族的交往方式向资本关系的转变；意味着伦理内容从传统稳定的家庭伦理关系向流动的阶层伦理的转变。城市需要建构起新的社会伦理秩序来保障社会关系的稳定和有序，但是它处在急速变化的过程中，城市伦理秩序也缺失了稳定性的结构，始终处在流变不定的状态中。现代城市中的伦理秩序失去了和谐内涵，只剩下了外在强制规范秩序的空壳，城市秩序凸显为陌生人社会。城市社会最为本质的内容是人与人之间的关系，而不是人与建筑空间的关系，从主客体的认识模式转向主体间性的交往模式，这是社会关系应该发展的方向。城市社会如何突破资本秩序和权力秩序的规训，这是城市空间伦理面临的关键问题。恢复城市空间的人文性和和谐秩序,是新时代城市共同体建设的价值指向。

(三) 宏观空间:个体与人类的社会关系表达

人作为类存在,他需要更为广阔和无限的空间视野与社会格局。因此,宏观空间才能说明人与人类的社会关系,而宏观空间则以全球与区域为典型。全球空间的形成是区域空间发展的必然趋势。区域空间是指按照一定的划分标准对空间进行界定的结果:可以是按照政治治理划分为不同治理等级的行政区域;同时区域也可以是按照经济发展的需求,不同的国家或城市联合成为一个区域组织,比如欧洲联盟(EU)、东南亚国家联盟(ASEAN),集合全球不同区域国家的经济性或政府性国际组织。区域联盟的形成主要在地理空间临近的国家中形成,具有一定的空间限制和利益要求。

而伴随着全球化的进程,全球空间将成为区域空间的必然未来走向。从地理空间层面来讲,全球空间的形成具有客观性:在地球上生活的人类虽然因不同的地貌环境和气候条件而划分为不同地区和民族国家,但是他们都是同一个地球上的人类。生活在同一个地球,这是地理学层面的全球空间概念,而人的实践所形成的全球空间更是社会意义上的共同体。从动力支撑层面来讲,全球空间的形成具有现实性,资本的扩张本性和互联网信息技术的发展普及,为全球空间的形成提供了技术和动力的支撑。从精神空间层面来讲,全球空间的形成具有超越性,人类实践形成了一种世界视野的文明观,不同民族的精神文化都属于全人类共同的文化遗产。马克思曾指出无产阶级对资产阶级斗争的胜利需要全世界无产阶级的联合,"各民族的精神产品成了公共的财产。民族的片面性和局限性日益成为不可能"[①]。无产阶级的联合是行动和精神的双重联合,只有联合才能获得人类的解放。因此,全球空间也是一个全人类的精神空间。虽然全球空间与区域空间都是当今时代的主要宏观空间形态,但本书之所以选择全球空间作为主要宏观空间的研究对象,主要是

---

① 《马克思恩格斯文集》第 2 卷,人民出版社 2009 年版,第 35 页。

因为区域空间及其治理已经无法很好地应对全球化风险和利益关系，所以需要突破这种局限性思维，从全球空间这种全局性思维出发来推进全球治理现代化的进程。

因此，基于以上的分析与考虑，本书在对微观、中观和宏观的空间划分中选择了作为微观空间的身体、作为中观空间的城市和作为宏观空间的全球为典型空间。这样划分的意义在于更加具体和详细地展开空间伦理研究。但这些空间并不是完全独立存在的，它们之间相互关联、相互交叉。拥有身体的人是组成城市社会的基本原子，同时，城市又为现实的人提供生存和发展的机会；身体和城市都属于全球空间的有机部分，全球空间为其他空间的发展提供了未来方向。不同空间因人的社会关系和具体因素不同对伦理规范有着不同的诉求，由此形成了具体的身体伦理、城市伦理和全球伦理。它们之间既是层次性递进关系，也是整体性的系统关系，以不同层次的研究为中心线索展开了一幅空间伦理的宏大图景。

二 具体空间实践产生的伦理困境

空间伦理研究依旧属于空间领域内的问题，空间问题既是存在论问题，也是方法论问题，更是价值论问题，因为人们不只是生活在空间中，而且是想在空间中生活得更好。空间伦理的根本问题是人如何在空间中伦理地生活，如何实现空间实践的善治；同时，要追问什么是好的、善的生活，"一切实践所能达及的'最高的善'或'最好'也就意味着'过好的生活'，或者'过值得过的生活'"①。好的生活的价值不仅意味着符合个体的需求、兴趣、利益、追求和偏好等，也要适应人类历史社会的长远发展趋势和社会整体的利益。希望通过构建空间伦理并将价值原则和伦理规范落实在生活行为中，让社会真正地合乎伦理的发展，实现人类的伦理生

---

① 张任之：《朝向伦理的实事本身——伦理学的三个基本问题》，《学术研究》2012年第10期。

存。总的来说，空间伦理是什么样的空间状态（社会关系）对人而言是好的，以及好的社会关系或空间状态如何重构起来，并在人类社会历史中将其实现出来等问题的回应。由于人的实践活动需要在空间中展开，人的社会关系也要在空间中形成，因此，空间与社会关系内在地、具体地结合在一起了。

首先，身体空间中表达的伦理关系及遭遇的伦理问题。身体可以说是第一个直观的伦理空间。在任何时候，身体都是生产和生活实践直接作用的空间。在资本主义生产方式中资本家通过延长工人的劳动时间剥削剩余价值，压榨工人阶级的身体健康。异化劳动不仅摧毁了身体的健康，也破坏了个体道德的完善。到了当代社会，身体依旧是资本和权力直接作用的对象，但也出现了新的内容：比如消费主义对身体的符号化以及技术对人身体的标准化塑造，都让主体陷入一种扁平式的发展中，身体本身那些丰富的主观能动性被压抑了。个人是伦理关系的基础，也是社会共同价值崩塌的裂口，一旦个人在道德上出现了动摇和堕落，就会逐步导致整个社会价值观的崩塌。身体伦理就是要通过个人的身体激活主观能动性，恢复身心本原的健康、良好、能动的状态，促进个人对自我的积极认同。

其次，城市空间表达的伦理关系及遭遇的伦理问题。本书选择城市作为中观空间的研究对象，并不是对乡村地位的否定。城市和乡村都是人们进行生产、生活的重要场所。但是从伦理研究来讲，乡村中人们的伦理关系相对简单且秩序分明，城市空间中却是完全相反的状态。城市中聚集了来自四面八方的人口，他们脱离了血缘和地缘的束缚，需要新的伦理关系来规范这些外来人口。城市的形成过程是城市与农村分离和对立的过程。城乡对立对传统乡村伦理的解构，意味着社会的伦理纽带从人与人之间的血缘与地缘关系，变成了资本与阶级为中心的金钱关系。交通技术、互联网带来的流动性和权力的异质性，给原有空间的温情脉脉带来了巨大冲击，城市逐步成为一个陌生人社会，很难给异乡人提供归属感和幸福感。

城市社会伦理秩序的重建是新时代文明城市的要求。城市作为人类实践的主要空间，聚集了大量外来人口、现代的文化、权力的党派等，所以城市伦理要求在城市空间的发展过程中，要遵循人文、和谐、正义的伦理精神，增强人民城市生活的幸福感和社会认同，实现人民的城市权利。

最后，全球空间表达的伦理关系及遭遇的伦理问题。资本扩张是世界市场形成的原因，而世界市场的形成又是全球化的第一步。资本带来的全球化是一种同质化的空间形态，那些民族的、多样的地方传统被资本横冲直撞地打破了。21 世纪全球化浪潮已经席卷了全球国家，并且带来政治、文化、审美等多方面的全球化，增强了不同区域中人民命运的普遍联系性。民族国家、洲际区域、联盟组织在求同存异的过程中经常会出现利益冲突的局面，但是它们都属于人类社会的部分，从人类解放的根本目的来讲，它们拥有共同的价值追求。人类命运共同体的提出成为全球空间伦理的必然选择，但是在资本和权力的干预下，这种人类的共同价值呈现出乌托邦化难以实现的问题。全球空间立足于全人类全局发展视野，重新思考全球与地方之间的关系，思考地区与国家之间的关系，找到这诸多关系间的平衡状态。全球伦理是指在多元因素并存的全球空间中要基于一种实践性和包容性精神来重新思考全球与地方的关系，树立人类命运共同体理念增进人类的共同福祉，在共商共建共享中增强全球伦理的价值认同。

不管是身体空间中身体被权力规训后的标准化问题、被消费主义干预后的符号化的问题，还是城市空间中人与人社会关系的陌生化问题和全球空间中人类共同价值的乌托邦化问题等，这些问题都与社会空间中的经济、政治、文化和生态等因素紧密相关，它们都是人类实践的产物。这些社会因素本身并不具有价值，但是加入主体因素之后，这些社会因素才围绕着主体活了起来，它们因为人的价值取向而激发了自身的价值。空间伦理问题的解决和空间伦理精神的重构都需要在实践中完成。

第四节　基本特征：历史性、实践性、价值性

空间伦理是人类社会实践的产物，它是在物质性空间的基础上产生的社会问题，在物质空间和社会实践的辩证关系中，"空间的社会化形塑，更多地证明了实践唯物论的自然观……而社会的空间化措置，则实践地表征了唯物史观的社会本体论"[1]。所以，在历史唯物主义视域下空间伦理具有历史性、实践性和价值性特征。

第一，空间伦理的历史性。历史唯物主义视域下的空间伦理研究，不能只强调空间性而忽略它的历史性。空间性是指空间伦理理论在具体空间实践中不断检验和完善；历史性是指空间伦理理论伴随着人类实践历史的变迁也会发生改变，不同历史阶段中由于生产力程度的高低，所以在此基础上形成的空间结构、伦理观念和价值诉求都有所不同。不同时代，由于生产方式的差异性，也形成了不同的社会关系和空间伦理，比如，"与封建制生产方式相适应的是宗法伦理，与资本主义生产方式相适应的是契约伦理，与社会主义生产方式相适应的是平等伦理"[2]。但这并不意味着在这些时期只单一化地存在某一种伦理内容，特别是在两种社会制度的过渡时期，不同的伦理价值都是相互交织并存的。也可以说，空间伦理具有非历史性的外观与历史性的内核，非历史性的外观是指那些元伦理、元价值中不可还原的"善""美好"等普遍价值。历史性内核是指空间伦理中涉及的善、公平、正义等价值在具体的社会历史基础中不断的演变和发展，这些价值原则始终建立在具体的历史性上。历史唯物主义中人的解放和全面发展的终极价值，正是在不同历史阶

---

[1] 胡潇：《空间的社会逻辑——关于马克思恩格斯空间理论的思考》，《中国社会科学》2013年第1期。

[2] 宋希仁：《论伦理关系》，《中国人民大学学报》2000年第3期。

段中依靠人民群众的实践而不断推进的。整个空间伦理理论在人类社会历史发展中时常更新，新时代背景会促生新的伦理问题，也会激发人类新的需求，推动人类社会向前发展。这种空间伦理并不是论断性的观点，也不能将我们当下所面临的空间问题一劳永逸地解决了，只是我们面对在当代空间中人如何生活得更好的问题时所做的积极尝试。伴随着人类的实践发展历程，空间伦理处在时刻变化的动态之中，在新时代的背景下要对中国的空间善治实践做出积极有价值的探索。

第二，空间伦理的实践性。研究空间伦理时也不能只强调关于空间伦理的概念和理论分析，也必须认识到空间伦理是一个实践问题。空间伦理体现的这些价值要"通过规范引申为人们在某种情境中如何思考行动的规则，才能具体指导人们的行动，实现价值指导活动的功能"[1]。实践是马克思批判抽象的人和关系的立足点，只有通过实践才能突出人在世界中的认识能力和改造能力，突出人的主体性地位。空间伦理的实践性是指空间伦理的产生和发展都在人的实践活动中形成，人的空间实践就是我们的日常生活和生产。在空间实践的过程中如果实践没有遵循善的价值观就会产生违背人的本质、人是目的的要求，因此便会产生空间伦理的问题。空间及其诸多问题都在人类实践活动中产生并解决，正如马克思强调历史唯物主义与旧唯物主义的不同之处，就在于新唯物主义是从现实的个人的实践活动出发去理解世界，而不是从个人的主观意识出发去理解世界，并且重要的是要改造世界。所以，从历史唯物主义理解空间伦理，就是要从人的实践活动中去理解空间与人的关系，同时也指明了只有在实践过程中才能解决这些问题。空间伦理要求一定的实践条件、合目的的实践目标以及具体的实践路径。

第三，空间伦理的价值性。空间伦理的命题之所以成立就在于

---

[1] 袁贵仁：《价值观的理论与实践——价值观若干问题的思考》，北京师范大学出版社2013年版，第81页。

人类拥有不可泯灭的价值观以及对善的追求。人的空间实践过程除了受到经济、政治、技术因素的影响，还会受到价值、意义、理想信念的影响。根据历史唯物主义原理，空间实践形成了空间存在，空间存在又决定了空间伦理，然后空间伦理又反过来作用于空间实践。空间不是毫无秩序、完全中立的自然存在，因为在空间中存在多元主体、多种因素、多元需求，要协调好这些关系促进社会成为一个积极的共同体就必须要有价值观的引导，空间伦理的价值取向不是个体取向也不是整体取向，而是包含了个体与整体的多元取向。[①] 人们生活的空间是否能够成为一个命运共同体，就在于它是否符合命运共同体的价值标准，在于它能否承担起共同体保护共同体成员，为成员提供内心价值的功能。空间伦理要符合生活空间的传统风俗，也要符合共同体成员的个体道德，更要符合人类解放的根本目标。它的价值性不仅要表现在空间构建的过程中，也要表现在空间治理的目的上。虽然空间的价值性是一种普遍原则，但是在具体空间的实践中会呈现出差异性的伦理规范要求。

综上所述，人在空间实践中的主体性地位和实践能力，赋予了空间伦理历史性、实践性和价值性。这些特征表明空间伦理不只是对"善"的元价值的追求，更是对人类生存状态的现实批判。空间伦理受到经济、政治、文化等社会条件的影响，它不仅关系到个体道德的状况，也关系到社会价值观的善恶；不仅关心人们的当下境况，也关心人类的未来。空间伦理的内容和问题虽伴随时代在变化，但是如何让人们在空间中生活得更好，也即善的价值如何落实是坚持不变的初衷。

---

① 江畅：《价值哲学研究的两种基本取向》，《哲学动态》2014年第10期。

第 二 章

历史唯物主义视域下空间伦理的基本问题

在今天，如果我们回到马克思恩格斯的思想宝库中，不难找到他们对空间伦理的一些洞见。马克思恩格斯在提出历史唯物主义并以此为研究人类历史发展规律时，始终坚持将人的自由全面发展和人类解放作为批判的终极价值。这个价值目标的实现与空间有着不可分割的关系，人的解放和全面发展都离不开有反抗精神的劳动者的身体和世界范围的无产阶级的联合。虽然在马克思恩格斯文本中没有对空间伦理概念的直接使用，但是他们对资本主义社会的批判过程中却涉及丰富的空间伦理思想。这些关于空间与资本、阶级、解放关系的论述，本质上就是马克思恩格斯在历史唯物主义视域下触及的空间伦理的基本问题。这些基本问题会伴随着人类历史的发展产生新的内容，需要我们持续关注和解决。

马克思恩格斯关注资本主义社会中人的异化问题。在分析资本主义生产方式的过程中，他们发现空间因素在资本积累和生产扩张的过程中占据了十分重要的地位。空间并不只是自然土地空间资源，同时也以劳动者身体、城乡社会和世界市场为形式表现出来。劳动者身体是人类生产实践过程中不可分割的生产资料；城乡社会是聚集生产、人口、资源的生存场所；世界市场是缓解资本主义周期危机的空间途径。马克思恩格斯的批判坚持了两条线索：一是以现实的生产力和生产关系的辩证发展为线索展开批判工作，二是将人类解放的终极价值理想目标贯穿在整个批判过程。在人类解放的终极目标下，异化劳动所损害的劳动者身体健康和道德思想需要被恢复；那些工业城市中被金钱关系所解构的乡村传统伦理关系也会适应着时代而构建起新的伦理关系；世界市场和地方传统之间的冲突对立关系也要重新思考。

第一节　微观层面：异化劳动对个体道德的损害

劳动范畴在马克思思想中处于十分基础且重要的位置。劳动是实践的基础形式，也是对象化活动的基本类型。劳动是人类独有的一种能力，关系到人的存在和可持续发展。自觉自由的劳动是人通向自由解放的途径，而异化劳动则是阻碍人们回归本质的障碍，它不仅过度地消耗了工人的身体健康，还剥夺了工人接受教育和自我完善的机会，造成工人的身体健康和道德健康的双重受损。

一　理想状态：以自觉与解放为目标的自由劳动

自由劳动具有积极的实践意义，因为它表达了人类的主观能动性。劳动是人的对象化活动，但并不是人类所有的活动都可以称为劳动，只有那些在自我意识指导下进行的具有目的性的活动才是劳动。那些具体的劳动、个人的劳动只有发展成为一般劳动才会在社会中占据一定的地位，劳动的积极作用才能在人类历史上获得承认。因此，劳动是一个历史范畴，劳动形式、劳动资料都与人类历史状况直接相关，劳动不断专业化的分工史反映了人类文明的进步史。

（一）自由劳动：人类自由自觉的目的性实践活动

从人类最初使用天然工具获得自然资源到人可以通过制造劳动工具改造自然界，这一漫长的历史浸透了人类的创新意识，"在人的意识、人的认识的指导、参与下，动物式的本能劳动发展成为制造工具的真正的人的劳动"①。自由劳动是人和自然之间关系的和谐实践，人改变自然也就是改变人与自然关系的过程，甚至就是改变人类自身的过程，"当他通过这种运动作用于他身外的自然并改变自然时，也就同时改变他自身的自然"②。也就是说，人改造自然的劳动过程是双向互动的，人类在改造自然的形态，自然也在改造着人类社会，人类改造自然的同时也改造了人类自身以及人类的社会关系。

根据劳动与人的本真关系来说，自由劳动是一种全面的劳动实践，在自由劳动中人自主、自觉地进行生产，按照自身意愿生产和支配劳动产品。自由劳动不仅能通过物质财富生产来提高人的生活质量，而且能通过精神财富的创造来丰富人的精神世界。马克思曾对比过动物与人类的生产实践活动之间的区别：动物的生产只是为了生存而对自然界直接索取；人类的生产是全面的、自由的，人们可以根据自身的尺度、需求、审美、喜好、能力、知识、道德来改造自然资源从而为人类所用。从本质上说，人类是按照自由意志进行自由劳动的，自由劳动"给每一个人提供全面发展和表现自己的全部能力即体能和智能的机会"③。因此，解放人类奴役的自由劳动，是自由人的联合体能够成立的基本前提，自由劳动是消解异化的手段，也是人的全面而自由发展的本质属性。在自由人的联合体中劳动的出发点和落脚点不再是为了维持生存，而是人表达兴趣和意志的选择。"在共产主义社会里……社会调节着整个生产"④，到了共产主义阶段，社会劳动属于全部的人民，通过社会的整体需求来调节生产，人民通过自由选择劳动来彰显自由精神，不再受制于阶级社会的分工模式。但是，历史总是具有阶段性的，实现共产主

---

① 张建云：《马克思主义哲学语境中的"劳动"与"实践"范畴辨析》，《求实》2016 年第 2 期。
② 《马克思恩格斯文集》第 5 卷，人民出版社 2009 年版，第 208 页。
③ 《马克思恩格斯文集》第 9 卷，人民出版社 2009 年版，第 311 页。
④ 《马克思恩格斯文集》第 1 卷，人民出版社 2009 年版，第 537 页。

义的理想也受到现实环境的制约。在当下的历史阶段中实现自由劳动的社会条件还不充分，因此还需要进一步发展生产力和生产关系。

(二) 自由劳动面临的现实问题

自由劳动存在的现实问题因具体的历史阶段及其环境而具有特殊性，主要表现在以下几个方面：社会经济的总水平还不够发达；社会劳动时间总体上较长，给个体自由支配的时间较短；社会分工意识相对固化，社会关系流动性不足；人民群众的自由意识觉醒程度不足等。这些因素中有主观因素也有客观因素，其中客观因素中社会经济的发展是基础性因素，经济是自由精神的基础，只有社会经济总量达到丰富满足的时候，人的劳动才能具有自主选择的可能性；而社会分工意识和社会阶层的固化是经济发展不足和个体主体意识觉醒不足的结果。不可否认的是，社会分工最初作为促进生产、社会提升的方法极大地促进了人类历史文明，社会分工让生产实践更加精细化和专业化，快速地增加了社会生产总产量。

但是，当社会分工基本成型之后，这种分工意识逐渐深入人类社会。不同分工对人的能力要求、劳动方式的要求都不同，人掌握的单一劳动能力加剧了社会分工和社会格局的固化。在忙碌的工作中人们没有机会与时间去学习掌握其他技能，因此也只能局限于某一领域，社会分工越精细化与专业化，人们的工作内容也越模式化与标准化。社会成员因不同分工和资产被划分为不同的阶级和阶层，分工专业化的消极结果就是社会阶层的固化。阶层关系的固化不利于社会公平、正义的实现，那些处于社会底层的阶级无法获得与统治阶级所拥有的同等资源和权益，因此，阶级之间一直处在斗争与非正义的关系中。自由劳动受到来自社会客观条件和个人自身条件的限制而演变成异化劳动。只要社会的分工还是由于自然进化而形成的，为了生存而划分劳动，"那么人本身的活动对人来说就成为一种异己的、同他对立的力量"①。异化劳动颠倒了人的主体地位，不是作为主体的人掌握自身的劳动力量，而是劳动力量反过来控制了人自身。因此，在劳动分工的过程中异化劳动既是造成人全面异化的原因也是使人异化的过程。异化劳动不仅损害了健康的身心和社会关系，同时也阻碍了对个体道德意识的教育和社会伦理规范的确立。

二 现实状态：阶级对立关系中劳动异化的必然

异化劳动是马克思批判思想的核心概念之一，它是造成人全面异化的主要方式。异化劳动中既包含了资本主义获得剩余价值的秘密，也包含了人突破异化获得自由而全面发展的可能性。异化劳动是人们实现自由劳动的必然阶段，只有经历了异化劳动的压迫，无产阶级才能意识到自由劳动、解放和自由的珍贵价值。

（一）异化劳动：阶级对立关系中的劳动形式

劳动本身是一种丰富的生命实践方式，但是目前我们的劳动活动被简化成了维持生存的简单劳动，没有看到劳动本身应蕴含的类生活的本质和对生命的肯定。劳动这种本身作为人类特性的实践活动，在异化开始的时候就已经偏离了自由本质，只作为一种人类生存而被迫选择的手段。② 人类的特性是自由的实践，将人的类生活仅仅当作生产活动，这片面地、简单地缩小了类生活的内涵。异化劳动就是资本主义生产方式下产生的阶级对立关系中的劳动异化形式。

资本主义生产制度下，资产阶级和无产阶级之间的对立是必然的。资本主义社会中存在两类群体，"一方面是货币、生产资料和生活资料的所有者；另一方面是自由劳动者，自己劳动力的出卖

---

① 《马克思恩格斯文集》第1卷，人民出版社2009年版，第537页。
② 《马克思恩格斯文集》第1卷，人民出版社2009年版，第162页。

者"①,也就是资本家和劳动者。同样,能够反抗资本家剥削的并不是封建等级制度社会中的奴隶,而是那些曾经拥有过自由意识和生产资料,但现在被迫受到剥削的工人阶级(劳动者)。自由劳动者最终被资产阶级所吞并,使自由劳动者的劳动转变为异化劳动,"资本主义生产过程不仅是商品的生产。它是吸收无酬劳动的过程,是使生产资料成为吸收无酬劳动的手段的过程"②,资本主义生产制度下劳动者的劳动力和劳动价值都被资产阶级无情榨取了,资本家通过规定劳动者身体的体力劳动,以及不断延长工人的劳动时间来获得更多的剩余价值,以此来实现资本增殖。劳动者付出了自己的身体、土地、劳动能力、自由时间等却没有获得应有的报酬,所以出现了这样的社会悖论:当无产阶级生产的商品越多、劳动时间越长、劳动效率越高时,无产阶级获得的物质财富和精神财富却愈加贫困。他们的劳动成果是一种异己的存在物,它与劳动相对立、与劳动者相对立。"劳动的现实化竟如此表现为非现实化……对象化竟如此表现为对象的丧失"③,这是多么讽刺的事实。

资本家表面上让无产阶级通过劳动获得养活自己的工资,但是却通过剥削手段将工人阶级及其资源全部私有化,让工人阶级失去了自身劳动成果的同时,也失去了自己的土地、自由、时间和权利。所以那些看似为了自身存在的劳动,实际上是被出卖了的自由劳动。这就将工人作为主体的地位和能力异化为动物式的存在,这种异化不仅表现在生产过程中,也表现在生产结果上。马克思总结,异化劳动使自然界同人相异化,将自然界与人的关系从人是自然的共生关系异化为人与自然的对立关系;使人与类本质相异化,人的精神本质是自由的,但是劳动却将人对象化,使人们丧失了自我独立的、自由的意识。人同人之间的关系相异化④,人是现实的

---

① 《马克思恩格斯文集》第8卷,人民出版社2009年版,第821页。
② 《马克思恩格斯文集》第8卷,人民出版社2009年版,第526页。
③ 《马克思恩格斯文集》第1卷,人民出版社2009年版,第157页。
④ 《马克思恩格斯文集》第1卷,人民出版社2009年版,第161—163页。

个人，也是社会关系中的人，人与人的关系本应该是平等的、和谐的伦理关系，但是在私有制下人与人的关系变成了不平等的阶级关系、剥削与被剥削的关系。因此，在资本主义生产方式中人与自然、身体、精神、社会关系都处在异化状态之中。

（二）异化劳动对工人身体健康的损害

工人在异化劳动的压榨下生活状况十分堪忧，特别是工人的身体健康受到了极大的摧残。恩格斯在《英国工人阶级状况：根据亲身观察和可靠材料》中描述了资本主义异化劳动下工人阶级的生存实况。"工人阶级的状况是当代一切社会运动的真正基础和出发点"[①]，因为，社会发展状况在工人阶级的生存中表现得最为真实、最为直接。虽然目前来看，在资本主义发展的过程中工人的生存条件在不断提升改善，但这只是资本家的缓兵之计而不是真正为了工人阶级的权益所考虑。在大工业到来之前，手工业者的生活是相对自由的，他们的织布时长主要由家庭需求来决定；因此，他们还有闲暇时间进行休闲、娱乐、社交等活动，他们的生活习惯与自然规律保持一致，基本是日出而作，日落而息的模式。

但是当大工业时代来临时，机器生产替代了家庭作坊的生产，手工业者被卷入机械化生产之中。大工业生产方式将工人集中在工厂里共同劳动、集中管理，工人不能自由支配自己的时间。过度的劳动时间、微薄的劳动报酬、恶劣的劳动环境，共同交织作用在工人身上，导致工人普遍过早的、病态的死亡。恩格斯说这也是一种谋杀，而且是隐蔽的和无法预防的谋杀。工人的身体状态是否健康从来都不是资产阶级考虑的事情，他们只关心如何获得最大的剩余价值。最让无产阶级感到绝望的是资本主义社会普遍对穷人的排斥和对立态度，这种态度让穷人无法融入社会认同之中，也由此造成了资本主义社会不断的阶级冲突和社会斗争。

资产阶级和无产阶级的生活空间是两个完全不同的世界。资本

---

① 《马克思恩格斯文集》第 1 卷，人民出版社 2009 年版，第 385 页。

家生活在城市交通便捷、经济繁华的地方,而无产者则被排斥到城市的边缘空间——那些杂乱无章、条件恶劣的贫民窟里。在这里,"一切可以保持清洁的手段都被剥夺了,水也被剥夺了……除了纵欲和酗酒,他们的一切享乐都被剥夺了"①。工人阶级因为如此恶劣的工作条件和生活条件,染上了纵欲和酗酒的不良嗜好,他们的身体状况和精神状态堪忧:身体枯瘦、虚弱乏力、眼神涣散、没精打采、毫无生机。恶劣的生存环境和不良的生活习惯对工人的身体和价值观造成了不可逆的恶性循环。而且,由于卫生环境的脏乱差,加速了各类传染病的快速蔓延,工人阶级没有能力支付医疗费用,只能在艰难困苦中等待生命病态的死亡。由于这样的自然环境和社会环境,所以在资本主义社会随处都可以看到那些被摧残的工人阶级。

三 伦理问题:异化劳动下个体身心的道德堕落

异化劳动不仅带给工人恶劣的生存环境和对身体健康的伤害,更严重的是异化劳动条件下造成工人阶级丧失教育机会而导致道德堕落。资产阶级看似有较高的教养,但他们的价值观是具有局限性的,他们并不去关心社会的共同进步和人类的全面解放,他们只关心资产阶级的利益和金钱,他们的价值观以金钱和利润为标准。资本家的"道德"只为了资本不断增殖获得更多的剩余价值,资产阶级的道德观背离了伦理的善的价值,因为它是在不平衡的压榨过程中实现的。所以说,资本主义社会中的道德问题表现在两方面:从工人阶级来讲,主要是指工人阶级毫无节制纵欲的道德堕落和自我独立意识的麻木;从资产阶级而言,主要是资产阶级毫无底线的剥削活动和对穷人歧视、苛刻的阶级态度。② 立足历史唯物主义视域,造成资本主义社会中个体道德堕落的原因既有外部客观原因,也有

---

① 《马克思恩格斯文集》第 1 卷,人民出版社 2009 年版,第 410—411 页。
② 《马克思恩格斯文集》第 1 卷,人民出版社 2009 年版,第 411—412 页。

工人自身的内部原因。

　　从外部客观原因讲：大工业时代的历史背景、生存环境的恶劣性、劳动的强制性、教育资源的缺乏性都会客观地造成人们的道德堕落以及社会伦理失序的问题。在当时的历史环境中，资本主义制度和生产方式这样的社会背景是造成无产阶级群体道德堕落的主要原因。异化关系不仅存在于人与他的劳动和产品之中，更重要的是它还深刻地决定了人的社会关系，"通过异化劳动，人不仅生产出他对作为异己的、敌对的力量的生产对象和生产行为的关系，而且还生产出他人对他的生产和他的产品的关系，以及他对这些他人的关系"①。也就是说，异化劳动不仅能生产出与其自身对立的生产关系，还会生产出一种异化的社会关系。异化的社会关系主要存在于不同的阶级之间，作为私有制的产物，阶级关系突出地体现了有产者和无产者之间的社会关系的异化程度。

　　由于阶级身份的严格划分，不同阶级拥有的生存环境、教育资源有着严重的不平衡性。无产阶级生活在人口密集且脏乱差的恶劣环境中，这是导致工人身体素质下降的直接原因。工人阶级不仅在物质层面受到压迫，而且在教育、思想层面也受到约束，因为"工人阶级可以进的为数不多的日校，只有少数人能去就读，而且这些学校都是很差的……工人受教育，资产阶级得不到多少好处，反而会有许多可怕的方面"②。教育是激活人们自我意识的重要途径，资本家明白如果工人能够获得教育，工人就会质疑资产阶级的意识形态及其剥削行为并动摇资本家的统治地位。所以资本家通过故意过度延长劳动时间让工人没有精力去参加夜校学习；同时，工人家庭的孩子也因为没有大人的管教，没有钱进入学校，导致在这种恶劣的家庭和社会环境中成长的小孩的素质也十分令人担忧，可以说，

---

　　① 《马克思恩格斯文集》第 1 卷，人民出版社 2009 年版，第 165 页。
　　② 《马克思恩格斯文集》第 1 卷，人民出版社 2009 年版，第 423—424 页。

"工人的整个状况和周围环境都强烈地促使他们道德堕落"①。恩格斯认为使英国工人沦为无产者的现实状况对他们道德的破坏作用远远大于对经济状况的影响。物质贫穷是经济层面的缺乏，是生产资料与发展资料的被剥夺；而对道德的破坏则是对主体精神层面的打击，造成个人意志的消沉，进而对社会发展造成消极影响。

从人自身的内部原因讲：工人阶级的自我独立性不强、意识觉醒程度不高、行动联合性不足、自制力不强，从而造成自我迷失的伦理困境以及阶级革命的不彻底性。在这种全面影响工人堕落的社会背景之中，工人很难把握自身的状态。资产阶级将一切不利于人发展的因素都压给了无产阶级。无产阶级自身在高强度和长时间的劳动之外，已经没有任何精力去自我完善了，他们在日复一日的劳动中已经对剥削和压迫变得麻木，只有酗酒和纵欲才能暂时让他们忘记身体的痛苦。但是，现实教育无产阶级要进行反抗，只有反抗才能带来希望，人们总是会希望得到自由和平等的对待，一旦社会压迫到一定的程度将会激发工人反抗的动力。无产阶级的生存状况压抑了自由，但更重要的是要教人去思考和行动起来。

人的解放是一个历史过程，包括了宗教解放、政治解放和人的全面解放等。人的解放的终极目标是人在自由人的联合体中自由而全面地发展。这不仅是无产阶级的理想，也是全体人类实践的价值目标，"每个人的自由发展是一切人的自由发展的条件"②。马克思的视野是宏观的、高瞻远瞩的，他说的人类解放、自由发展不仅包括了无产阶级群体、资产阶级群体，也没有忽略个体的自由发展。异化劳动对个体道德的破坏不只涉及具体的个体，也涉及整个社会关系和人类本质。因此，马克思十分清楚，不能只解决资产阶级和无产阶级的阶级矛盾，重要的是对资本主义制度和私有制进行批判。他要建构的人类未来是一种新的社会："未来的新社会是'一

---

① 《马克思恩格斯文集》第 1 卷，人民出版社 2009 年版，第 428 页。
② 《马克思恩格斯文集》第 2 卷，人民出版社 2009 年版，第 53 页。

个自由人联合体'；生产资料为社会所有……阶级差别、城乡差别、脑体劳动差别将消失；个人将获得全面自由的发展。"① 新社会突出的是与旧社会的区别，马克思当时所面临的旧社会是指资本主义社会，而未来的新社会是共产主义社会，它的本质是自由人的联合体，新社会是人类不断实践的结果，也是现实的个人对自身发展限制的不断扬弃、回归本质的结果。新社会的实现以生产力发展程度为基础，当生产力适应社会和个体要求时，它可以促进人的发展；当生产力与社会和人的要求有差距时，它会极大限制人的发展。但是个体必须认识到这种界限是可以被打破、可以被人的主观能动性所改变的，只有无产阶级掌握了生产力及其生产资料，才能为阶级革命和人类解放奠定基础。因此，人类对于解放的渴望不是想象中的幻境，而是在历史条件下人类生存的现实伦理指向。

还有一点，个体道德观中还包括了人对自然的态度。人对自然的态度随着对自然的认识和实践而发生改变，人对自然的态度包括：人对自然的依赖和利用、人与自然的对立，人与自然的和谐。前两种关系中人与自然都是处于认识主体和客体的关系之中，主客体分离不利于树立对自然生态环境的敬畏之心和保护意识。马克思恩格斯通过实践将人与自然统一起来，人与自然在实践中相互塑造，从根源上来讲，人类的存在本身就是自然界的一部分。② 人的丰富性既源于自然的丰富性，也源于社会关系的多样性。社会作为人类实践的"第二自然"，改变了人的自然属性，并把人的自然属性扩展到社会层面，人的社会性要求人的存在要具有道德意识和伦理规范。在这个过程中，现实的个体的身体素质和道德意识是实现人的自由而全面发展的基础。从农村到城市社会的转型中，城市演变为个体和社会发展的新场域。

---

① 《马克思恩格斯文集》第 5 卷，人民出版社 2009 年版，第 892 页。
② 《马克思恩格斯文集》第 1 卷，人民出版社 2009 年版，第 161 页。

第二节　中观层面：城乡对立对社会伦理的解构

资本主义社会中现代工业城市形成的过程是资本扩张的过程，也是城市与乡村分离进而发展到对立关系的空间重组过程。城市与乡村的对立包括了物质生产方式的不同、生活方式的不同、空间结构安排的不同，这些差异导致了城乡社会中人与人的伦理关系和价值观念的不同。工业城市中资本逻辑形成以金钱利益为中心的资本伦理关系，解构了以血缘和地缘为纽带的传统乡村伦理关系。

一　传统状态：以血缘和地缘为纽带的乡村伦理

恩格斯在《家庭、私有制和国家的起源》[①]中用历史唯物主义的原理揭示了社会的基本组成部分——家庭的起源和发展，并且指出人类不懈奋斗朝向的共产主义社会，正是在物质实践和社会关系再生产的基础上提出的人类未来的存在论和价值论目标。"历史中的决定性因素，归根结底是直接生活的生产和再生产"[②]，即人类历史的未来走向取决于人的生产实践活动，同时，物质生产还决定着人类自身的再生产，以家庭为基础才能实现人口的繁衍和社会关系的再生产。乡村社会与城市社会虽然都受到物质生产和社会生产的阶段性条件限制，但两者之间有本质不同。

乡村社会的生产方式是作坊式的手工生产。作坊式生产的生产工具是劳动力的手工或者家用的机器，这样的生产方式生产效率很低，尚未有明确的劳动分工，人们的生产内容基本是大同小异，在本质上都是小农生产的方式。所以在乡村社会中，身份的划分与辨识并不按照劳动的分工标准，而是按照血缘远近的传统亲属制度来

[①]　《马克思恩格斯文集》第 4 卷，人民出版社 2009 年版，第 39 页。
[②]　《马克思恩格斯文集》第 4 卷，人民出版社 2009 年版，第 15—16 页。

确定身份等级。因此，传统乡村社会形成了以族长、家长为中心的家族伦理关系。当然并不否认城市中也存在亲属关系，只是血缘关系在城市社会中所起到的作用十分有限，甚至微乎其微。乡村社会中的亲属制度和身份等级是社会关系的决定性因素，在乡村社会以家庭为社会单位，伦理关系是由血缘关系的亲疏远近所决定。以血缘、宗法为核心形成的一系列关系尊称、社会名分，"并不是单纯的荣誉称号，而是代表着完全确定的、异常郑重的相互义务，这些义务的总和构成这些民族的社会制度的实质部分"①。恩格斯在考察家庭的形成历史时指出，家庭之所以重要就在于家庭中成员之间具有直接联系的义务和责任，而且家庭还是部落或国家的基本经济单位。

家庭空间和公共空间的划分既是社会关系的结果，也是社会性别区分意识的结果。一般而言，男性属于公共空间，女性更多属于家庭空间。女性的家庭空间属性不利于女性身体和思想的解放，"将女性约束在家庭范围内既是一种特定的空间控制，同时通过这一点，也是一种对身份的社会控制"②。社会分工通过对自然性别的强化形成具有区分意义的社会性别，在一定意义上，资产者对无产者的剥削和压迫在家庭中也是既定事实，在家庭中丈夫处在资产阶级的地位，而妻子处在无产阶级的地位，丈夫与妻子的关系看似是家庭伦理的内容，本质上也属于社会伦理的内容。为了解放妇女的受压迫状态，恩格斯认为"先决条件就是一切女性重新回到公共的事业中去；而要达到这一点，又要求消除个体家庭作为社会的经济单位的属性"③。因为乡村社会的生产方式决定了以家庭为社会经济单位，家庭是生活空间和生产空间的统一。只要家庭依旧是现代社会的经济单位，就不会看到社会中女性和男性同等重要的生产地

---

① 《马克思恩格斯文集》第 4 卷，人民出版社 2009 年版，第 40 页。
② ［英］多琳·马西：《空间、地方与性别》，毛彩凤、袁久红、丁乙译，首都师范大学出版社 2018 年版，第 232 页。
③ 《马克思恩格斯文集》第 4 卷，人民出版社 2009 年版，第 88 页。

位，如果不消灭家庭财产的私有制观念，现代社会中女性也将一直处于劣势地位。所以，只有消灭家庭私有制，将女性生产实践扩大到社会生产之中，打破家庭作为生产空间的属性，将物质生产置于社会空间中集中实现，才能让男性和女性共同享有平等进入公共社会生产的机会。

但是，乡村空间布局以空间的相对隔绝和人口分散为特征，所以手工生产只能在家庭单位中实现。在资本还欠发达时生产主要在家庭作坊中，人们的生活空间也在不同的乡村或部落中，这时候宗法制度和伦理关系主要依靠血缘和部落身份来联系。恩格斯总结了这种现象，"劳动越不发展……社会制度就越在较大程度上受血族关系的支配"①。在经济发展越不充分的地方，血族关系、宗法关系的支配力量就越大，当经济发展越充分的地方，资本因素对社会制度的决定性力量就越凸显。因此，必须快速发展生产力才能真正地将生产社会化，才能建立起自由、民主、正义、平等的社会制度。生产方式和经济基础是乡村和城市伦理具有差异性的基本原因。

在乡村自给自足的家庭手工作坊式的经济模式下，乡村社会的伦理关系必然是以血缘、家族为中心而不断拓展开的关系网络。一方面，以家庭空间的血缘伦理关系为基础，家族中成员的辈分关系长幼有序形成了稳定的家庭秩序关系；另一方面，乡村社会需要社会制度来制约规范，乡村社会制度由宗法关系确定，宗法关系是家族血缘关系的社会化形式，家庭和社会在结构上具有一致性，都以血缘和地缘为线索区分亲疏远近的秩序，这种人际关系具有明显的情感特征。在大工业时代到来之前，乡村社会秩序是和谐的、稳定的，人们生活得合乎道德，"他们把乡绅——当地最有影响的地主——看做自己的天然尊长……是好的当家人，过着合乎道德的生活，因为他们那里没有使人过不道德生活的诱因"②。在宗法关系制

---

① 《马克思恩格斯文集》第4卷，人民出版社2009年版，第16页。
② 《马克思恩格斯文集》第2卷，人民出版社2009年版，第389—390页。

约下乡村社会符合宗法关系要求的一切规则,正如《孟子·滕文公》中所言:"教以人伦,父子有亲,君臣有义,夫妇有别,长幼有序,朋友有信。"① 这种宗法关系既有自身稳定社会的优势,但同时将人际关系相对固化,不利于成员的自由流动,自然也不利于资本主义自由竞争的市场经济发展。与此相反,城市社会却是一幅完全不同的景象。

二 现代状态:以分离和对立为常态的城乡关系

城市社会与乡村社会是完全不同的面貌。城市社会的到来不仅改变了生产方式、生活方式,还改变了人的社会关系和伦理原则。城市是人类文明的一次进步;但同时,我们也应该看到城市因资本和利益的强烈干涉而存在的伦理问题。马克思恩格斯对现代城市的认识是基于他们的亲身实践和生活体验而来。城市不是他们研究的重点对象,只是在批判资本社会的时候,不可避免地遇到了城市因素。恩格斯指出:"唯物史观是以一定历史时期的物质经济生活条件来说明一切历史事件和观念,一切政治、哲学和宗教的。"② 城市作为人类发展文明的特定场所,生动地展示着经济基础和上层建筑的辩证关系。现代城市是资本积累和生产实践的中心,城市传统的军事、政治、文化等功能被弱化。马克思恩格斯关于城市发展的思考,基本能够为我们描绘出现代城市中资本和阶级辩证关系的图谱。

城市与乡村的分离和对立是人类文明不可缺少的一个历史过程。工业化进程在空间上表现为城市与乡村逐步脱离与对立的过程,"城乡之间的对立是随着野蛮向文明的过渡……它贯穿着全部文明的历史并一直延续到现在"③。城市与乡村的分离是农业与工业

---

① 《孟子·滕文公》,方勇译注,中华书局2015年版,第96页。
② 《马克思恩格斯文集》第3卷,人民出版社2009年版,第320页。
③ 《马克思恩格斯文集》第1卷,人民出版社2009年版,第556页。

的大分工，从生产方式的变革角度来讲是人类文明进步的表现和需要。资本的本质是生产关系，但是其最初却是以物的形式来表现的。货币、土地、人口，在资本主义生产方式中都被当作资本来投入。大工业的生产方式既需要大量的人口操作机械工具，又需要广阔的土地建造生产厂房，因此，农业地区的劳动力（人口）和生产资料（土地）都被工业的生产方式所剥夺，乡村的手工业生产方式被工业机器生产方式取代了。工厂存在的地方集聚了资本、劳动力和产品而形成了工业化城市，"城市已经表明了人口、生产工具、资本、享受和需求的集中这个事实；而在乡村则是完全相反的情况：隔绝和分散"[①]。与乡村发展的状态对比而言，城市的优势并不只在于四通八达的交通、高楼林立的街道和丰富多彩的娱乐生活等这些物质形态，而且是建立在物质基础之上巨大的空间凝聚力和向心力，由此展现出城市在空间层面上的全面优势。

正是借此优势，城市的范围越来越大，拥有资源越来越多，人们也更喜欢生活在城市之中，便形成了人口、资源、资本、空间之间的良性循环。相对城市快速发展的同时是乡村的衰败。乡村人口主动或被动地被吸收进城市生产中，一方面是因为城市资源带给生活的便利性吸引了人口；另一方面由于机器生产大规模占有了乡村的土地空间及其资源，乡村人口为了生存便只能去城市空间出卖劳动能力。在工业城市形成阶段，农村更多地服务于城市建设，它为城市发展提供了充足的生产资料与大量劳动力。因此，城市与农村之间形成不平衡的发展状态是必然的。

资本之所以选择交通便利的城市作为发展的中心基地，这是由资本内在的流通属性所要求的。不同地域的城市之间、城市与乡村之间发展的不平衡在一定程度上具有积极意义，不平衡才能形成资本流动的势能，"如果没有不均衡的地域发展，资本无疑将失去活力，屈服于它的僵化、垄断和专制倾向，完全丧失它作为社会动力

[①] 《马克思恩格斯文集》第1卷，人民出版社2009年版，第556页。

引擎的正当性"①。资本的流动性是马克思恩格斯以及后来的马克思主义者都承认与重视的,他们一致认为资本只有不断流动才能提高其生命的活力,才能带来更多的市场和利益。但是,显然资本带给城市的繁荣与自由只是凸显在表面的彩色神话,恩格斯对城市资本化和资本城市化的认识是辩证唯物主义的,城市与资本从一开始就纠缠在一起,资本扩张依赖城市空间的拓展,城市文明的快速发展也以资本为条件,这是不言而喻的相互关系。城市与资本关系越紧密,二者相互促进发展得越快,城市中的贫富差距就越大,阶级分化在城市空间中就越绝对。

马克思认为城乡之间的对立是可以被消灭的,城乡空间的对立发展只是人类漫长历史中必然存在的阶段。当生产力发展到一定的程度的时候,消灭这种对立日益成为工业生产和农业生产的实际要求。工业生产是城市空间中的生产方式,农业生产是乡村空间的生产方式,当工业生产和农业生产自身发展需要消灭这种生产方式之间的对立时,城乡对立才可能消除。马克思恩格斯从历史发展的趋势来判断,要实现全人类的解放有很多必要的因素,这是一个环环相扣的历史过程,"只有使人口尽可能地平均分布于全国,只有使工业生产和农业生产发生紧密的联系……人们只有在消除城乡对立后才能从他们以往历史所铸造的枷锁中完全解放出来"②。人口平均分配到全国空间,不再过度地涌入城市中造成空间拥堵和乡村萧条;同时技术的发展也能促进城乡对立的消除,改善城乡之间的不平衡关系。城市的形成在人类文明发展转型中具有决定性的意义,在一定程度上,城市代表了先进的生产力、文明的社会阶段、丰富的生活资源、便捷的生活条件以及积极的经济辐射作用。城市和乡村本应是一个有机整体,本书侧重城市空间研究是因为在城市中人

---

① [美]大卫·哈维:《资本社会的17个矛盾》,许瑞宋译,中信出版社2016年版,第175页。

② 《马克思恩格斯文集》第3卷,人民出版社2009年版,第326页。

与人之间的矛盾冲突更加集中，伦理关系也更加复杂。

三 伦理问题：城市资本伦理对乡村伦理的解构

城市是以工业和商业为核心的社会形式，它与以宗法、血缘关系为主的乡村社会伦理是不同的。城市与乡村不同之处包括物质生产方式的不同、生活方式的不同、空间结构安排的不同。最重要的是这些差异性导致了城市社会与乡村社会中人与人之间的伦理关系的内容和纽带的不同。

资本主义城市社会中人的生活方式有典型的私有制特征。资本家对生产资源的控制，也意味着对社会关系的主导，因此，城市社会被资本逻辑划分为不同的阶级关系。乡村社会制度受到血族关系的影响而确立，城市社会制度则受到阶级关系的影响而确立，社会阶级分化成不同群体主要依据的是资本的多少。乡村的宗法关系在现代城市中被金钱关系所取代，新的不平等关系再次被建立，"在行会中，帮工和师傅之间的宗法关系继续存在，而在工场手工业中，这种关系由工人和资本家之间的金钱关系代替了"①。在工业化时代，大资本家利用大工业机械化的生产方式不断侵吞小资产阶级和劳动者的生产资料和机会，逐步在社会中形成了有产和无产两大对立阶级。

依据资本占有多少而划分的阶级关系是不存在温情脉脉的人本关怀的，阶级之间的关系是不可缓和的对立关系。资产阶级对无产阶级的剥削不仅是经济层面剩余价值的占有，还包括政治层面权力的剥夺。从本质上讲，拥有了资本也就拥有了支配其他资源的权力。正如马克思所言，"每个个人行使支配别人的活动或支配社会财富的权力，就在于他是交换价值的或货币的所有者"②，资本家能够在社会关系中占据统治、主导地位就在于他们控制了商品生产、

---

① 《马克思恩格斯文集》第 1 卷，人民出版社 2009 年版，第 562 页。
② 《马克思恩格斯文集》第 8 卷，人民出版社 2009 年版，第 52 页。

市场的价格，所以经济实力决定了他们的政治权力。民主、正义和自由也成了资本家的专属特权，具有了明显的阶级性。因此，在资本主义社会，谁掌握了资本就意味着掌握了权力和地位，资本所在的地方，也就是资源所在的地方，就是权力所在的场所。资本决定了城市空间的布局，也决定了城市社会成员的社会关系和伦理规范。

  以金钱关系为中心的城市伦理关系的空间表现形式。马克思恩格斯关注到由于空间的生产性，导致空间资本化和阶级化，具体表现在两方面：一是工人阶级住宅空间与劳动场所相分离；二是工人阶级与资产阶级住宅的空间隔离。资本对城市空间的重组，始于工人阶级劳动空间和住宅空间的分类。在手工作坊时期，工人的劳动与住宅空间并没有明确的区分，它们往往混杂在一起。但是，到了工业城市阶段，空间根据应运功能而划分为不同空间，所以住宅空间与劳动空间也被划分开来。城市建立大面积的封闭性工厂和厂房，工人们集中在工厂内劳动，并且按照标准的时间规定和动作要求，在固定的工作岗位和地点完成工作任务。下班之后，工人不能待在工厂里，需要回到自己的住宅中。不同功能的空间区分既保证了工人在工作时间能够全心全意劳动，提高生产效率，同时又降低了资本家的生产成本，因为他们只愿支付工作时间的工资——一份仅仅能维持工人温饱的工资而已。

  如果说劳动空间和住宅空间的分离是城市的初步建构，那么资产阶级和工人阶级住宅的空间隔离则是城市空间更深层次的重组。空间重组恰恰是资本作为社会关系的空间方式：在空间的重构中，资本具有绝对的话语权，资本的多少决定了住宅空间的地理位置和生态环境，也进一步决定了不同阶级所属社会关系的范围与结构。总的来说，住宅空间既是个体生存和生活的直接实践场所，同时也是主体社会身份认同和社会关系构成的基础。对于住宅空间的资本化，马克思一语道破："家庭曾经拥有的具有内在价值的一切权利，现在由于供应和需求的压力都变形为'家庭'，它的本质结构现在不是由它的成员的需求来决定,而是由它的潜在的市场能力来决定。"① 马克思在这段中为"家庭"加了引号,来特别说明资本主义时期,家庭的价值性已经被经济性所取代。

其实,马克思早就看到了建筑业所隐藏的秘密,"建筑投机的真正主要对象是地租,而不是房屋"②,也就是说地租才是空间生产的根本依据。在资本主导的逻辑下,"建筑业主不再是为顾客,而是为市场从事建筑……建筑业主的主要利润,是通过提高地租,巧妙地选择和利用建筑地点而取得的"③。哪里地租高哪里就吸引了资本,同样,哪里有资本投入就会带动哪里的地租水平。资本家蜂拥而至地进入建筑业,正是因为房地产是资本流动转化为利润的最快手段。建筑商为了获得更大的利润,把住宅价格不断提高,那些无法支付昂贵的房贷和租金的人口就被排斥到住宅市场之外,贫困人口的住宅面积被商品房的扩建不断压缩,同时资本的流动性加剧了贫困人口的不稳定性,流离失所成为贫苦人口的空间宿命。

当大工业城市经济大规模发展的时候,现代城市的弊病也逐渐凸显出来了:工业城市中社会成员之间自然形成的关系社会化为金钱关系,"一切传统的血缘关系、宗法从属关系、家庭关系都解体了"④。传统伦理关系的解体意味着对那些从乡村进入城市的工人的道德约束逐步消失。恩格斯曾引用了小资产者艾利生描述的大城市在工人道德发展方面造成的恶果:"正是在大城市,恶习和寻欢作乐布下了诱人的天罗地网……美德在这里埋没无闻,罪恶由于不易被识破而滋长。"⑤ 工人阶级被资产阶级"抛弃""排斥"在一个十分糟糕的环境,这是工人阶级道德堕落的主要原因,因为在城市空

---

① [美]温迪·林恩·李:《马克思》,陈文庆译,中华书局2014年版,第60页。
② 《马克思恩格斯文集》第7卷,人民出版社2009年版,第875—876页。
③ 《马克思恩格斯文集》第6卷,人民出版社2009年版,第261页。
④ 《马克思恩格斯文集》第3卷,人民出版社2009年版,第533页。
⑤ 《马克思恩格斯文集》第1卷,人民出版社2009年版,第434页。

间中没有传统的伦理道德去约束工人的行为；同时资本家把无产阶级安置在社会的底层，这样的社会压迫就导致工人阶级冒险去犯罪，在仅有的休息时间去纵欲和酗酒。没有传统的长幼尊卑等级制度，也没有血浓于水的血缘关系，在仅有的金钱关系中，人们的行为所受到的制约因素减少了很多。

我们生存的城市和乡村空间环境折射着人们生活的历史传统、风俗习惯、价值观念、未来构想等。因此，城市不仅是一个现实和理想的综合体，也是个体与群体的统一体。马克思恩格斯对异化劳动下工人阶级的道德状况和资本城市中不同阶级的伦理的讨论，为我们展示了一幅现代城市社会的伦理图景。

第三节　宏观层面：世界市场对地方传统的冲击

马克思恩格斯在分析资本积累逻辑时发现资本生产会产生周期性的动荡危机。解决资本危机最直接有效的方法是通过不断扩张市场空间范围及其承载力，实现资本的转移和生命力的再激活。世界市场的拓展会暂时地缓解资本危机，但同时世界历史的形成也会冲击那些民族性、地方性的传统价值。

一　原本状态：以情感与差异为特征的地方传统

世界历史发生之前，地方都是相对封闭的。传统地方之间的界限比较明确，既有地理空间上的界限，也有政治层面的界限。这种界限一方面是人们地方认同感的来源，另一方面也形成了地方独特的文化内容。

一方面，地方因为具有相对确定的空间界定，所以它能为人们提供一种稳定的情感认同。由于地方与人们长久地联系在一起，经过人的实践活动便与人产生了情感，即独属于此地的情感，正如我们的家宅、家乡、国家给我们的感觉。地方感的培养基于人们长久地在某一地方生活、体验而来,"地方感所体现的是人在情感上与地方之间的一种深切的连结,是一种经过文化与社会特征改造的特殊的人地关系"①。一般而言,影响地方感的因素有三类:个人因素、物理环境因素和社会环境因素。物理自然条件和交往活动营造的社会环境会影响人对地方的价值判断,我们最容易产生地方感的地方是家庭和家乡所在的空间。地方依恋内含着个人对地方的归属"根植性",它表现着主体自我与地方的心理、情感关系,它是"个人对于其居住的环境或其他地方的一种认知或感情上的联系,或是一种在情感上融入地方的感觉"②。地方认同也就是狭义的地方感,它更侧重于指向主体在地方中对自我的社会身份的认同感,涉及主体与他者的关系,这是一种公共的关系。人们总是生活在某处,我们对地方的认识和认同是基于在此地对"我们是谁"问题的认识,在不同的空间中人们拥有不同的身份和社会关系。这正是我们之所以对地方会产生依恋和认同的原因,这是人们对地方情感的不断递进过程。

另一方面,某一地方的相对空间界限形成了地方文化的多元性。因为封闭意味着有条件限制,意味着有认识边界,意味着有实践范围。传统的地方因为受到地理环境的限制,在这个具有边界性的地方中,人们具有地方特色的传统风俗、生活习惯和实践认知。这十分明显地体现在东西方文化差异上,也体现在东西方人们的处事行为中。地方之间由于地理性的距离而无法具有联系和影响,所以一方水土养育了一个地方的人的品质与喜好;也可以说正是因为地方的封闭性、稳定性,每个地方都创造出了属于自己的、独特的地方传统,由此在全球空间中原本的地方传统是多元化的、丰富的。但是当我们始终固定在一个地方时,就意味

---

① 朱竑、刘博:《地方感、地方依恋与地方认同等概念的辨析及研究启示》,《华南师范大学学报》(自然科学版)2011年第1期。

② Hidalgo M C, Hernandez B., "Place Attachment: Conceptual and Empirical Questions", *Journal of Environmental Psychology*, Vol. 21, No. 3, 2001, pp. 273–281.

着地方对自由的人具有束缚。伴随着交通工具的便捷和连通，以及资本在不同地方的流通，多个地方被连通在一个全球空间中。因此，协调好全球和地方之间的关系，也就意味着需要协调好安稳与自由之间的关系。

从资本逻辑去解释社会关系，虽然具有一定的解释力，但依旧有不可忽视的局限性。因为一个地方、城市的变迁和发展并不是资本的单一作用结果，而是多种因素共同作用形成的社会。资本逻辑的解释不足以充分地说明一个地方演变的过程。因此，我们必须关注到资本之外的其他因素，其中最重要的应该是人这个主体因素的存在。地方之所以存在就是因为人长期地生活在地方之中，与地方发生交互关系，地方与人相互作用、相互影响、相互建构。地方既不是冰冷的建筑物，也不是荒凉的土地，更不是由经度纬度确定的一个坐标点，每个地方都承载着人们的历史过往和集体记忆。因此思考空间不仅反思其资本逻辑，还要考虑精神、伦理层面的内容。

二　现实状态：资本危机下世界市场的应运而生

从空间维度来看，世界市场的形成在资本主义解决生产危机、延续发展的过程中起到了不可替代的重要作用。资本的流动性、生产的扩张性和资本危机的周期性共同促成了世界市场的逐步形成。资本家的资本都是由固定资本和流动资本构成的，而流动资本是利润的来源，资本"不断以一种形式用出去，再以另一种形式收回来，而且只有借助于这种流通，或者说借助于这种连续的转化和交换，才带来利润"[①]。流动的资本通过不断地投入到不同的产业之中，再将产品投放到市场中消费，从而将资本再循环到资本家的手中。资本的本性包含着空间扩张的趋势。资本要不断发展就必然会追求更广阔的市场和更多的消费者，"创造世界市场的趋势已经直

---

① 《马克思恩格斯文集》第1卷，人民出版社2009年版，第136—137页。

接包含在资本的概念本身中"①。想要利益增殖就要不断提高商品产量,但是由于市场空间的有限性,产品和劳动力总会有相对过剩的可能,这便进一步导致了资本危机。

而且因为市场自身的规律性,资本危机的出现也具有一定的规律及其周期性。造成这种危机的主要原因是科学技术的进步,技术将生产机器改造得更为智能和科学,由此解放了一部分人的劳动力,也意味着有部分工人会下岗失业;同时,因为资本本身想获得更多的积累而要生产更多的商品以赚取利润,导致了市场上商品与社会需求之间失衡,"这里是生产资料和产品过剩,那里是没有工作和没有生活资料的工人过剩"②,因此周期性的经济危机便成为资本主义社会发展的必然规律。马克思对资本危机的认识是深刻的、具有前瞻性的,他认为资本发展中产生的危机只有通过不断扩张,市场空间才能缓解,资本从本国市场不断向外扩张的结果就是世界市场的形成。

世界市场的形成过程是资本全球化、生产全球化、文明全球化的共时性过程。资本危机是资本流动、生产扩张导致的必然结果,它要求更广阔的世界市场来刺激消费,也需要更广阔的社会去实现资本主义制度的全球化统一,所以说"由于开拓了世界市场,使一切国家的生产和消费都成为世界性的了"③。曾经存在的那种自给自足的生产—消费模式已经不能满足资本的野心,资本在世界各地游走,每到一处它就要吸收当地的资源、人口为其所用,所以将资本主义的生产方式复制到了全球空间的各个角落。但是,每一次市场的开拓,还是会带来新一轮的资本危机,这是历史发展的规律。随着产品的增加,对市场的需求越来越大,可利用的市场空间越来越小,那么资本的生产过剩还是会产生。资本危机的解决只能靠不断

---

① 《马克思恩格斯文集》第8卷,人民出版社2009年版,第88页。
② 《马克思恩格斯文集》第3卷,人民出版社2009年版,第566页。
③ 《马克思恩格斯文集》第2卷,人民出版社2009年版,第35页。

开拓新市场，修复旧市场，刺激消费来缓解。分工逐步成了世界性的趋势。不同的自然环境和生产资源是世界分工的依据，不同的地区发挥着自身的环境资源和劳动力优势，在世界市场上获得了自身的生产分工和国际关系地位。而形成世界市场的客观原因是"远洋轮船、铁路、电报、苏伊士运河——第一次真正地形成了世界市场"①。资本在全世界的扎根和扩张，不仅传播了产品和技术，还促进了不同文化和价值观的交流。

世界历史文明的形成立足于世界市场的形成。在世界市场的影响下，各个国家不仅在经济生产方面相互依赖，同时，在精神财富的生产上也是如此，各民族的文化和价值观都趋于一体化，形成了一种世界文学或世界价值，正如马克思所说，资产"它按照自己的面貌为自己创造出一个世界"②，所以说，全球空间成了被资本主义生产方式和生活方式所统治的同一化世界。世界历史的形式也是基于世界市场的形成，世界各国在资本的扩张下联系成一个相互影响的整体。世界历史是人类实践和价值观的统一，因为它是共产主义可能实现的基础，一方面它让全世界的无产阶级共同处在资本的剥削关系之中，另一方面它也将无产阶级联系在一起，让他们有了共同的经历与困境。"无产阶级只有在世界历史意义上才能存在，就像共产主义——它的事业——只有作为'世界历史性的'存在才有可能实现一样。"③ 在世界历史中，不同地理区域的人都联系在资本关系之中，因为主体的不同便涉及不同主体利益，要调节利益冲突就要受到制度和伦理的规范。当资本促使世界市场形成的时候，资本也成了人们在世界范围内实践的伦理内核，人类的一切关系都以资本逻辑展开。

在资本主义制度中，人与人之间的关系都成了金钱关系。马

---

① 《马克思恩格斯文集》第7卷，人民出版社2009年版，第554页。
② 《马克思恩格斯文集》第2卷，人民出版社2009年版，第36页。
③ 《马克思恩格斯文集》第1卷，人民出版社2009年版，第539页。

克思认为这样的物的关系要比人与人之间没有关系或血缘关系要好,因为单纯的血缘、地缘关系无法组织起受压迫的群体对资本主义的反抗行动。要消灭私有制和资本主义制度,只能以世界经济成为一体为前提,"在世界市场上,单个人与一切人发生联系……这种联系的形成同时已经包含着超越它自身的条件"[①]。世界市场和历史的形成既有助于资本和资本主义制度的扩张,也促进了人类解放意识的觉醒。资本主义制度进行世界扩张的目的是塑造一个统一模式的世界,资本的同一性与封闭的地方性必然会存在一个冲突阶段。

三 伦理问题:世界市场对地方传统的破坏同化

世界市场在扩张的过程中对全球空间内部地方传统的影响有破坏和同化两方面作用。资本伴随世界市场的扩张在破坏地方传统的同时,也在逐步重构地方性的价值观。

一方面,世界市场的空间扩张是资本主义对地方传统的破坏过程。集中的生产方式、成熟的交通体系、精细化的社会分工共同推进了世界市场的形成。世界市场打破了民族国家地理界限和经济界限,让每个人和每个国家的发展都必须依赖整个世界才可能。资本主义生产方式世界性的扩张打破了各地区民族的特殊性和地域性,更冲击了人们在地方中生成的道德意识和文化传统,它将资本主义的生产关系和意识形态带到了世界各地,意在用自身标准和内容去引导其他价值观发展,"大工业它尽可能地消灭意识形态、宗教、道德等等,而在它无法做到这一点的地方,它就把它们变成赤裸裸的谎言"[②]。以世界市场为开端,整个世界处在打破封闭和重新建立的双向过程中。资本主义生产方式对民族性和地方性的冲击,弱化了不同民族之间的差异特性,而将其塑造成一个有共同目标利益的

---

① 《马克思恩格斯文集》第 8 卷,人民出版社 2009 年版,第 55—56 页。
② 《马克思恩格斯文集》第 1 卷,人民出版社 2009 年版,第 566 页。

阶级，从积极的意义上来讲，正是脱离了旧的世界秩序、地方传统文化的阶级，这个阶级正是联合起来的无产阶级。共产主义革命是无产阶级在全世界中的事业，让人类在世界历史中回归到类本质、获得解放。①

另一方面，世界市场的空间扩张也是资本对民族性、地方性因素的同化过程。资本主义制度为世界各地带来了同一化的制度、同一化的产品、同一化的建筑风格和同一化的社会关系。这也证明了世界历史的形成与人们的吃穿住行等实践紧密相关，"历史向世界历史的转变，不是'自我意识'、世界精神或者某个形而上学幽灵的某种纯粹的抽象行动，而是完全物质的、可以通过经验证明的行动"②。因此，资本主义的同质化影响到每个人的日常生活，改变了不同地区人的生活方式和思维方式。资本的流动性不仅表现在资本自身的流动，更深刻地影响了社会的流动和观念的变化，正如马克思所说，"一切固定的僵化的关系以及与之相适应的素被尊崇的观念和见解都被消除了"③。但是辩证地看，资本主义对民族国家与地方带来的破坏和同质过程，也就是资本主义对原有传统的解构与重构过程。在资本空间的机械扩张中，资本主义的生产方式和生产关系解构了传统的地方精神，它没有将其有机地融入地方文化之中，而是横冲直撞地占有了地方所有的一切资源。资本主义对地方精神的重构也并不合理，它没有尊重地方的历史传统文化，只是强硬地将资本主义精神输出给各个地方。

全球空间资本化的过程中，空间是生产手段、生产场所和生产对象。资本在本质上离不开空间要素，但是空间并不必然具有资本的性质，只有通过资本对社会的主导关系，空间才能成为社会资本的一部分。空间资本化中，地理空间不仅成为资本的一部分，社会

---

① 《马克思恩格斯文集》第 1 卷，人民出版社 2009 年版，第 806—807 页。
② 《马克思恩格斯文集》第 1 卷，人民出版社 2009 年版，第 541 页。
③ 《马克思恩格斯文集》第 2 卷，人民出版社 2009 年版，第 34 页。

空间也被资本纳入了生产体系，资本不仅生产着物品也生产着新的社会关系。强大的资本力量不仅带来了生产资料的多样化、社会关系的结构化，也导致了生产目的的片面化、全球空间不平衡发展、公平正义等价值理念的缺失。资本空间化是指资本为了增殖的目的，为了解决资本循环导致的商业危机，而通过空间生产的手段去解决。在此过程中，剩余资本、剩余劳动力和剩余商品只能通过获得更多的人口和空间去刺激循环。从社会关系来看，空间资本化是指在社会空间和社会关系的形成中以资本运作为主导力量。影响社会关系的因素有很多，但资本逻辑却占据核心地位，资本决定了社会关系的结构。总而言之，与人相关的自然空间、社会空间或生产空间、生活空间都被资本所干预，资本空间化和空间资本化正是在此意义上所言。

马克思恩格斯在批判资本主义社会时，看到了资产阶级的剥削对无产阶级的身心造成了严重创伤。他们在批判中始终坚持着人类解放的终极价值目标，用崇高的理想信念引导无产阶级用阶级斗争的方式抵制私有制和剥削，指导无产阶级在物质资料生产的实践中追求人的自由而全面的发展。资本主义生产方式和异化劳动重塑了空间形态，在一定的历史阶段中具有进步性和合理性。因为资本的扩张性与流动性，推动了世界的普遍联系，促使世界市场的形成，让人类文明进入了世界历史的发展阶段。但与此同时，在资本主义推动世界市场形成的过程中，将资本主义社会的私有制与剥削关系复刻到了全世界范围内，造成了更多的剥削压迫和空间不平衡的发展问题。所以，马克思恩格斯批判资本主义生产方式的野蛮扩张，批判空间的不平衡发展，为人类解放树立起"共产主义"和"自由人的联合体"的空间正义精神。

历时多年，人类实践活动将历史推进到了一个新的时代。马克思主义的精神火花和历史唯物主义的方法论，它们与时代条件的结合激活了理论的巨大潜力。在不同时空中，马克思主义获得了创新发展，这也是马克思主义思想在今天还能熠熠生辉的秘密。在今天，人们的身体、生活的城市和全球空间的样态都发生了巨大变化：个体的身体从生产的对象转变为消费的对象、城市从小范围的阶级社会转变为不断流动的陌生人社会、世界市场早已经从单一的资本扩张演变为多元因素并存的全球化。立足马克思主义立场，本书将在接下来的章节中对人类新的空间实践进行伦理反思，为新时代中国的空间善治提供积极的启示。

第三章

空间伦理的微观起点：现实的个人和身体伦理

在历史唯物主义视域下任何抽象的理论都有物质基础的来源，对于空间伦理而言，现实的个人的实践活动就是它的现实源泉。个体的实践活动和意识都需要通过身体（微观空间）形态表达出来。现实的个人的生存必须要占据一定的位置即身体，身体在占据位置的同时它本身也是微观空间的一种形式。身体是人类社会伦理、道德观念最直观、最基础的空间载体，身体伦理是空间伦理的微观起点。正如马克思恩格斯对空间伦理问题的初步认识，最初就是从劳动者的异化身体中发现的。一个人的身体形象可以表达出身份地位、文化背景、道德修养、消费偏好等信息，所以在认识自我的过程中，身体无疑是最关键的、最能展示人的主观能动性之所在。身体被资本和权力规训为一种生产机器、一种劳动工具、一个消费对象，让人们丧失了感性的、能动的、德性的能力。如何恢复技术化和符号化世界中现实的个人的应然伦理状态，让个体达到对自我价值的认同，就要让身体回归到日常生活实践中恢复身体的全面能力，突破身体仅仅被局限在实践过程中的生产和消费功能，才可能将身体拥有的情感表达、价值主体、理性意识等作用凸显出来。

第一节 身体：微观空间的表现形式

历史唯物主义视域下的空间伦理研究是人类社会中的必然议

题。选择历史唯物主义视域，意味着我们的研究不仅要从宏观的历史长河中去考察，还要从每一个具体的、微观的、个体的方面去考察，认识到空间伦理是从人类物质生产和生活方式衍生出来的内容。如果从空间角度来认识实践主体的话，那么个体与自我的关系集中表现在人的身体空间上。身体各异的形态虽然以物质条件为基础，但是个体对身体的把控，可以表达出人的价值观、世界观、人生观。不言而喻，身体本身就是空间的一种类型，所以在本书的行文中使用身体就等同于身体空间，但在有些地方需要强调空间角度，也会使用身体空间。由于身体是属于个体的生物机能和社会实践相作用的结果，所以身体相对于城市、国家、全球而言，它是一种个体性的微观空间。

空间伦理研究从微观空间——身体作为出发点，有利于引起每个人的价值共鸣，因为每个人都拥有一个身体，并通过身体展示出自己的主体性与价值观。而人类社会历史中的经济、文化、政治等因素，也需要通过每个人的身体才能起到真正的动力作用。历史变迁催生了人的身体形态的万千变化。从对象形态来讲，身体从资本主义生产过程中的生产对象转向了消费社会中的消费对象。这也正是本书对身体伦理进一步展开研究的现实背景。

第一，身体作为生产资料和生产对象。一方面，身体是生产过程中必不可少的生产工具和生产资料。生产资料包括了人类使用的自然资源和社会资源，社会资源既包括劳动力也包括人工制造的劳动工具。由于资本增殖的集中性，生产资料从客观的自然资源扩展到了人自身的身体资源，从私人拥有的生产资料转变为社会化的生产资料。因此，个体劳动力与自身生产资源在资本家的干预中分离了，个体化的生产资料在资本的集中化过程中注定会成为社会化的生产资料，作坊式的劳动者的个体化生产资料被资本家全部剥夺了。马克思认为"生产资料和生活资料从一开始就具有与工人相对立的社会规定性，这种社会规定性使它们变成资本，给它们以支配劳动的权力"①。资本将生产资料和劳动力不断集中在一个空间中，个体化的生产资料被集中生产，开始变为社会化的生产资料。但资本家始终将这种全社会的生产资料视作私人的生产资料，而且将社会化的生产资料所生产出来的产品占为己有。通过资本的干预，私有的生产资料本应该成为社会化的生产资料，但是生产资料却被资本家全部占有，而没有被社会成员共享。从历史经验来看，劳动者生产资料被剥夺的过程并不是温馨的场景，而是十分残酷的漫长过程。

另一方面，劳动者的身体被生产过程所控制。从空间资本化的角度讲，这个过程包括了身体的资本化、土地的资本化。身体本身是属于自然资源的一部分，但是经由劳动者的实践身体在生产过程中被过度地占有和剥削，被资本所规训：身体既被资本规训为劳动手段，也被规训为生产的场所。劳动者的身体被生产过程控制得更加标准化，每一个生产动作都是经由生产需求所确定的更加符合生产效率的动作。因为劳动者只有付出自己的身体才能进行生产活动，同时劳动者的身体并不受自身的掌握，它被生产过程调教成了一种机械化和麻木的存在状态。亦即身体成了生产的机器，甚至人本身在资本家眼里也是一个不断运转的机器。

第二，身体作为消费和技术过程中的对象。如果我们将视野转到当代社会，会发现人的身体更多地被消费和技术所控制，当然生产的身体并没有消失，只是变得更加隐蔽地存在。消费中的身体是消费主义的手段和外化表现途径。消费社会的兴起是由于生产力的快速发展，其与技术飞速进步相互作用，生产出了数量日益增加、品种日益繁多的商品，在满足人们的物质需求的同时，营造出了一种追求消费，满足自身欲望的消费主义文化观念。而人们表达自身对时代的认同以及社会对人的认同方式逐渐片面地发展为一种符号的形式。身体在消费过程中人们给它赋予了太多的内容：时尚要求

---

① 《马克思恩格斯文集》第 8 卷，人民出版社 2009 年版，第 400 页。

女性身体的苗条，男性身体的健硕。过度追求身体的美化，就形成了与身体相关的一系列现代医疗技术，比如整容、塑身、美容等技术。医疗技术塑造出的身体也是一种标准化的身体，它有同样的完美比例、同样的眼角大小等。但是如今以消费为主的身体是人们在消费意识形态引导下"主动地"具有自我意识的行为选择，而不再是19世纪那种在生产中被折磨和压迫的身体。生产中的身体经受长时间劳动的过程会严重受损，消费中的身体也因为社会对身体的高度要求从而塑造为一种"畸形"形象。总之，它们都抹杀了身体本真的存在和价值。

第二节　理论透析：身体空间和伦理的内在统一

在马克思主义实践思想中身体是一个十分重要的范畴。无产阶级的身体既是资产阶级剥削关系的着力点，也是人类寻求解放、反抗压迫的起点。我们要立足于唯物主义视域，反思形而上学领域内的身体知识论，将身体放在人类社会历史的发展之中去认识。人的身体统一了肉体和精神，当生产方式和生活方式作用在人的身体上时，不仅是对肉体进行了形塑，更对人的价值观形成了影响。身体伦理就是在身体实践的过程中对发生异化的身体现象进行价值性重建，恢复身体在日常生活中现实的个人的主体性，体现出人在空间中的价值地位。

一　身体形态对个体实践的伦理表达

身体在不同历史背景中有不同的意义和地位。在历史唯物主义视域中身体是现实的个体存在的基本事实，也是主体的社会关系最直接的表达载体。身体的重要性在实践论中越来越突出，这也意味着人们对伦理的研究开始从宏大的哲学理论转向微观层面的研究。因此，唤醒身体正面的、积极的意义对于研究身体伦理是必要的。

第三章 空间伦理的微观起点:现实的个人和身体伦理

在中国文化中"身体"由"身"和"体"两个词组成。"'身'这一概念具有包容承载、孕育萌生的创生之意和血缘亲情、守身事亲的人伦之意"[①],因此,身体主要起到承载人伦关系的作用。与此不同的是,在马克思的实践论中重新界定了作为实践的身体,将批判的目光从人的自我意识拉向了人类的社会实践。认为不管是人们对身体形态美感的约束和追求,还是对人际交往的反思,都在现实的个人的身体上实现。身体伦理属于现实的人,也只有现实的人才拥有身体。人类社会中的身体形态因其所处的领域、地位、活动而形成不同的状态:政治的身体、经济的身体、消费的身体、生产的身体、伦理的身体。伦理的身体也即以追求道德为主的身体实践,"它使我们拥有了尊重、互助、关爱的美德"[②]。所以,只有将身心统一在现实的个人的实践活动之中,才能更好地认识到身体的伦理价值。

身体既让我们认识到自己是作为一个现实的人存在,也让人们认识到只有通过身体才能在世界中进行实践。通过身体,人们可以对世界进行感知、体验和评价。人是空间形态、空间结构和空间伦理形成的影响因子,人是空间的改造者,也是空间规训的承受者。空间被人的社会实践塑造的同时也改变着人类的生存。但因人是具有主观能动性的历史主体,所以,人才能成为空间的尺度。从古希腊哲学中人是万物的尺度,到马克思主义中人民群众是历史的创造者,人始终处在世界万物的中心地位。历史唯物主义中强调现实的个人的实践能力,身体是实践的、可被社会建构的、鲜活的生命,这与唯心主义和机械的旧唯物主义区别开来。历史唯物主义在批判前两种理论的基础上,主张要理解人的伦理关系,需要从现实的个人的实践开始研究,那么进行实践的身体首先就是劳动身体。劳动

---

① 唐健君:《"身体"概念的梳理:语词的充溢与磨损》,《文艺争鸣》2011年第5期。

② [加]约翰·奥尼尔:《身体五态:重塑关系形貌》,李康译,北京大学出版社2010年版,第35页。

身体是资本生产的直接场所和要素，劳动身体展示出资本运作和社会规训的印记。

个体面临着多变的社会和纷繁复杂的关系，也产生出多样性和差异性的价值观和意义追求。身体成为道德差异性的根据，为了将一种普遍的价值观普及，人们的身体成为不同价值观的争夺场所。身体伦理在日常生活实践中产生，并本真地追求人的美好情感和道德感，因为"道德本质上是非理性的"[①]。但并不是否定理性的力量，身体本身是感性和理性的综合体，这里只是想侧重突出人的感性实践所表现出的独特性，但这种感性要在理性指导下实现，并不是毫无规则的情感宣泄。身体伦理包括的"爱、触摸、道德、身体和共同体是造就道德公民的主要因素，但它们在现代性中被理性化了"[②]。身体要恢复其情感性的伦理，就要在生产和消费实践中仔细思考个体与群体、个体与自我的关系，达到身心健康和自我认同。

人的差异性造就了空间的差异性和空间的尺度。人的身体本身具有天然的差异性，同时人的精神也因生活环境、风俗传统、教育背景而千差万别。人类的身体是肉体也是精神符号，"身体展示了力量和脆弱、尊严和屈辱、自由和约束、人类身体的共性和让每个人与众不同的个体差异性"[③]。身体向内是个人的自省，向外是社会的身份表达。身体是主观精神和客观环境的统一。从主观方面来讲，身体是承载着人的精神的载体，人把自己的兴趣喜好、认知观念都通过身体外在地表现出来。从客观环境来讲，身体本身首先就是一个物质的、客观的空间，它与周边的自然环境形成了一体，身体也是人存在的客观环境的一部分。

人拥有身体伦理是人与动物的区别之处；同时，也是个人与群体之间的不同之处。人类的伦理目标是解放，个体的伦理目标是自

---

① Z. Bauman, *Postmodern Ethics*. Oxford: Blackwell, 1993, p. 11.
② 周丽昀:《"伦理的身体"何以可能》,《学术月刊》2013年第4期。
③ [美] R. 舒斯特曼:《身体美学与乌托邦式身体》,刘检译,《世界哲学》2011年第5期。

由道德。身体不仅拥有灵魂的理性能力，同时也拥有肉体的体验感性能力，现实的人在实践中超越二者的对立关系并将其结合在一起，因此，它既超越了动物的肉体，也为类本质提供了现实性。本书所讨论的身体范畴是现实的人的身体，亦即始终处在实践活动中的身体。生产的身体和消费的身体都需要伦理规范和价值引导才能展示出个体生命的真谛。

二 身体伦理的内涵：全面发展与自我认同

身体伦理就是要求人的身体达到一种健康的、良好的、能动的状态，实现个体的全面发展和自我的积极认同。身体伦理不仅面临着个体身心被外在条件的束缚问题，也面临着重构现实的个人在纷繁复杂的社会中实现自我认同的重任。我们必须从历史唯物主义视域重新认识身体，在生产和生活实践中确定身体伦理，认识到身体丰富的社会性，"身体是根据历史、地理、文化和传统而由不同的物质生产能力和性质来区分和标记的"①。身体在交往实践中产生了社会性和伦理性，身体是伦理秩序的始基，我们以身体立法；同时伦理作为身体规训的契约，为身体立法。② 身体是伦理的实践途径，伦理是身体的规范原则。当个体组成了城市和国家的时候，城市伦理和全球伦理正是对身体伦理的扩展和深化。

（一）现实的个人的全面发展

现实的个人的全面发展主要是指身心的健康发展，也就是在德智体美劳方面的充分发展。身体状态由于受到权力、消费的影响，而导致现实的个人发展更加片面化和局部化，因此身体伦理的基本内涵是身心的全面发展。身体健康是一个人最基本的生存权利和发

---

① ［美］大卫·哈维：《希望的空间》，胡大平译，南京大学出版社 2006 年版，第 101 页。
② 参见唐健君《伦理作为身体规训的契约：为身体立法》，《唐都学刊》2015 年第 1 期；唐健君《身体作为伦理秩序的始基：以身体立法》，《学术研究》2011 年第 10 期。

展条件，现实的个人只有在身体健康的状态下才能展开伦理实践。人们对身体健康的认识经历了一个历史过程，传统认识中健康是指生物有机体处在正常的机能运作状态中；现代健康观认为身体健康除了生理性机能的正常运作之外，还应该包括作为社会存在者所拥有的心理健康和正确价值观、世界观和人生观。

本书强调的身体健康是人的生物机能和思想精神的健康统一状态。身体机能的健康侧重于生产和生活的物质性需求，思想精神健康则侧重于人们的价值观的需求，只有身心健康的统一，才能达到人的全面健康。同时，身心健康在促进人的全面发展时也提升了社会生产力。身心健康自身也是生产力的一部分，"健康生产力就是改善人民健康水平、创造健康财富的能力"[①]，健康作为一种生命生产力是对经济生产力的重要补充，丰富了生产力体系，创新了生产力内容。在马克思恩格斯批判资本主义生产方式的过程中，就已经发现工人阶级的身体健康对于生产活动的重要性，只有工人阶级身体健康才能提高生产效率，生产出更多的剩余价值。"资本家为自己的利润而斗争，工人为自己的健康，为每天几小时的休息而斗争"[②]，无产阶级要全面发展自身的素质，就要对他所面临的异化状态进行不断反抗，只有身体、思想、人格的全方面发展才能实现无产阶级的主体权利和地位。无产阶级的身心健康将会为人类解放和全面发展的伦理目标奠定现实基础。

我国治国理政的实践目标是实现人民对美好生活的向往。人民健康是人民美好生活的有机部分，习近平总书记明确提出实施健康中国战略，倡导健康文明生活方式。[③] 全民健康要通过人民健康的生活方式，将健康理念落实在人民的日常生活中。让人民意识到健

---

① 胡鞍钢、王洪川：《习近平健康思想与优先发展健康生产力研究》，《北京师范大学学报》（社会科学版）2018年第2期。
② 《马克思恩格斯文集》第3卷，人民出版社2009年版，第84页。
③ 习近平：《决胜全面建成小康社会 夺取新时代中国特色社会主义伟大胜利》，人民出版社2017年版，第48页。

康既是我们生存的基本权利,也是我们作为社会建设者的一种责任。虽然这些政策大力地推进了人民对健康重要性的认识,提高了人民的身体素质,但是我国"健康服务供给总体不足与需求不断增长之间的矛盾依然突出"[①]。人民健康面临的问题主要有:淡薄的健康意识、不完善的健康管理制度、相对欠缺的健康环境等。因此,在我国治理实践中,将人民健康放在可持续发展的第一位,人民健康是健康中国的出发点和落脚点。身体健康是人民自我认同的基础,人民身体健康意味着人民在他所处的社会空间中是一种生活得"好"的状态,这有利于人民对社会的认同,并形成一个人民与社会相互认同的良性循环关系。

(二) 现实的个人的自我认同

身体健康是身体伦理的基础内容,而自我认同是身体伦理的核心内容和目标。身体作为人与自身关系的载体,人通过身体展示出对自我所坚信的价值观的认同。现实的个人能够自觉、自主构建起身体伦理,就意味着人们可以从自我视角出发对自我的身份、观念、属性进行认同。因此,自我认同是指自我的价值观、自我意识要在不同时空条件下保持连续性,形成相对稳定的具有特色的个人性格。但在现实中,现实的个人的自我认同却时常处在认同危机之中,特别是在以资本为主的消费社会中,个体时常处在物质的丰富性与精神的匮乏性之间的矛盾关系中;同时,多元又零碎的价值观对人的价值观形成的冲击让人们逐渐迷失了自我,无法认识到真正的自我需求。从本质上讲,人们对"我是谁"的身份认同的追问以及"我应该成为谁"的价值认同的追问,就是对个体生存的伦理关怀。

个体进行的自我认同包括事实层面的认同和价值层面的认同。事实层面的认同主要指个体对自身所承担的多个社会角色的积极确

[①] 中共中央国务院印发:《"健康中国2030"规划纲要》,《人民日报》2016年10月26日第1版。

认，人是社会的有机部分，只有将社会角色与自我身份进行良好的匹配和实践出来才能促进人们的自我认同。事实层面的认同是个体价值层面认同的基础，除了事实层面的认同之外，更重要的是人们对关于自我的评价性认识。从事实认同到价值认同是自我认同的必经过程，人们基于对事实状况的把握进行价值判断，评价自我的社会角色、职业选择以及个体的世界观、价值观、人生观等内容，从而形成关于自我的评价性认识。[1] 从现实的个人的身体事实状况和价值状态这两方面出发，超越人们对物质性、消费性的过度享受欲望，提升人们的精神境界和思想高度，重新塑造出自我认同的可能性，尝试解决个体自我意义的虚无化问题和自我整合的认同危机，增强个体自身的归属感和意义感。不管是事实层面的认同还是价值层面的认同都离不开身体的实践。身体伦理的基本内涵以自我的全面发展和自我认同为主，依据此内涵，本书反思当前身体空间中存在的伦理问题及产生原因。

第三节　问题缘由：身体空间中的伦理问题及原因

目前，劳动者的身体伦理问题主要表现在生产过程中身体的规训化和消费过程中身体的符号化。之所以选择生产和消费两个阶段，是因为从劳动者本身出发，人类生存主要的途径就是进行生产和消费实践：生产是造成身体伦理问题的被动原因，消费是造成身体伦理问题的主动原因。在生产和消费的循环过程中资本和符号将劳动者的身体不断挤压、扁平化，导致现实的个人的德性处在不自觉、不完善的状态。

---

[1] 尹岩：《论个体自我认同危机》，《湖南师范大学社会科学学报》2007 年第 5 期。

一　问题：身体形态的标准化和符号化

身体是时空统一的结果。作为人类历史社会中的身体，它一直被各种力量不断地塑造和争夺。我们对身体的研究必须通过其实践才能完成，"身体研究的基础必须立足于对物质实践、再现、想象、制度、社会关系和政治经济力量主要结构之间的真正时空关系的理解"[①]。身体是开放的空间，未完成的过程，具有在时间和空间中被动的可塑性。在马克思实践论中，现实的个人的身体是以人的感性活动为基点，身体是人的实践活动的表现，通过身体实践将认识世界的活动推向了改变世界，彰显了现实的人的主体价值。但是现代生活中，人的身体和生命被挤压为片面、扁平的社会符号。

第一个现实问题，身体被技术塑造为标准化的对象。在人类的物质生产实践和社会关系生产实践中，身体总是最直接地受到各种外在力量和因素的作用，因为身体集合了生产场所、生产手段、生产目的等。一方面，权力技术塑造身体为标准的对象，权力技术对身体的规训是指现代国家或资本家通过各种手段对个体身体进行管理和控制，以达到提高社会生产和治理的效果。通过对身体行为进行标准化的机械训练，让身体达到高效的、合乎标准的生产要求，同时，权力还对个人思想进行规训，通过行为上的不断重复加深人们在思想上对权力技术合理性的"认同"。另一方面，先进的医疗技术对身体的对象化控制，身体发生任何疾病或不适都需要通过医疗技术进行诊断与治疗。在崇尚科学技术的时代，身体与技术密不可分，具体表现在"身体的技术化修复、身体的技术化编码、身体的技术化交互和身体的技术化虚拟"[②]。特别是人们追求通过人体增强技术来克服身体的生物性和功能性的局限。但是通过技术对身体

[①] [美]大卫·哈维：《希望的空间》，胡大平译，南京大学出版社2006年版，第125页。

[②] 张灿：《技术化身体的伦理反思》，《中州学刊》2018年第8期。

的有限性的突破，是否能够让人真的过上美好生活，"技术上的'真'是否意味着伦理上的'善'"①，这是一个关键问题。

从本质上说，个人对身体健康状态以及外在完美形象的追求是伦理生活的一部分。但是什么样的身体是健康的，什么样的身体形象是完美的，却有不同的标准和要求。"生产技术与知识都在向内部移动，侵入、重构并愈益支配身体的内容。这就使得我们身体的有机属性的空间安排和功能安排有可能已经被改变，以符合社会的结构。"② 个人本应追求的是身体的自然性和社会性完满的统一，而不是身体不得不迎合社会价值观的需求做出的被动反应，过度地迎合会导致身体的畸形发展。个人的身体成了他的对立面，身体要成为什么样的状态，个人没有话语权，个人的身体完全被社会价值观所塑造。

所以，不管是作为生产对象的身体，还是消费对象的身体，抑或是医疗技术对象的身体，作为对象的身体都只是被动地被塑造后的结果，而不是人自由本质、自觉地想要成为的身体样态。只有身体作为体现个人自觉自由、能动的力量时，身体才能从被动状态下解放，身体才能恢复到具有丰富情感、理性能力、感知体验的解放状态。

第二个现实问题，身体被消费主义价值观所符号化。身体的符号化表现在身体外形的符号化、身体装饰的符号化和身份地位的符号化。消费身体的形成和消费社会的形成具有一致性。消费产生于商品生产和交换的过程中，但是大规模的消费社会的形成具有漫长的历史过程，当生产力提高、商品数量扩大、种类不断丰富，社会中的消费主义才形成一定的规模。在当代社会，身体更为突出地表现出消费主义的特征。从消费来看，身体是消费的手段和目标。在消费环节中身体被视作"一种娱乐及享乐主义效益的标准化原则、

---

① 江璇：《人体增强技术与良善生活的身体伦理维度探析》，《伦理学研究》2014年第1期。
② [英]克里斯·希林：《文化、技术与社会中的身体》，李康译，北京大学出版社2011年版，第188页。

一种直接与一个生产及指导性消费的社会编码规则及标准相联系的工具约束"[1]。劳动身体是创造剩余价值的手段和工具，消费身体是生产后促进商品消费、资本循环的手段和工具。不可否认的是劳动身体和消费身体都是被资本和社会关系塑造的身体空间，而不是静止的、自然的肉体，社会化的身体具有实践的指向和精神层面的需求。消费主义对身体的符号化主要体现在消费主义所营造出来的价值观对人们身体形态和社会身份的高度要求，破坏了身体本身的健康状态和自然审美。人们在消费主义的诱导下不自觉地加入了符号化自身的过程。

身体作为消费最直接塑造的空间，它展示出消费结果的直接性和外化性。对身体本身的塑造、对身体装饰的要求，让身体成为资本和权力外化的直接符号。身体消费追求的是对身份的证明，所以那些高定版、限量版、联名款都成为人们消费中追捧的对象，以消费商品表明自身所处的社会阶层和消费能力。但是人们的欲望是无法完全获得满足的，商品总是在很快地更新和替换，人们不再重视商品的使用价值，而越来越重视商品带来的独特性体验和象征意义。消费本是资本流动的一个环节，是一个中性的不带有价值色彩的过程，但当全社会推崇以消费为身份认同的手段时，人与人之间的社会关系和身份认同便发生了异化，消费的物品早已不具有简单的使用价值的意义，它们更多的是代表一种身份和地位的符号。通过身体对消费品的搭配，电视广告、宣传视频将物品的使用价值和身份符号展示出来，人们接受到消费的观念，在符号化的吸引下购买欲望被不断刺激。人们购买的不再是物品的使用价值而是物品所拥有的符号价值，因此，身体表现出来的也不再是丰富的个体性而是以消费为主的单一社会性。

这样的身体塑造和消费带来的身体伦理问题在于人的身份认同

---

[1] [法]让·鲍德里亚：《消费社会》，刘成富、全志钢译，南京大学出版社2014年版，第123—124页。

的困难。消费社会带来的社会分化和阶级特征越来越明显,社会中的阶层流动性变得十分困难。一方面我们已经无法分清身体本身的需求和自身欲望的区别,消费社会中人们选择物品不再以需求和实用为主,而是过度地追求自身欲望;另一方面,通过身体消费,将社会的阶层分化直接地外化出来,使得社会分化更加严重。消费文化中,"人们为了建立社会联系或社会区别,会以不同方式去消费商品"①,对身体的生产和消费是为了符合社会关系对自身的期待,为了融入特定的阶层圈子,人们会选择符合期待身份的商品去自我确信、自我认同。消费中个体身份极其不稳定,因为快速更新的消耗品让人眼花缭乱,人们的身体却无法随时适应消费的更新而产生认同的困难。消费观念、商品的更新等将个体抛入了一个五彩缤纷、纷繁复杂的消费世界,让人们在消费世界中迷失了自我身份的定位和自我评价判断。

消费社会和医疗技术中对个人身体的维护,只是一种表面上的、生理上的健康追求,而没有真正地深入到精神上的满足和社会解放的层面。因此,本书对消费价值观和技术价值观对身体控制的批判,主要是想突出身体健康和社会和谐的相统一,指出身体不仅要在生理上健康也要在精神上自我完满。消费和技术都是身体健康的一种手段,只是对身体需求的表面满足,身体更深层次的幸福,需要激活主体的主观能动性,并达到自觉自由的道德状态。

二 原因:技术运作和消费主义价值观

现实的个人身体的片面化发展和扁平化的生命实践特征主要是由于当代无处不在的技术关系及其运作,以及渗透在日常生活中的消费主义观念造成的。现代科学技术总是带有一种外在性的特征;而消费主义则潜移默化地成了人们内在的价值观。

---

① [英]迈克·费瑟斯通:《消费文化与后现代主义》,刘精明译,南京:译林出版社2000年版,第18页。

（一）技术塑造身体的运作机制

权力技术对身体的规训有一套独特的具有自动化和普遍性的监督机制。权力不仅是制度的规范，还构建出一种虚构的关系自动地产生出一种真实的征服。现代社会中的生产空间和生活空间将权力的可见性与无法确知性结合在一起，即监视者时刻处于权力之眼，被监视者却不知道自己是否被监视。现代监控技术更加普及和先进，监控技术随时随地运作，被监控的身体不能表现出自身真正的需求和情绪，人们始终戴着"面具"生活。任何权力运作的必要空间就是——个人的身体。比如，君主的权力是对肉体的折磨与破坏；意识的权力针对人的精神，通过控制人的思想来征服肉体。微观权力技术对肉体的方式更加温和，主要是塑造和生产大量具有劳动效率的身体，"工人的结局也必然是劳动过度和早死，沦为机器，沦为资本的奴隶"[①]，要让身体顺从，最有效的方法就是对身体进行空间分配和活动控制。权力技术通过对个体身体的培训与锻炼，塑造出更加适合于资本生产与效益产出的身体，"这种身体是一种完全资本化、手段化、无价值取向的身体"[②]。空间的分割，导致了人与人之间关系的断裂与重组，社会关系中以情感为基础的关系薄弱化，以利益性为核心的关系的强化。身体的实践活动无法离开社会中经济、政治、文化等因素，因为身体不会在真空之中存在，它必然会受到外在环境的影响。身体在权力的作用下异化为机器、商品、对象等与人本质相对立的存在。

现代医疗技术对身体的塑造主要通过身体治疗、身体塑形等方式。现代医疗技术主要起到对身体状况的科学诊断、精准治疗、保健等实践活动中，身体作为自然存在的状态必然会有生病、残缺的可能性，现代医疗技术通过科学的运算与分析能很好地治疗身体的

[①] 《马克思恩格斯文集》第1卷，人民出版社2009年版，第121页。
[②] 燕连福：《从资本的逻辑到身体的逻辑——对马克思哲学的另一种解读》，《教学与研究》2012年第10期。

不足。但是科学技术的进步，是否可以毫无伦理道德的约束就应用在身体上，这是目前讨论最多的问题。技术的合目的性、合伦理性也是身体伦理要关注的。医疗技术虽然能够有效地治疗身体的生物性疾病，但是却无法关切到个体的心灵健康。"现代医疗技术在'医者—患者'关系中植入了技术因素，形成'医者—技术—患者'的架构。技术的参与打破了原初医者和患者之间通过直接的身体情感交流形成的世界图景。"[1] 先进的技术是理性的、科学的，也就同时意味着是冷漠的、无情感的。所以在医疗技术的发展中就容易造成自我情感的认同困境。

（二）消费主义对身体的价值观引导

消费本身是一种社会现象，它本身和生产、交换一样属于资本流通过程中的一个环节。但如今的消费社会已经超出了消费本身的狭义范围和意义，消费已经成为整个社会的主导逻辑，渗透在社会的各环节、各方面。本书从消费主义背景出发，指出消费社会中人的身体形态以及价值观都与人的本质状态相异化。21世纪是信息的时代，人们进行的消费行为不只是对实用物品的消费，更包括了对文化、信息、知识的消费。铺天盖地的外界信息通过手机、电视、书籍涌入人们的视野之中，导致人们迷失在当代的信息牢笼中，让人失去了独立自主的理性判断意识，扰乱了人的行为选择。因此，就不难理解消费主义盛行时如何控制了人们的身体以及意识，"消费社会的物的直观特征就是堆积和丰盛……琳琅满目的商品不断地刺激着人的欲望，使消费成为非理性的狂欢"[2]。所以，人的身体成为消费符号社会化的直接载体，同时，身体本身也成为被消费的一部分。

人的身体既具有生产的作用也具有消费的目的。身体在消费社

---

[1] 蒋艳艳：《现代医疗技术的"身体"伦理》，《东南大学学报》（哲学社会科学版）2016年第6期。

[2] 孙春晨：《符号消费与身份伦理》，《道德与文明》2008年第1期。

会中被塑造为形形色色的不同表象，人们对身体的关注本质上是对身体形象的重视，身体形象代表了人的价值观和消费观。因此，身体在消费社会中成为消费的身体，意味着身体是消费的主体也是被消费的客体，消费主义对身体的塑造，强化着权力、资本、关系、地位和品位的存在感。人们关于身体消费观念的意识觉醒在很大程度上是源于资本与市场的共谋。资本通过传统媒体中介、互联网便携通信等大众传媒来推广一种消费主义的社会价值观，以便将消费主义观内化于人们的认识和实践中。人们形成一种购买了某种商品就会拥有某些社会权力和地位的表象认识，从而刺激人们对商品符号的消费和不可抑制的购买欲望。人们被购买的欲望和消费冲动所支配，但消费具有迷惑性，引导人们对消费的追求，特别刺激劳动者对消费的向往和对社会符号的获取。劳动者被媒体推崇的广告而牵引，消费所形成的社会关系是劳动者积极参与消费活动为了获得社会认同而产生的结果。

在符号化的消费社会中，人们对符号的崇拜形成了身体伦理的主要内容。从货币拜物教到符号拜物教，人们对自身的认识和社会认同离真正的自我认同越来越远，人们身体的伦理意义和价值都已成为消费社会的附属品。在日常需求的消费之外，人们通过"炫耀性消费"来强化社会地位，增进社会对其的认同。炫耀性消费和日常消费不同，它展示出人们的消费目的不是满足真实的需求，而是为了通过拥有奢侈品、高定物来说明自身具有某种与众不同的身份。劳动者为了获得这样类似的身份体验，超出购买能力去获得炫耀性的商品和消费，必然会产生身份认同焦虑感和虚无感。消费社会中身体符号化是对人丰富的生命体验的一种扁平化处理。身体无疑是伦理关系发生的起点，要反抗消费社会、资本主义生产过程对个体道德的破坏，就要从日常生活中出发，激活现实的人的主体性，将人的本质回归到——实践、理性、感性相统一的身体。

第四节　重构身体伦理，引导个体自我完善

身体伦理状态的好坏反映着现实的个人生存状态的好坏。当下日常消费社会和权力运作并存的社会环境严重干扰着人们的内心价值，造成人的片面化发展，所以重构身体伦理就是要强调身体恢复到其应然状态即个体的完善、全面发展，这是身体伦理的核心内容也是重要目的。立足马克思主义的时代精神，重构身体伦理，解决身体原初形态标准化和符号化的伦理问题，就要回到个体的日常生活实践中去寻找出路。在回归日常生活世界的过程中恢复现实的个人的感性和理性能力，并塑造一种道德自觉的实践主体。通过重构身体伦理，尝试提升现实的个人的自觉自由的道德状态。

一　塑造一种道德自觉的实践主体

从作为微观空间的身体来讲，身体伦理以个人的道德德性为主。重构身体伦理，并不是简单地对人的身体的外在方面进行秩序约束和形态塑造，而是要从人的内心道德层面出发，树立起人们自身的存在德性，让内心的道德引导自我的行为，并协调与他者的社会关系。本书之所以提出塑造一种道德的实践主体，是因为在现代化进程中，科学技术和资本既塑造了崇尚科技的现代知识主体，也塑造了崇拜权力的权力主体，唯独缺失一种具有美学与道德感的实践主体。从重构身体伦理的角度出发，提出塑造一种道德的实践主体，这正契合了新时代人民对自身全面发展的内在要求。

道德的实践主体意指人们应该释放出人类的感性、激情和情感等个体化因素，通过实践活动将个人的这种主体能力展现出来。道德主体要构建的是伦理的身体，而不是片面地生产身体或者消费身体。生产身体或消费身体只强调了资本局部过程塑造的身体形态，这不利于人的自由而全面的发展。人类的身体是具有肉体和精神双重性的存在，因此必须坚持一种整体的伦理身体观："'伦理的身

体'是随着现代性和理性权威的消解,以及主体的道德困境增加而出现的一种新的身体类型。"① 这关系到在实践领域内对身体价值的重新确立。身体伦理总是与人作为主体紧密联系在一起,拥有伦理道德的人就有可能成为一个完整的主体。

主体拥有自我治理的技术,那些能够实践自我治理的主体就是道德的实践主体。这种主体有实践性、自觉性和个体性的特征:首先,道德必须在实践中展现,"为了把自己塑造成伦理主体,个体不是通过把自己的行为准则普遍化,而是通过一种使自己的行为个性化并不断调整行为的态度与追求"②。个体为自己设立行为规则并通过实践改变自己的生活使之具有价值,这是一种自我关怀技术对自身塑造的实践活动。

其次,道德主体还应该有自主、自觉性。自觉性是主体理性能力和能动性的体现,主体能够在理性判断和价值判断的基础上做出自主选择行为和反思行为。在权力和资本的控制下,主体还能够反抗并追求一种自由的、伦理的生活。伦理能够"引导我们自身摆脱传统主体性约束的困境,创造自身真正充满审美快感的幸福美好生活的实践原则"③。主体通过伦理规范使自身实践提升为自觉活动。

最重要的是自我生活的改变以及对自由的追求,这些行动都始于个体,只有经过一系列的自我反思、自我改造、自我纠正的实践,才能塑造出一种追求价值的道德主体。每个人需要成为内外因素互动作用的综合体。身体是一个充满希望的空间。通过日常生活世界的不断打破与重组,我们发现了那些被人类遗忘的生活、那些被资本控制的本性、那些被制度规训的个体。日常生活之所以能够成为希望的空间,根源在于它是个体鲜活生命的生存空间,因为人

---

① 周丽昀:《"伦理的身体"何以可能》,《学术月刊》2013年第4期。
② [法]福柯:《性经验史》(增订版),佘碧平译,上海人民出版社2005年版,第147页。
③ 高宣扬:《福柯的生存美学的基本意义》,《同济大学学报》(社会科学版)2005年第1期。

这个主体，空间才具有意义和价值。

二 回归丰富真实的日常生活世界

人的日常生活和人的空间实践都以个体鲜活的生命为出发点，"由于日常生活是以人的活生生的身体作为载体对世界万物之依赖与吸纳为先决条件的"①，所以反思身体伦理离不开对日常生活的批判，因为每个人的生产和生活都是日常的、琐碎的、经验的，而不是宏大的、高瞻远瞩的、形式的内容。因此，我们把日常生活归纳为一种身体实践的特殊时空，空间通过身体的形状而被塑造出来，正如我们的居住空间和动物居所一样，都是按照自身需求和身体形状建造起来。它包含着人们对安全感和幸福感的期望，日常生活空间不仅仅是一个规约人的外在框架，它们的构建还饱含着人类的文明和情感寄托。

日常生活批判是寻求社会变革的批判，它是马克思主义面向现代性的一种开放式的思考方式，"革命可以和必须尽可能延伸到日常生活上来，尽可能延伸到实际上的'去异化'上来"②。日常生活批判创造出人类新的社会文明，因为人类社会不只是经济的发展和金钱关系，更是包括了个人、群体、社会之间丰富的日常生活。对于日常生活的批判，引发的是人的生活方式的变革，日常生活"它们不再强调普遍知识和普遍逻辑……在社会行为的互动和主体间的交往中，确立人的自由和个性的生成空间"③。但是，这里的日常生活不是指具体的、琐碎的生活，而是指在琐碎活动背后蕴藏的生活习俗、活动习惯以及伦理关系。

---

① 刘怀玉：《为日常生活批判辩护——论列斐伏尔〈日常生活批判〉第一卷的基本意义》，《江苏社会科学》2008年第6期。

② ［法］亨利·列斐伏尔：《日常生活批判：从现代性到现代主义》第三卷，叶齐茂、倪晓晖译，社会科学文献出版社2018年版，第556页。

③ 衣俊卿：《日常生活批判：一种真正植根于生活世界的文化哲学》，《学术月刊》2006年第1期。

日常生活世界的重要性可以从三方面来阐述。第一，实践的日常生活世界是对形而上学思辨生活的批判。人们的认识和实践从日常生活中开始，意味着对传统的形而上学的思考方式的批判和反思。形而上学是一种纯粹理性的、概念式的演绎和推理的方法，追问的是世界的本源问题，是存在的本质问题，这些问题虽然从根本上来讲也与人的本质紧密相关，但是对纯粹本质的探究脱离了现实个人的日常生活，脱离了人存在的实践维度。在日常生活的空间中，人的认识被拉回到大地上，从生活空间中发现最真实的自己。第二，丰富的日常生活世界是对消费主义的日常生活的批判。消费主义伴随着资本主义生产关系而产生，用消费刺激人的欲望，也通过消费去规训人的社会行为。以消费主义为中心的日常生活，物化了人的存在，也神化了商品和消费的地位。这样的日常生活与人的本质相异化，必须通过日常生活的批判，回归到商品为人服务的原始作用和使用目的。第三，个人的日常生活是对国家层面意识形态的批判。意识形态是国家层面的社会上层建设的内容，意识形态对日常生活的渗透，影响了人的自由意识，导致日常生活缺乏生命活力、创造力。倡导回归日常生活，是回归到一种具有审美意识、伦理意识的日常生活，这种日常生活是个体的生活，是基于物质生产的现实生活，而不是受到国家意识形态控制的意识生活。

与原初的现代生活的丰富性相比，"现在的日常生活已经丧失了日常生活曾经具有的和消失了的品质与活力，这种日常生活就像被挤压成了扁片，然后按片出售的空间。我们丢掉了日常生活的可爱之处"[1]。现代的日常生活被消费主义和资本定义成了可消费的、出售的商品，一切都被"客观的"标准化衡量了。所以，也只有在日常生活中才能批判这种身体伦理异化。我们所要倡导回归的日常生活是回归到感性的人的世界、回归到理性的人的世界、回归到自

---

[1] ［法］亨利·列斐伏尔：《日常生活批判：从现代性到现代主义》第三卷，叶齐茂、倪晓晖译，社会科学文献出版社2018年版，第550页。

由的人的世界。

第一，回归到感性的人的世界。感性和理性是人所具有的属性，感性是现实的人最重要的属性，正因人的感性，人才具有不同的个性和品质，"个人既是最具体的，同时也是最抽象的。个人在历史上变化最大，也是最稳定的，最独立于社会体制，主义依赖于社会体制"[1]。马克思认为只有现实的、感性的人才是人类历史演进的根本因素。马克思对于完整的人的定义，是人与自己的统一、人与自然的统一，尤其是个人与社会的统一，当人回归到自己的类本质的时候，正是人不断完善的、趋于完整的过程。人们进行生产和再生产的空间正是日常生活世界，人们生活在这个空间之中，也困顿在这个空间里。伴随着资本主义生产方式的全球化，人们日常生活的问题更加集中地爆发出来，而个体的解放要在日常生活伦理共同体去实现。

第二，回归到理性的人的世界。理性的人为人类认识世界、改造世界提供了依据。感性和理性综合在一起，人们才能既看得到人类存在的零碎的日常，也能通过自身的理性对日常活动进行反思，更好地指导人类的实践。理性代表着反思、批判和辩证的认识。在理性中，人们的消费、生产不再以过度的欲望为准则，而是以人本身的存在需求为依据。日常生活是包含着对立矛盾的异质性世界，即集中了人的感性与理性，人的压迫和解放的多元世界，"日常生活既不是本真的原始状态，也不全是单调与琐碎、异化与沉沦的无意识黑夜，而是永远保留着生命与希望的矛盾——异质性世界"[2]。认识日常生活带来的压抑，也通过日常生活找到解放的途径，不管是反思批判还是艺术审美，不管是恶托邦还是乌托邦，我们能真实地拥有的、感受到的也只有日常生活。人们在这个空间中沉沦，也

---

[1] 《马克思恩格斯文集》第1卷，人民出版社2009年版，第68页。
[2] 刘怀玉：《列斐伏尔与20世纪西方的几种日常生活批判倾向》，《求是学刊》2003年第5期。

在这个空间中期盼。这个空间承载和记录了人类的过去和现在,也为人类奠定了未来。

第三,回归到自由的人的世界。回归人的本质感性和理性,也就意味着回归到人的自由状态。日常生活不应该是对人的精神的束缚,它应该为人们最自由的闲暇状态提供可能性的空间。自由的人的世界不是形而上学的抽象世界,不是做梦的自由假象,人的自由应该在实践中寻找到,人的自由解放也只有在政治革命中寻得突破。"一切社会变迁和政治变革的终极原因……应当到生产方式和交换方式的变更中去寻找"①,所有的社会关系都深深根植于生产方式和经济关系为基础的生活中。作为人类解放的革命导师——马克思的历史唯物主义思想与日常生活也保持着密切的关联,"其一,日常生活是革命的终点;因为日常生活的解放确实是自由人联合体的最后体现。其二,革命的动力源自无产阶级的现实生活状况"②。马克思曾描绘了在自由人的联合体中也就是共产主义社会中人们的美好生活,人们根据自己的兴趣爱好自由选择劳动方式与时间,这是属于每一个人的幸福的日常生活。所以说,日常生活的解放是自由人的联合体的表现。

三 激活现实的个人的主观能动性

人们可以通过身体展示出自我的生活世界的背景、自我的生活习惯和生产关系,身体形态动态地表达着主体的身份和诉求。从关注主体的身体到关注主体存在的日常生活世界,就是为了在充满消费欲望和资本关系的时代培育出现实的人的主体性。人们总是在各种欲望和盲目的追求中迷失主体性、逐步物化,要通过人的理性能力和感性能力来证明人在万物关系之中的主体性。其中,人的感性

---

① 《马克思恩格斯文集》第 3 卷,人民出版社 2009 年版,第 547 页。
② 胡大平:《马克思主义能否通过文化理论走向日常生活?——试析 20 世纪 70 年代之后国外马克思主义的"文化转向"》,《南京大学学报》(哲学·人文科学·社会科学)2006 年第 5 期。

能力也就是主体的伦理、审美等实践能力,人的身体是自然的一部分,但它并不是被动地受到自然本能的支配,它具有主观能动性,是一个主动在日常生活中实践的生命主体。因此,本节指出身体作为主体的生命体现,可以在日常生活中获得伦理、情感和审美的意义,从身体空间实现人的道德伦理,正是人的主体性能力的实现过程。

第一,身体伦理作为途径展示了人的主观能动性。身体伦理的研究是展示人的主观能动性的重要途径。人的主观能动性在资本和权力的规训下,在消费主义的影响中逐渐丧失,意味着人们的生活已经被这些因素所裹挟,做出的任何价值判断和行为选择不再是遵循自我内心的本真情感,而是一种基于自身经济利益最大化的选择。拜物教通过附着于虚假使用价值的商品形成掌控社会的权力,"这种权力野蛮地把个体拼凑起来,全然不能体现出人的真正性质,就像价值全然不能体现出消费品的真正性质一样"[①]。本来商品属于经济领域,但一旦商品将人占有,人被物化后,商品所具有的经济能力转化成一种权力工具。所以构建身体伦理在一定意义上可以说是通过身体伦理来展示出人的主体性之所在。身体伦理是要重新让人们认识到自身具有的理性能力和感性能力,自己可以在物化世界中做出符合伦理价值的判断。这个过程展示的正是人的主体性能力。

第二,身体伦理作为目的深化了人的主观能动性。人作为实践的主体,马克思认为其既能认识世界,更重要的是要改造世界。人作为主体所拥有的"真实的主体性只能是身体主体性"[②]。从主体性出发协调好人与自然、人与他人、人与自身发展的关系,用"善"的目的去处理这些关系,将伦理关系视作目的性的存在。人

[①] [德]霍克海默、阿道尔诺:《启蒙辩证法:哲学断片》,渠敬东、曹卫东译,上海人民出版社2006年版,第22页。

[②] 王晓华:《主体缺位的当代身体叙事》,《文艺争鸣》2008年第9期。

们处理好自身的伦理关系是构建城市伦理和全球伦理的前提，用身体伦理深化人在整体关系中的主体性。在消费社会中或网络社会里每个人看似十分自由地在使用自己的选择权利，根据自己的需求和喜好在生产、消费和交往，但是这样的主体性能力其实是十分脆弱的，任何物化符号的变化都会影响到这种主体性。只有个体坚定自己的内心，将天地万物都纳入自身存在的体系之内，做出任何的实践活动都不能仅仅以经济利益为目的，而要超越个人的经济利益，树立更加崇高的人类命运共同体理想，个体也要完善自我伦理修养。

第三，身体伦理作为内容实践了人的主观能动性。身体伦理与人的主观能动性在内容上具有一致性，身体伦理是人的主体性能力的一种伦理表达。伦理从古希腊哲学开始就被划分在实践哲学的领域内，它不是形而上的抽象思维，是属于人与他人的实践关系，"没有一个单独存在的身体，身体必须在面对其他身体时才能产生我与他人的伦理关系与秩序。身体不断的抗争与反暴力运动反映了在身体的内在中存在着伦理性，即我无法遗忘的对自我与他人的责任与关怀"[①]。在历史唯物主义视域中，人们的身体不仅生产着物质基础，还生产着伦理价值、历史文化、社会制度等。人的实践性与主观能动性具有内在的一致性，它们都是从人的本质出发对世界的把握，现实的人根据自身的尺度去改造世界。人的活动是自由自觉的、具有创造性的劳动，而动物的活动只是满足它们的基本生存，是本能的选择活动。[②] 伦理实践必然是个性劳动，是社会化的需求，这种劳动把人的本质力量融合在劳动的产品之中，使劳动产品成了反映人的主体本质力量的一面镜子。

综上所述，本章内容以身体伦理的本质为根据，以作为主体的

[①] 刘文祥：《身体的解蔽与超越：主体际性的一种诠释维度》，《浙江社会科学》2019 年第 1 期。

[②] 《马克思恩格斯文集》第 1 卷，人民出版社 2009 年版，第 163 页。

人目前的身体存在的现实问题为出发点，通过分析问题原因，指出重构身体伦理的途径及意义。身体伦理的讨论离不开现实的人的本质以及主体性能力，一个主体拥有正确的身体伦理观念意味着主体自身的完善性。"人以一种全面的方式，占有自己的全面的本质……通过自己的对象性关系，即通过自己同对象的关系而对对象的占有，对人的现实的实现。"① 正如马克思的这段经典论述，现实的人的全面本质包括了理性之外的情感、体验等价值性的内容，它们正是人强烈追求自己的对象的本质力量。不同感官和感性能力为人提供了将世界万物对象化的多种可能，人只有全面调动自身的感官，将其应用在对社会实践的体验上，才能激活人本质里所拥有的情感、愿望、爱和伦理关系。与人们把握抽象的概念、逻辑的形式的反思方式不同，身体伦理是现实的人在日常生活世界中不断实践、体验、感悟、交流而形成的。

在当代社会，人们进行物质生产和社会关系再生产的场所主要是城市空间。城市金钱伦理或资本伦理的形成对乡村血缘、宗法的伦理造成了破坏。那么，将微观空间的身体伦理如何在城市社会多元主体、多重因素的复杂关系中得到扩展和延伸，以此推进城市伦理的实现，这将是接下来要进行讨论的内容。

---

① 《马克思恩格斯文集》第 1 卷，人民出版社 2009 年版，第 189 页。

第四章

空间伦理的中观核心：
社会关系和城市伦理

身体伦理是在微观层面形成的空间伦理内容；从中观层面来讲，人们都生活在城市或乡村空间，城乡空间总是相互关联、互为存在条件。本书之所以选择考察城市伦理问题是根据当下城乡发展现状决定的，因为城市是人类文明进步的空间选择，它不仅是人类劳动分工专业化的结果，也是先进文化的空间转化，但城市由于吸引了复杂的技术工具、生产方式、多元文化、人口资源融入其中造成了诸多的冲突关系，这些冲突导致城市时刻面临着严峻的伦理问题。在城市化的交通、信息、资本等因素快速流动过程中裹挟着人口的大量流动，一方面人口流动为社会阶层之间的良好互动提供了可能性，另一方面也给城市带来很多不可控性的风险，加速了城市社会关系的陌生化，消解了人与人之间原有的温情和伦理关系。城市为人们提供了新的实践场所和文明形态，展示出城市空间在社会层面的伦理价值。从城市伦理来讲，构建和谐的、人文的、文明的社会秩序需要实现多维度的空间正义，落实人民的城市权利，由此激发城市社会的生机活力。

第一节 城市：中观空间的表现形式

在历史唯物主义视域下现实的个人是组成社会的基本单位，人的本质是社会性。城市和乡村是群体实践的重要空间，在城乡空间中人的社会性关系得到构建。也可以说，空间的本质就是社会关系，城市与乡村本身就是空间的形式。在空间范围上，城市与乡村属于中观层面的空间，因为它比个人身体空间的范围广，是个体聚集的结果；又比宏观的全球空间范围更加聚焦，相对符合群体生活的要求。本书将中观层面的空间伦理研究聚焦在城市空间，主要研究城市中人与人之间社会关系的伦理问题。聚焦城市空间并不意味着空间伦理研究对乡村空间的忽视，只是因为全球城市化已经成为主流趋势，城市空间成为人类生活的主要阵地。乡村空间伦理以血缘、宗族关系为核心，形成的社会关系相对比较简单与稳定。由此城市成为研究中观层面的空间伦理的典型，它伴随着人口、经济、政治等社会因素的变化而动态存在。曾经工业城市以资本主义生产方式为主导，形成了相对固化的阶级对立关系。伴随着现代城市的开放和扩张过程，这种固化的阶级关系逐步转变为人口快速流动、相互交织的流动性社会关系。社会关系的转变是当代城市伦理研究的现实语境。

（一）现代城市中对立的阶级关系

在经典马克思主义思想中，城市空间由于过度集中了资本和权力，导致了社会关系明显的阶级分化。伴随着劳动者的身体和土地被资本家剥夺程度的加深，与主体相关的社会关系也被资本影响形成阶级固化的现状。阶级社会的形成是资本主导性因素的结果，作为资本的主要形式——货币"以不同的方式运用于控制全部社会关系"[1]。也就是说，货币的多少决定了社会主体在社会体系中的所处地位和享有权利；决定了社会关系的互动性以及社会权利的受用范围。资本家不仅拥有对劳动力的支配权力，也拥有对劳动产品的支

---

[1] ［美］戴维·哈维：《正义、自然和差异地理学》，胡大平译，上海人民出版社2015年版，第268页。

配权力,"他的权力就是他的资本的那种不可抗拒的购买的权力"①。资本的购买力和支付能力赋予了资本家支配社会成员的政治权力。资本主义社会制度下的社会关系就被简化为金钱关系或资本关系,甚至更直接地表现为一种物与物的直接关系。物与物的关系是人与人之间关系的最直观外化,因为社会关系是潜伏在阶级生活实践背后的内生逻辑,它并非十分明显的内容。因此可以这样说,物的关系是劳动者及其社会活动的外在表现,社会关系则是劳动活动的内在联系。

正因如此,社会关系的结构固化,不利于人的交往和社会伦理活力的建设。在资本逻辑的控制下,社会关系的主要依据是金钱关系。资本虽然具有流动性,在不同的主体和空间之中流动着,但是资本的流动具有很大的局限性,资本只局限在特定的阶级内部流动。亦即是说,从社会的整体性而言,社会关系是固化的;从个体性而言,社会关系是流动的。我们研究社会关系既要关注个体之间的关系,也要关注整体性范围的社会关系。资本带来的社会关系的伦理困境主要发生在城市社会中,乡村社会的伦理关系主要受到传统血缘关系的影响。因此,人们在阶级固化的城市中要实现身份认同、价值认同是十分困难的。

(二) 当代城市中流动的社会关系

人是社会的动物,人与人之间组成了不可断绝的社会关系。首先,社会关系具有物质性,一个历史阶段的社会关系取决于当时的生产力的发展状况。"人们按照自己的物质生产率建立相应的社会关系,正是这些人又按照自己的社会关系创造了相应的原理、观念和范畴。"② 这也是历史唯物主义的基本原理,人的社会实践决定了与社会相关的一切精神内容。其次,社会关系具有社会性。社会关系并不只是由生产关系组成,社会关系是一个丰富的关系体系。广

---

① 《马克思恩格斯文集》第1卷,人民出版社2009年版,第130页。
② 《马克思恩格斯文集》第1卷,人民出版社2009年版,第603页。

义地说，社会关系包括了人类实践形成的一切关系。马克思批判唯心主义和旧唯物主义关于人的本质思想，指出"人的本质不是单个人所固有的抽象物，在其现实性上，它是一切社会关系的总和"①。通过社会实践形塑人的本质，现实的社会关系将抽象的自我意识、自由观念实现出来。所以城市社会中阶级关系也不是抽象的、概念式的条条框框，而会随着历史条件和社会环境发生变化。

城市空间中阶级对立的社会关系随着信息技术创新形成流动的社会关系，"社会伦理经历着一场由等级秩序到独立自由的剧烈转变"②。乡村的宗法关系或城市金钱关系都是伦理关系的一种类型，它们都有其存在的价值和时代意义。伦理关系本身涉及人与自然、自我与他者、人与社会等多层次的关系，这些关系聚集在城市中，"城市性聚集既有可能是善的聚集，也可能是恶的聚集，所以，城市生活、城市社会的合理发展尤其需要伦理的自觉以及经过反思的伦理规范的关照与介入"③。建构某种符合伦理精神的城市社会，就是构建和谐的、良性互动的主体间的社会关系。因此，从价值论来讲，城市本身的复杂因素就应由伦理精神去规范其秩序；从本体论来讲，个体必须在坚守自身道德的过程中持有对城市共同体伦理的自觉认同。我们对个体道德的认识最初是基于身体伦理的塑造，但是身体伦理具有个体性；而城市却需要社会性的、群体性的伦理，在人类历史唯物主义视野中城市是人类实践能力与各种因素关系共存的整体性的有机体。我们必须站在社会的高度，将个体和群体纳入统一的共同体伦理关系之中。

城市的形成和定义是十分复杂的。在当代社会，城市是人口数量、经济水平、土地面积等达到一定规模的结果，比如我国的特大城市是指城市常住人口超过1000万的城市。从功能而言，城市不

---

① 《马克思恩格斯文集》第1卷，人民出版社2009年版，第501页。
② 景泉等：《大城市空间结构特点与社会伦理关系演变历程探析》，《城市建筑》2017年第11期。
③ 陈忠：《城市社会的伦理自觉》，《社会科学辑刊》2018年第2期。

仅承担了生产和消费功能，也承担了对人的安全保卫功能等；城市承载了多元价值，作为伦理实体而存在。[①] 城市也是革命的起点，承担着社会革命的功能，城市社会是马克思探讨人类解放的现实背景，几乎所有的阶级革命都发生在城市社会之中，"共产主义运动决不会起源于农村，而总是起源于城市"[②]。城市既是文明的风向标，也是矛盾的聚集地，蕴含着压迫和解放的双重潜能。

进入 20 世纪末，全球信息技术革命不断兴起，在互联网的普及过程中一种流动的城市逐步形成。流动的城市是指借助四通八达的交通道路和全面覆盖的信息网络，城市空间中的人口、资源、资金、技术都处在不断更新、变化的过程中。工业化城市的形成虽然也是人口从乡村空间转移出来，但是这种流动性是比较微弱的，仅限在一定距离的周边地区进行。但是当代的城市流动性在流动速度、流动范围、流动对象上早就超过了工业城市对周边资源的吸引力。目前对于我国城市发展而言，片面扩张的城市不再是发展的重点，开放的城市群、跨区域合作才是城市未来的发展方向。流动的城市不仅意味着资源的相互补充，更意味着社会分层和阶层分化的固定结构被打破。城市社会关系中流动性处在支配性的地位，一方面它促进了社会正义的实现，打通阶层间的隔离；但另一方面流动性也造成了城市社会关系的陌生化，在快速的流动变化中，人们越来越难以认识到自己的社会定位，也越来越难以建立起一份稳定的社会关系来抚慰"流浪者"的心灵。

第二节 理论透析：城市空间和伦理的相互表征

城市伦理的本质中既包括了城市空间的价值指向，也包括了伦

---

① 衡孝庆：《现代性视域中的城市伦理研究》，博士学位论文，苏州大学，2006年，第 8 页。
② 《马克思恩格斯文集》第 3 卷，人民出版社 2009 年版，第 410 页。

理的城市社会建构。城市社会代表着人类的先进文明和对更好的生活的向往。城市与伦理是相互表征的：一方面城市是伦理实体，城市社会由伦理关系所塑造；另一方面城市建筑对社会关系进行着伦理言说。

一　城市建筑对社会关系的伦理言说

从城市社会的应然状态来讲，城市社会的伦理本质应该是以人民的利益为中心，将人的逻辑融入城市生活的逻辑，在城市空间生产的过程中保持个体与群体的和谐。"所谓伦理，也就是一种经过主体自觉反思、符合规律、可以持续的与人相关的综合关系"[①]，因此，城市伦理就是要反思城市社会的生产逻辑和生活逻辑，达到对城市陌生人社会秩序的伦理规范。

任何时代的空间都具有物质性功能和精神性功能。物质性功能为城市空间的伦理叙事提供了言说的现实基础，城市空间建筑承载着人类发展的文明信息，延续着城市文化历史脉络。不论是政治性的建筑、纪念性的建筑和宗教性场所，它们都展示着城市的精神性功能，对城市社会伦理的形成起到重要推动作用。现代城市与传统城市具有本质上的不同：传统城市本质上是政治性城市、宗教性城市，在政治中心的空间基础上形成经济贸易活动；而现代城市本质上是经济性城市，经济发达成为城市繁荣的基本标志。传统城市的伦理关系以宗法秩序为中心，现代城市的伦理关系以经济伦理为中心。与此同时，传统城市的建筑是与自然和谐共生的、适应自然发展程度的适度性建筑，而现代城市借助技术和资本突破了自然的空间界限，建造出体量巨大的建筑物，占领了更多、更高的空间。现代工业城市这种不断扩张空间、占领自然的做法已经严重干预了自然生态，破坏了自然承载力，扭曲了人类文明的发展方向。

[①] 陈忠：《城市社会的"生活"逻辑及其伦理实现》，《理论视野》2016年第12期。

不同空间形式表达着不同的伦理关系和社会秩序。哥特式教堂用高耸入云的塔尖表达出尘世中的人对完美上帝和最高善的无限接近与向往，也给人一种肃穆感和压迫感，警醒人认识到自身的有限性。而中国传统的古典建筑都无不体现着儒家伦理精神和传统社会等级制度的伦理规范。大到故宫群落，中到园林建筑，小到家庭庭院，全都讲究建筑规模与格局应该与主人的社会地位相适应。以中国传统儒家伦理观念和中国传统城市建筑布局为典型，可以看到儒家伦理对城市建筑的重要影响作用。中国古典建筑通过被赋予传统文化的"礼乐精神、中和品格、比德理念"，而实现了建筑、人、文化和伦理的高度合一。

传统的乡村社会和城市社会是以血缘、宗族关系为纽带的社会。这是因为当时的社会处于一种空间封闭的状态，人们的社会实践范围被限制在固定的地方。人的物质生产实践和社会关系再生产的实践都局限在人们出生的地方，因此，在传统社会人类繁衍、发展的时候是以血缘关系为中心而展开。在固定空间中以血缘关系为基础形成的社会中由此形成了长幼有序、尊卑有别的传统社会伦理秩序。中国传统"礼""乐"文化深刻地制约着中国传统建筑的形态，"天人合一"的伦理精神强调中国传统建筑与自然生态的和谐共生，充分利用自然条件，设计建筑的结构和外在装饰，表现出一种"中庸"和适度的价值尺度："建筑体量、屋顶式样，开间面阔、色彩装饰、建筑用材……建筑往往成了传统礼制和伦理纲常的一种物化象征。"[1] 儒家文化对传统建筑的制约表现在形成等级森严、中轴对称、秩序分明的空间布局安排。因此，在人类社会历史的长河中，空间一直具有双重性，它不仅仅是一种物质的建筑空间，更是人的世界观、人生观、价值观的外在表达。空间表达的伦理虽然各有不同，但是空间承载人的伦理精神是不可否认的事实。

---

[1] 秦红岭：《美善合一：中国传统建筑审美的伦理向度》，《华中建筑》2012年第7期。

现代城市建筑空间的更新与调整也应该从伦理价值层面进行再思考。城市更新是现代城市繁荣的重要手段,通过将城市中原有的、陈旧的,不适应城市定位与发展目标的建筑物进行重建或修复,使之重新适应城市发展规划。城市更新的目的是提升人民生活的幸福感和舒适度,让人民过上在人格上有尊严、在身体上有健康、在生活上有希望的生活。因此,新时代城市建设、城市更新都不仅是建筑空间的功能完善,更是一种对人民生活的伦理关怀。我国的城市改造和空间规划布局充分考虑人民的需求,特别是对住宅空间和公共空间的有效区分以及对网络空间的依法治理凸显了以人民为中心的发展思想。

二 城市伦理的内涵:和谐有序与社会认同

城市伦理是指在城市空间的发展和治理要遵循人文、和谐、正义的伦理精神,实现人民享有城市空间权利,增强人民生活的幸福感和获得感。城市伦理通过协调空间内各因素达到社会和谐有序,增进人民在城市社会中的价值认同。

第一,和谐有序是城市伦理的基本要求,也是城市发展的基本目标。在历史唯物主义视域下人类社会是一个各因素相互作用的关系整体。事物之间的相互联系与普遍发展是推动历史的主要动力。如果事物之间的关系是和谐的,那这种关系就会成为推动历史发展的积极动力;如果事物之间的关系是不和谐的、相互冲突的,那这种关系就会成为阻碍历史发展的力量。马克思恩格斯在分析资产阶级与无产阶级之间的社会斗争时,也期望通过消灭私有制、消灭利益冲突来建设一个共产主义的和谐社会。这种社会和谐思想包含了人与自然、人与他者、人与类本质之间的和谐关系,这是一种"和而不同"的状态,也是一种"求同存异"的生存之道。

我国作为社会主义国家要建立的是社会主义和谐社会,它以人民为中心构建和谐关系,包括了我国发展中的各主体、各因素、各方面的和谐关系。社会主义和谐社会思想是马克思和谐思想的中国化创新。社会主义和谐社会具体化在城市社会之中，就要求城市空间建设要充满伦理关怀。城市伦理正是对这一诉求的积极回答。但由于城市现代化增强了人口和资本的流动性，打破了人们社会关系持久的稳定性，也消解了稳定的社会关系带给人们的归属感和安全感。同时，由于人的实践活动都有目的性和能动性，依据利益和目的的差异，整个社会被划分为不同的阶层和群体。在流动性中群体的利益冲突更加复杂，导致社会处于不和谐、非正义的状态中。因此可以说，"利益关系是构建社会主义和谐社会的本质问题"[1]。只有处理好利益关系，才能从根本上协调好社会关系，为构建社会主义和谐社会和城市伦理奠定坚实的经济基础。

第二，社会认同是城市伦理的核心内容。由于城市伦理中内含的是人与他人、人与社会的辩证关系，所以才强调人的社会认同是城市伦理的核心。社会和谐关系可以促进人与社会的认同关系。概括地说，身体伦理以增强人对自身价值的认同为核心；城市伦理以增强人对社会主流价值观的认同为核心；全球伦理以增强人对人类共同价值的认同为核心。社会认同是指个体认识到自己属于某个社会共同体，并且在共同体内的生活实践中形成了共同遵守的风俗习惯、价值准则和集体意识。与利益关系的一致性相比，情感和价值层面的社会认同更具有能动意义。

增进社会认同的重要方式之一是树立社会主义核心价值观，并且将社会层面的价值观内化于人民的认识和实践之中。人民对社会主义核心价值观的认同是增进人民社会认同的基础，"核心价值观认同是社会认同的核心内容。简言之，核心价值观认同是个体对他所属的特定共同体的核心价值观的支持和共享"[2]。只有以认同的价值观为基础，才能进一步促进人民认同生存社会主义社会的经济生

---

[1] 马晓强：《利益关系问题是社会和谐的本质问题》，《高校理论战线》2007年第2期。

[2] 江畅：《核心价值观的合理性与道义性社会认同》，《中国社会科学》2018年第4期。

产方式、交往方式、文化传统、风俗习惯等。所以，社会认同又是城市伦理的核心内容，社会认同程度的提升，有效地促进了城市伦理的形成。和谐关系和社会认同是辩证的关系，和谐关系是增进社会认同的条件，社会认同是对和谐关系的进一步深化。和谐关系更多强调的是社会层面的和谐，它通过社会制度规范协调而成；社会认同则是强调从社会主体的内在精神对社会存在和社会意识达成共识。它们从内外两方面促进了城市伦理的形成。因此，和谐关系和社会认同组成了城市伦理的重要内涵。从城市伦理的内涵出发，反思由于空间流动性和异质性导致的城市社会关系陌生化的现实问题，从而提出实现空间正义、促进社会和谐的实践路径。

第三节　问题缘由：城市空间中的伦理问题及原因

　　城市伦理的主要问题是社会伦理关系陌生化。陌生人社会中，人与人之间的关系是一种不可分割却又相对独立的疏离状态。伦理关系本身指个体在相互交往实践中形成的具有道德规范的社会关系。也就是说，人的伦理关系不是个体性的，而是社会性的。伦理关系既是人类社会属性的有机内容，也是人类现实发展的主观要求。一种和谐的、有温度的、有秩序的社会环境是人全面发展的必要条件。但在城市空间规划、景观更新和空间重建时融入了过多与人本身无关的因素，它们对社会和谐关系造成了干扰。物质层面的问题会造成更深层次的伦理问题。城市空间的更新、安土重迁的观念、资本的流通性等，将城市中人与人的社会关系从一种稳定的、安心的、有根的联系，变成了一种片断的、流动的、远程的、无根的联系。总的来说，这些可以更加凝练为城市社会伦理关系的陌生化问题。

一 问题：城市伦理关系的陌生化状态

社会关系具有历史性，容易受到当时历史环境的影响。社会关系也具有主观性，因为它是对人的社会实践总和的表达。本书考虑到城市空间中社会关系有诸多影响因素，但其中主体因素是最能动的，所以着重从社会关系的主体来说明。当人口集中涌入城市空间时，城市社会伦理关系也被打破重构，"我们所生活的世界几乎被陌生人所充斥，而使得它看起来像是一个普遍的陌生世界。我们生活在陌生人之中，而我们本身也是陌生人"[1]。城市社会本质上是一个陌生人组成的陌生世界，只要身处城市社会之中，就要面对陌生人带来的信任危机和伦理关系重构的重任。

传统陌生化的关系是指熟人与陌生人的关系。陌生人最初是指那些偶然进入熟人社会和生活空间的人。根据传统的血缘、地缘关系形成的是熟人社会，熟人社会以熟识的家人朋友、邻里关系和生活习惯为主。陌生人进入熟人社会后，打破了原有的生活状态与人伦关系，意味着对传统血缘宗法、地缘伦理的解构。现代城市社会中，这种陌生人关系已经普遍转化为常态。现代城市不再是熟人社会中"熟人—陌生人"的关系，进一步强化成了"陌生人—陌生人"关系[2]，这说明在陌生人社会中，原有的熟人也伴随着城市化流动成为陌生人。主体自我在流动性和陌生人社会中也成为他者的陌生人。陌生人之间借助经济交往、思想交流、政治互动等社会实践活动形成社会关系。陌生人社会一方面意味着陌生人之间联系的增强，另一方面也意味着人与人之间的距离感，因为这种陌生关系表现出虚拟性、利益性和不确定性。

---

[1] [英]齐尔格特·鲍曼：《通过社会学去思考》，高华等译，社会科学文献出版社2002年版，第51页。

[2] 王小章：《"陌生人"：从秩序的他者到新秩序》，《浙江学刊》2019年第2期。

(一) 网络空间中人与人的虚拟性关系

传统熟人社会是人们在具有边界的生存空间中生成的。这个过程中有相对稳定的人口对象、相对有限的活动空间、相对简单的人际关系。由此可见，熟人社会形成的根基是现实的个体的日常生活实践。伴随着信息化和城市化，社会呈现出万物互联的状态。物是没有灵魂的，它是人的劳动产品，因此，对物的数字化只需要人的技术就可以实现。但在万物互联的时代，人的主观行为也被转化为无数个数据包，嵌入在物联网之中。伦理关系的实践主体被纳入网络空间之中，构成虚拟的数字主体，拥有了数字身份。因此，网络空间中形成的伦理关系具有虚拟化的特征。

数字身份是人在数字空间中根据需求创造出的一种虚拟身份及其相关数字行为的总称。由于"人作为有生命的自然存在物，一方面具有自然力、生命力，是能动的自然存在物；另一方面，人作为自然的、肉体的、感性的、对象性的存在物"[①]，所以人作为主动与受动的矛盾存在者必然要突出他的独特性。在万物互联的过程中，人区别于动物和植物，拥有主观能动性和丰富的个性。人们想在万物互联的对象化中最大限度地展示出主体的能动性，所以才创造出了独特的数字身份。但数字身份不可避免地将人生命中那些感性的、伦理的、道德的、情感的东西摒弃了，最终活动在数字空间中的只是一个以个体为基础的、被编码的数字身份。个体可以根据不同需求创造多个不同的数字身份，真实身份和数字身份之间并不是直接对应的关系，这就造成了数字身份和真实生命的偏离和错位。

虽然数字身份具有多样性，但它并没有真实地表现出人的丰富本质，因为数字身份只是一个被符号化的对象。作为代码的身份无法表达出在唯物史观中"全部社会生活在本质上是实践的"[②] 这种本质要求。马克思既批判形而上的先验主体本质，也批判没有现实

[①]《马克思恩格斯文集》第1卷，人民出版社2009年版，第209页。
[②]《马克思恩格斯文集》第1卷，人民出版社2009年版，第501页。

根基的人的类本质。马克思认为人的本质应该是全面的，人是处在历史、空间中的人，人的存在受到地理环境、教育背景、家庭氛围、经济生产、政治文明等不同因素的影响。所以，从实践的角度来讲，人的本质就必然会包含感性因素、现实因素。但是数字身份是被数字化抽象后的结果，数字化将人所具有的激情、感性、个性等个体化因素都抹去了，人们只考虑到如何用便捷的方式去创造虚拟数字身份，完全没有考虑到这个数字身份如何能够承载起个体的生命本质和角色内容。

(二) 城市空间中人与人的利益性关系

城市中人们扮演的角色具有差异性，在不同时间、不同空间都需要扮演不同角色，承担不同的任务和责任。在家庭空间中，人要扮演父母、儿女的角色，在工作空间中要扮演劳动者的角色，在公共空间中要扮演社会公众的角色等；一个人拥有多重身份属性，城市社会中的伦理关系便会更加复杂化和多元化。在诸多的伦理关系中，每一社会都有一种关系是主要的、核心的，现代城市本质上作为陌生人社会，它打破的是血缘、地缘的伦理关系，构建的是金钱、业缘的伦理关系。城市居民之间是相互利用的利益关系，人们始终处在相互算计的关系中。从整个城市社会发展的过程来看，德国社会学家、哲学家格奥尔格·西美尔认为，陌生人最初都是作为商人出现的，他们进入一个新的空间或社区主要是为了经济交换。城市社会在不断地制造陌生人，因为城市代表着速度、效率和利益，所以它不断在"打破熟人圈子中的惯性、惰性和封闭性，它在何种程度上瓦解了熟人圈子，也就在同等程度上拥有了社会活力"[①]。虽然，陌生人的加入为城市带来诸多的活力和可能性，他们在进行经济活动时打破了原有社会的和谐秩序。但是作为秩序的他者，陌生人也造成了城市社会更为复杂的伦理关系。

---

① 张康之：《熟人与陌生人的人际关系比较》，《江苏行政学院学报》2008年第2期。

我们还要注意当代的另一种重要空间——网络空间中的陌生者。目前互联网和智能设备已经普及个人的日常生活之中，所以只要拥有一个可供上网的智能设备，人们就能进入数字空间活动。但是，目前数字治理和网络治理的制度体系还不尽完善，导致人的数字身份管理处在比较混乱的状态。当代数字身份呈现出多样性和隐匿性的特征。数字身份的多样性是指，每个人可以在数字空间中拥有好几个身份，扮演不同的角色，而且这种角色是完全出自自身的喜好、欲望随意创造的，这样的随意性身份可以进入不同的网络中，会出现一个现实中的人可以同时扮演几种不同的角色。数字身份的隐匿性是指，由于人们认为数字身份只是临时的、虚拟的一个名称，所以人们在创造数字身份的时候也许提交的是虚假个人信息。每个人虽然只拥有一个身体，但是却可以拥有多重的身份。城市社会在熟人与陌生人、风险与利益、秩序与活力的辩证张力中动态发展。

（三）流动空间中人与人的不确定性关系

城市社会伦理关系的陌生化还表现为伦理关系的不确定性。不确定性包含着关系的暂时性、片段性、流动性等特征。传统熟人社会中的伦理关系是一种可持续、连续性的伦理关系。因为进行物质生产的地理空间和人自身的再生产活动都具有血缘和地缘的稳定性，所以传统社会的伦理关系才有条件持久性发展下去。但是现代化城市和网络信息化的形成打断了这种持续性，为城市社会伦理关系增加了诸多的不确定性和风险性。城市作为陌生人社会对传统伦理关系的破坏，从空间的角度来讲主要有两种方式。

一方面，从物质空间来讲，城市被划分为工作空间、居住空间和公共空间，但是人们被高昂的房价过度地束缚在工作中，而没有闲暇时间在公共空间中进行社会交往，所以人们的居住空间也仅仅是为了短暂的休整，其他社交功能、保护功能、安抚功能等都逐渐地被弱化了，导致人们在城市中缺乏安全感、归属感。同时，人们被设置关卡、门禁的各种建筑物隔离在不同的空间中，在同一空间中居住或活动的人们，并不是因为具有传统的血缘、地缘或者价值喜好，而是因为资本的多少所决定的。拥有不同的资本意味着可以选择不同的空间居住生活，因为城市空间早已经被资本化、商品化，所以资本的多少决定了占有空间的多少、空间的位置等。

另一方面，从虚拟空间来讲，城市现代化也是信息化的过程，在"信息技术革命、全球化过程和作为主导性社会组织形态之网络三者之间的互动建构了一种新的社会形态和社会模式：网络社会"[①]。这种社会的特征是人口随时随地地进入与流出。人们本来生活在相对固定的地方，但借助网络他们可以随时进入不同的关系之中。主体总是伴随着资本流、信息流和资源流在随时随地流动，这也造成了社会关系再生产的流动性。人们总是不断地闯入陌生的社会，不断打破社会原有的稳定关系，形成新的交往关系。人口流动性越快，陌生人社会的程度就越高。陌生人社会中因为主体的自我封闭以及对他者的不了解、不关注，导致城市的社会关系更脆弱、更临时、更不确定。

二 原因：城市空间的流动性和异质性

城市伦理关系作为城市社会上层建筑的一部分，它的构建以维护统治阶级的利益为根本目的。城市空间的建设就是主体在进行一种价值判断，但是这种价值判断更多是基于城市资本家的需求而得出。空间的隔离和人员的流动，二者看似是矛盾的，但本质上都是打破传统的血缘、地缘伦理的重要方法。隔离与流动都以资本增殖为依据，这滋生了独特的经济伦理或资本伦理。城市化形成的动力包括了经济、政治、文化、技术等因素，城市陌生化社会的形成也离不开资本和权力的结盟以及网络信息化的普及。城市社会成为陌生人社会的主要原因是流动空间的形成和权力运作导致阶层之间的

[①] 王志刚：《"流动空间"下的地方认同及其建构意义》，《中国特色社会主义研究》2015年第6期。

空间隔离。

（一）城市空间流动性的增强

流动空间是美国学者曼纽尔·卡斯特在信息化时代的历史背景中思考而得到的概念。在《网络社会的崛起》中界定"流动空间乃是通过流动而运作的共享时间之社会实践的物质组织"[①]，流动空间建立在信息化网络普及的背景中。当代社会最大的特征是流动性："资本流动、信息流动、技术流动、组织性互动的流动，影像、声音和象征的流动。"[②] 因此，伴随着互联网技术，人的在场与不在场都不再重要了，因为，人们可以借助技术而随时在"某地"进行社会交往，并不需要人真正地在场，通过网络就可以进行随时沟通，比如疫情期间普遍使用的视频会议和在线办公。但是，流动空间并不意味着没有固定的地方，主要强调流动空间的结构性逻辑是没有实体的，流动空间的基础是信息化和网络化，但是网络的使用者却连接到了具体的地方，然后就会和主体背后的社会关系、文化精神以及环境联系在一起。因此，流动空间依旧和地方空间不可分割地连接着。

人们生活的地方空间是产生流动空间的基础。人们始终处在不同的地方之中，但通过网络技术和信息手段，人们便能够在网络空间中随时随地进行社交；同时，人们也能在虚拟空间中更换多重虚拟的身份、拥有不同的角色，所以这种流动空间为人和地方空间提供了更加丰富的可能性。在信息化时代，流动成为主旋律，只有流动才能激发活力，流动才能实现全球化。流动逻辑虽不是当今社会的唯一空间逻辑，但它却是信息化时代中具有支配性地位的空间逻辑。流动空间中资本、资源、劳动力都处在流动之中，加强了不同空间中的不平衡发展。流动性虽然一方面带来了社会的融合和一体

---

① ［美］曼纽尔·卡斯特：《网络社会的崛起》，夏铸九、王志弘等译，社会科学文献出版社 2001 年版，第 505 页。

② ［美］曼纽尔·卡斯特：《网络社会的崛起》，夏铸九、王志弘等译，社会科学文献出版社 2001 年版，第 505 页。

化,但是另一方面伴随着人口的流动和场所的虚拟化,人们对场所的认同以及对城市社会的认识发生了转变。这种转变是我们必须面对的问题,因为流动性对人和土地的关系、人的安全感、幸福感、责任感带来了挑战,造成了人们无根性地存在。

城市社会中人口众多,其中来来往往的流动人口是城市社会不稳定的重要因素。这些流动人口没有固定的住宅,同时也没有稳定的社会关系,他们面临着随时被打破的雇用关系和租住关系;因此,流动人口对城市空间很难产生稳定的依赖感和归属感。同时,由于交通工具的便捷,人们可以随时乘坐汽车、火车出门去另外的地方,不断变换位置,产生新的场所和身份。因此,这样流动性的人口和城市社会的联系注定是脆弱的。在网络时代,"人们依恋和认同的对象实际上已经不是特定的场所,而是隐藏在场所形式下的信任及契约关系"[1]。所以,我们要转换那种传统的思维即场所观念的固化,而要更加注重用一种现代社会的契约性关系来构建生活秩序。

借助信息技术,时间与空间的关系越发紧密。时间的远近、空间的远近都不再成为束缚我们认识和判断的条件,当我们远在家乡之外,却能通过网络知道家乡发生的事件,我们还能为此做出评论与交流,虽然我们不在场,却依旧能够达到在场的意义。人的社会关系现在不会被局限在身体所在的场所空间中,人们可以通过网络空间和交通随时移动,这有利于人的社会关系脱离地方的束缚,可以打破已有的等级制度。个体被抛入更广阔的空间之中,场所感的营造加入了时间和空间双重的因素变得更加丰富和多样化。正如,英国社会学家安东尼·吉登斯对现代性的反思中发现,固定的场所并不只受到当场存在的主体实践所影响,那些不在场的主体或事件也会影响到场所的建设,"建构场所的不单是在场发生的东西,场

---

[1] 薛彦波、仇宁:《现代城市人与生存场所情感关系的转变》,《城市问题》2013年第6期。

所的'可见形式'掩藏着那些远距关系，而正是这些关系决定着场所的性质"①。所以说，人的在场和不在场对于场所的认识都有重要的作用，特别是在不断流动的社会中，人的不在场对场所起到了更为重要的作用。越来越多的不确定因素进入人类社会之中，人们必须适应流动性才能更好地生活，生存要素的全球化流动也是生存主体的全球流动，让人处在不稳定的空间之中，由此形成的信息化城市更容易成为陌生人社会，对营造充满人性价值的城市空间生态氛围造成了阻碍。

(二) 城市空间异质性的凸显

城市社会一方面因流动性带来的短暂性关系，让人无法建立熟悉的社会环境；另一方面权力对城市空间的运作导致空间异质性让不同阶层之间无法进行有效交流，导致不同阶层之间的关系愈加陌生化。权力微观化的过程中，城市社会被构建出另类空间，既包括乌托邦也包括异托邦，另类空间对人在城市社会中的认同产生了消极和积极两种作用。"社会空间是建构的，而不是简单地给予我们或者承认它的独立性地位。社会空间本质上是断裂或缺乏的异质结构。"② 它通过人的交往被建构起来，从这个意义上说它带有经验性的特征。同时，由于人与人之间权力关系的差异性、不对称性，造成了社会空间的异质性与多样性。

我们生活的空间它本身是异质的、多样的、特殊的关系集合体，存在于其中的生命意义与权力机制和策略紧密交织在一起，成为权力关注和操控的对象。另类空间中渗透着权力和资本的力量，这些力量对城市空间中的生产、生活、生态属性造成了严重影响，将城市空间的人本属性和仅有的温情都异化了，城市空间成了乌托邦与异托邦共存的另类空间。异托邦以它独有的方式诠释世界，坚

---

① [英] 安东尼·吉登斯：《现代性的后果》，田禾译，南京：译林出版社2000年版，第16页。

② Howarth D., "Space, Subjectivity, and Politics", *Alternatives Global Local Political*, Vol. 31, No. 2, 2006, pp. 105 – 134.

持着对空间的变化性、异质性、多样性与差异性的理解,包含着对社会同质性的批判以及某种替代性方案的政治诉求,比如,对不同城市形象的塑造,对既定社会规范的打破以及社会权力的分散。

现实生活中的一些空间结构和形态体现出异托邦的双重精神。一方面,异托邦具有正面的、积极的存在意义和价值,比如城市中心建设的图书馆和博物馆。它们把不同的时间历史和事实并置在同一个空间之中,可以让人们在同一个空间中既能"返回"到过去,也可以"走向未来"。这种异托邦取消了时间线性的发展模式,为人们的体验及存在意义提供了更为宽广的时空场域。另一方面,异托邦是负面的、消极的、偏离的,比如疯人院、贫民窟和流浪者的汇聚地等。这些消极意义上的异托邦,偏离了正常规范的人们的所属空间,但却真实地存在于城市的边缘,展示着社会空间框架中的隔离、排斥、极化作用的万般景象。

异托邦的这两种分类正是它的矛盾性所在。一方面异托邦是幻想的空间——幻想一个美好的社会;另一方面,人们创造出一个完美的、秩序井然的真实空间,来对比体现出目前存在的空间是如此混乱不堪。[①] 真实的城市空间是复杂性、多样性的异托邦共存的空间。必须重视异质空间中阶层的利益和权利,消除中心城区和边缘城区的空间隔离,构建一种具有意义弹性的城市社会,"使不同的意义与价值在总体上处于平衡、不冲突、相互和谐,并不断形成具体的意义共同性"[②]。城市陌生化的社会关系是不能够实现城市命运共同体的诉求的,必须打破空间的隔离和阶级利益、地位的固化,在城市整体性中建立意义弹性和价值多样性,从而激活城市社会的生机活力。

---

① 参见 [法] 福柯《另类空间》,王喆译,《世界哲学》2006 年第 6 期。
② 陈忠:《城市社会:文明多样性与命运共同体》,《中国社会科学》2017 年第 1 期。

第四节　重构城市伦理，激活社会生机活力

在我国城镇化进程不断推进的过程中，要及时反思城镇化带来的问题才能有效减少城市病带来的危害。现代城市以资本为核心的伦理观念消解了亲情、宗法原有的温情脉脉，越来越简化为毫无情感和内心价值的资本化关系。它缺乏对开放性、人文性的城市空间伦理的自觉把握，让城市社会走向了陌生化困境。城市空间是陌生人的聚集地，是各种利益的争夺地，同时也是新伦理关系的发生地。城市伦理问题的现实依据是城市空间资源的有限性和城市人口的快速增加之间的矛盾。对生存资源和生活条件的争夺，注定会造成人与人之间的紧张关系；同时，流动性带来的不确定性因素也造成了人与人之间原有伦理关系的断裂，因此，现代城市空间发展更需要伦理的观照。立足马克思主义的时代精神，在陌生化社会现实中重构城市伦理，意味着要重新激活城市的生机活力，让人民在城市中找到共同体的认同感和归属感。坚持人民城市为人民的价值原则，通过实现城市空间中人民主体的多维度正义和城市权利，让人民进入城市建设和城市治理的全过程。建设开放的公共空间、充满人文关怀的空间环境，实现城市让生活更美好的倡议。

一　维护城市空间的多维度正义

目前来讲，城市空间是人类生存的主要场所。城市空间治理的好坏直接关系到人在空间中生存的状态。在城市化的过程中，城市空间与乡村空间的发展状态、城市空间区域布局、城市空间生产和空间资源分配都表现出一种对弱者和边缘人群的不公平对待。城市空间问题早已成为关系民生的社会问题，涉及公平、正义和伦理的维度。我们一般所认识的正义既包括广义层面的社会正义，即社会正义是社会成员共同认可的正义规定与原则；也包括狭义层面的正义，即法律规定的正义。本书所讨论的城市空间正义属于广义层面

的社会正义,并不局限在法律正义领域内,而是关注到整个社会空间中人与自己、人与自然的和谐关系。根据城市空间中涉及的各种关系,空间伦理并不是只包括了空间正义。空间正义确实是空间伦理的核心精神,特别是在现代商业城市非正义现状中,空间正义的实现是塑造城市伦理精神不可缺少的有机内容。正义的实现必须从全方面、全过程来考量,本书着重讨论的是城市空间生产过程、分配过程和消费过程中正义的实现。

第一,保障城市中空间生产正义的实现。马克思恩格斯从历史唯物主义视角理解空间正义问题,指出空间正义与生产力发展具有紧密关系,"只要与生产方式相适应,相一致,就是正义的;只要与生产方式相矛盾,就是非正义的"[1]。城市空间生产正义主要是指在城市规划中,空间作为一种生产对象,作为产品在市场上被进行买卖交易时需要坚持公平竞争的原则。此时的空间不再只是土地等自然空间,"作为一种产品,社会空间是按照一群专家、技术权威手中的操作指令制造出来的"[2]。在城市发展的过程中,土地空间本身是一种物质的存在,但由于资本和权力规划,将不同的土地规划为不同的用途和定位,从而让土地有了不同的价值。虽然我们知道社会空间是人的实践结果,但是在其中,资本家、统治阶级,有权力的、有权威的群体,他们对社会空间的塑造具有更多的主动权和话语权。在治理规划和市场定价中,土地被区分为中心地段和郊区地段,中心地段被商业区和高级住宅区所占有,在本质上,它们是被资本占有了。生活在中心地段成为高贵身份和优势地位的象征,所以地理空间上的区别最后表现在了身份的差异上。空间生产的不平衡状态导致的是人们生活质量、生活习惯、身份地位的不平衡差异。空间生产追逐利益,导致城市的商业空间不断压缩人们的生存

---

[1] 马克思:《资本论》第3卷,人民出版社2004年版,第379页。
[2] [法]亨利·列斐伏尔:《日常生活批判:从现代性到现代主义》第三卷,叶齐茂、倪晓晖译,社会科学文献出版社2018年版,第652页。

空间。同时，大量的乡村空间也被城市扩张而征用，乡村空间商业化让乡村走上了一条粗放型城市化的老路。为了保障城市中空间生产正义的实现，规范资本投资价值观是基础，发展空间生产力是根本，提高空间利用率是手段。

第二，保障城市中空间分配正义的实现。空间的非正义既表现在空间的生产过程中，也表现在空间的分配过程中。空间分配的非正义主要是指由于人们依附的资本与权力不同，而导致生活空间的大小、空间的区域都有所不同，进一步导致人们所拥有的自然环境、生存权利、公共资源等方面的不公平。但是空间正义"不是一种按需分配的正义，而是维护民众生存空间合法性和正当性的一种特殊正义"①。空间分配正义是一种以差异性、多层次需求为基底的分配目标，并不是简单的一刀切和无差别的任意满足。城市空间正义不局限在利益本身的分配中，而是要在关注现实差异的基础上注重整体社会资源分配的规范化制度。因此，空间分配正义在兼顾人民需求的过程中，要完善系统化的分配制度体系。从应然状态来讲，城市是人民共建共享的空间。但从实然状态来看，目前城市空间的分配并没有遵循首先满足人民基本生活的空间需求，其次才进行投资、流转和再生产的活动原则，而是相反。城市空间分配的不均状态需要我们及时调整，实现城市空间的分配正义。空间分配正义是指让人民都能享受到城市建设成果，意味着城市作为人们生产、生活的空间，在其中获得自然资源、社会权利和条件等时是合理的和公正的。政府要积极使用宏观调控的功能，干预市场带来的不平衡。政府要加大对公共空间设施的建设和投入，加强对公共安全和对城市精神文明的重视。通过物质文明和精神文明的共建，让人民在城市空间中能够最大可能地享受城市发展带来的便捷性与宜居性。

---

① 王志刚：《马克思主义空间正义的问题谱系及当代建构》，《哲学研究》2017年第11期。

第三，保障城市中空间消费正义的实现。空间消费正义是空间生产正义和空间分配正义辩证关系中出现的一种正义要求。空间作为生产产品要进入市场才能获得空间资本的增殖。之所以在空间分配正义之外区分出空间消费正义，这是从主体和空间之间形成的主动和被动关系为标准而提出的。城市空间分配中主体与空间的关系是被动的关系，人们在城市空间分配中一般是处于一种被动的地位。而在空间消费中，人则处于主动的地位。消费过程体现的是主体的选择性，人们可以根据自身的需求、欲望、资本去消费不同的产品。空间消费中的非正义主要是因为人们有限的资本无法完全购买到自己想要的空间及其附加的资源。地理环境、社会关系带来的资源很大程度上决定了主体的生存质量。特别是城市中住宅空间的消费，已经成为城市人口身份定位的关键空间坐标。

所以空间本身包含了价值和政治的色彩，"人们认为空间表达是一种公正的实证知识，实际上，因为空间涉及和包含了战略，所以，空间不是纯粹的单纯的"[1]。城市空间更是不同利益群体的斗争地。空间的形式和结构表现了这座城市中人们的权力结构和资本分布。城市空间怎样布局、怎样分配、怎样定位都涉及政策倾向。重构城市伦理就要避免政治的过度干预，将社会公平、正义精神贯穿于城市空间规划之中，推动城市治理走向善治的状态。这是现代化城市在发展中应该坚持的伦理底蕴，也是城镇化在新时代背景下转型的一条出路。

二 保障城市权利的具体化实现

人的生产和生活实践需要各项权利来保障。当代社会，城市是人的主要生存空间，城市集中代表了人类的先进文化和文明方向。人们为了在城市中过得更好，就要积极参与城市治理，发挥主体的

---

[1] [法]亨利·列斐伏尔:《日常生活批判：从现代性到现代主义》第三卷，叶齐茂、倪晓晖译，社会科学文献出版社2018年版，第652页。

城市权利。

(一) 属于全体人民的城市权利

城市是一个特殊的社会空间，城市权利有其自身的内容和特征。人的城市权利来源于人的城市身份，城市身份的确认保证了城市权利的正当性。中国人民城市身份的确认在于居民的户籍管理制度的实施。中国实行的户籍管理制度将人口划分为农村户口和城市户口。虽然近些年有大量流动的农民进入城市打工，他们为城市建设、城市发展做出了基础性贡献，但是这些农民工并没有真正融入城市社会。伴随着城镇化的进程，大量人口在城乡空间和区域空间中的不断迁徙，促进户籍管理制度发生了变革，可以通过读书、就业、随迁等方式进行户籍的空间转移。这种时代变迁的背后是中国城市空间中政治权利关系的调整和国家经济发展全局化政策的落实。伴随着中国城镇化的进程，在相关政策指导下，农村户口和城市户口之间资源的差异性问题已经在不断地协调平衡。

从广义上来讲，城市权利是人们参与城市空间的规划、治理过程的权利及其权利如何实现的问题。城市权利并不局限在城市人口中，它应该属于空间中的每一个人，也应属于全人类。城市的产生是人类文明进步的重要标志，人民城市权利意识的觉醒是城市文明的，这与人类追求自由和解放的目标是一致的。从经济、政治、文化、生态等角度来看城市权利，城市权利都离不开活动的人这个主体。诚然，动物也生活在城市空间中，但是它们并不能主动参与城市建设和治理过程，不具有主体性地位和能动性实践。只有人民才是城市建设的决定力量，城市形成于人的历史实践，塑形于人的社会活动，它和人的存在一样具有历史阶段性的特征。人们总是向往拥有与自己生存、发展紧密相关的权利，所以才会在不公平中产生反抗，在斗争中向往和谐。

城市空间布局、分配的过程都需要正义规范，涉及不同的群体或阶层就会出现非正义的问题。获得城市权利就意味着获得更多的生存和发展空间，意味着可以拥有城市改造和治理的话语权。从长远来看，城市社会改革只有依靠人民群众的力量才能成功，因此，城市赋予人民的权利是有待实现的。列斐伏尔指出："进入都市的权利所指的，就是一种有待实现的总体性。用最'现实'的术语来说，它指的是城市居民的权利……都市空间最核心的本质或属性：构成性中心。"[①] 城市权利可能实现的原因就在于城市空间本质上是一种构成性中心，构成性中心意味着人们在城市中居住、生活都要受到城市空间的反向塑造，人们被城市空间中的资本、权力和资源的向心力所吸引，将城市当作未来生活的中心空间。人们的实践改变着城市，城市也塑造着来来往往的人们。

（二）实现城市权利的具体路径

城市权利是权力和利益的统一体。一方面是社会赋予生存于城市空间之中的人的权力，这种权力包括了对城市空间的改造和规划、治理权力。城市治理是社会主义国家赋予人民群众的权力。另一方面城市权利还包括了人类本身对生存和发展利益的需求。这是从人类自身主动权利来讲的，人类与各种风险斗争，改造自然空间都是为了自身的全面发展和自由解放，所以对城市权利的诉求也是人类主动想要获得的权利。要实现城市权利的落地生根并不是一件容易的事情，需要一代又一代人的不懈努力。在资本主义工业城市中，无产阶级在不利于自身发展的历史环境下，通过阶级斗争和社会运动争取了属于自己的权益，让无产阶级作为人本身而存在于世界之中。当代城市权利的实现也需要人民积极参与城市治理，主动规范自身行为，同时与那些损害城市权利的行为做斗争。将自我的道德境界提升到城市社会上，通过对自我欲望和利益的合理规约，达到城市社会的和谐共生。

第一，城市权利要通过建立健全城市治理现代化的制度体系来保障。城市治理是我国治理现代化进程中的重要一环。城市治理现

---

① ［法］亨利·列斐伏尔：《空间与政治》（第二版），李春译，上海人民出版社2015年版，第13页。

代化的制度体系是保障城市权利实现的有力外在条件，这是从国家、政府、法治层面对城市权利的保障。国家制定相关的制度政策来保障涉及全体人民的城市权利的实现，通过国家政策干预甚至强制的公平机制，赋予全体人民平等参与城市治理的权利。城市权利涉及全体人民，通过制度体系的全面建设，确保具体的权利内容落实在每一个人的日常生活和生产之中。

第二，城市权利的实现需要创新现代技术的有力支撑。人民的城市、智慧的城市的建设需要借助现代化技术。大数据技术、智能化办公平台、生活软件等将城市权利与人民各方面的需求紧密结合在一起。在新冠疫情这类传播快、危害高的风险防控工作中，大数据技术和信息化平台起到了十分重要的助力作用。信息技术的应用快速地提升了国家治理和城市治理的智能化、精细化、准确度的水平。通过数字化技术实现人民参与城市治理的多渠道畅通，同时也让人民的权利诉求更高效地解决。人民通过互联网平台表达意愿与需求，经过数据化的统计与分析，有利于政府制定与人民需求相符合的治理政策和方案，满足人民在城市中的生活需求和对美好社会的期望，达到了真理向度与价值向度的相统一。

第三，加强权利意识的教育与普及，唤醒人民对城市权利的自觉实践。人民的城市权利意识应该从自觉认识走向实践自觉。城市治理制度体系和大数据、智能化平台对城市权利的保障为城市权利的实现提供了必要的外在条件。如果从内在条件来讲，唤醒人民对于城市权利的意识才是关键。将城市权利的外在规约内化为人民群众的价值观和实践观，促使人民实现从从属地位转向主体地位。只有内在条件与外在条件共同作用，才能调动人民实践城市权利、参与城市治理的积极性和主观能动性，才能真正地在主观与客观相符合的过程中推动城市权利的全面实现。

总的来说，城市权利是一种多元的、开放的、差异化的、可实践的空间权利。城市权利属于城市伦理的具体化表达，它保障城市居民平等参与城市空间治理、规划、改造的权利，有利于协调社会关系，构建和谐的、充满活力的城市社会，将城市打造为人性化的、宜居的、绿色的生活空间。城市是人民的城市，也是全球的城市。全球化是21世纪空间发展的总体背景，现代化城市发展的趋势必然是走向全球城市——一个更加具有流动性、国际化的空间。全球城市的空间结构更加需求一种命运与共的意义和共同遵循的价值体系。

三 培育城市社会的人文和活力

塑造城市伦理既要传承城市的历史文化，也要关注当下的城市现实。城市的社会存在决定了城市伦理精神的内涵。重视城市伦理精神，是因为城市伦理是推动城市现代化建设的主要精神动力，它引导和规范城市现代化建设的过程以及城市中人们的交往行为。落实城市伦理就是将城市伦理内容外化为城市现代化治理的制度体系，也将它内化为人民内心的价值准则。2014年中共中央国务院印发的《国家新型城镇化规划（2014—2020年）》中指出我国应该走"以人为本、四化同步、优化布局、生态文明、文化传承的中国特色新型城镇化道路"[①]。我国城镇化过程中坚持的首要原则就是以人为本，以人的城镇化为核心，即城镇化是为了城乡人民利益，缩小城乡之间人民利益的差异。

城镇化或城市化不仅意味着横向维度建筑空间的连接，也意味着历史维度城市精神和城市文脉的继承与发展。共同建设具有民族记忆和地域特征的城市，打造城市标志性精神和人文底蕴。从而，让失去土地并盲目涌入城市社会的外来人口也能感受到现代化城市所具有的包容性、开放性和人文关怀。本书具体提出可以从营造居住空间的情感体验，增强生活空间的生态底蕴两方面来提升城市的

---

① 中共中央国务院：《国家新型城镇化规划（2014—2020年）》，2014年4月11日，http：//cpc.people.com.cn/n/2014/0317/c87228-24649023.html，2020年8月31日。

人文性和生机活力。

第一，营造居住空间的情感体验。居住空间如果用更加具有情感的名词来称呼，我们可以将其称为"家宅"或者"家"。"一座建筑之所以伟大是因为它可以展示出人类生存的本质，最重要的是，它可以让人看到理想的和更美好的世界。"① 所以，家宅浸入了人们与空间的情感互动，带给人们安全感、归属感和幸福感。居住空间既有保护财产安全与生命健康的功能，也是提供认同感和归属感的内心空间。我们正是通过分析具有确定性位置的家宅以及其封闭性的保护功能，进而认识到家宅不只是一个建造完成的物质空间，当人开始居住在其中，并与之发生日常生活的互动关系时，这个居所便是真正意义上具有家的情感的空间——"家宅"。但是由于空间生产导致住宅成了市场供求关系中可供选择和消费的商品，它们表达的不再是家宅的意义，而是资本和市场关系的实体化表达。现代高层住宅对空间人本性的破坏，这是当代城市人民居住的现实情况，家宅只是人们理想的居住状态，"居"连接和展现着日常生活世界的多个维度，营造居住空间的情感体验和内心价值，我们才能抵抗空间拜物教、空间权力化。② 在当代为了消解住宅的资本化，我们须通过制度保障、价值引导和自我调节等措施，将营造人对住宅的情感体验、突出住宅的人本价值视作城市社会的伦理目标之一。

第二，增强生活空间的生态底蕴。一个好的生态环境既指自然环境的优美，也指社会环境的和谐。生态文明是人类发展程度的一个重要标志，大工业生产的工业文明已经不适应人类全球化的发展了，全球化时代需要可持续发展的、整体性的生态文明理念。人类的生态文明中包含的核心是建立起有关于人类、社会和自然三类因

---

① Pallasmaa, J., "New Architectural Horizons", *Architectural Design*, No. 2, 2010, p. 22.

② 参见李春敏《"去居化"、空间抵抗及居理想的重构——基于当代居住焦虑的一种探讨》，《天津社会科学》2017年第6期。

素内在统一的生态体系。马克思对生态环境的思考并不局限在人对自然的对立现实中,也考虑到生态系统内包括了人与人的关系。生态文明和生态正义都是为了建设一个以身体健康、精神愉悦、环境良好为目标的生活方式。习近平总书记根据新时代全球化的发展及时对生态文明做出了新时代的判断,对马克思的生态思想做了积极创新发展,并提出要加快构建生态文明体系,全面推动绿色发展,有效防范生态环境风险,推动生态治理现代化。[1]这种生态文明是一种全面的、整体的生态观。生态伦理是城市命运共同体的一个基本的伦理承诺。

生态文明是城市发展文明中不可或缺的部分,生态文明的核心是人与环境的和谐,也包括了人与人之间的和谐关系、人与社会之间的和谐关系等。从伦理关系来讲,生态文明是一种整体性视野的伦理观念。城市空间要培育其人本性,就要协调发展,既要发展经济,又要关注生态的可持续性发展。"现代道德哲学的根源与预设都是基于自身利益、私人财产和资本积累,马克思对这种现代道德哲学深恶痛绝。"[2]我国的主要任务从"以经济为中心"到"以人民为中心"的转变,正是对新时代人民对城市美好生活向往的回应,也是我国新城镇化建设中"注重人文城市建设"的重心之所在。新型城镇化中涉及的城乡发展模式,从人的主体地位来看,是不同空间中人的存在发展关系。新城镇化关注人的真实需求和生态和谐,就是要将城市空间中对陌生人、贫困人口的排斥、冷漠、隔离等不公平、不和谐的关系转变成一种包容和谐的关系,将生态逻辑和生态价值上升为城市社会的基础逻辑和人文价值。[3]一种包含了人本价值、社会正义、生态文明和绿色生活方式的城市伦理,这正

---

[1] 参见《习近平谈治国理政》第三卷,外文出版社2020年版,第366—372页。

[2] [美]乔治·麦卡锡:《马克思与古人:古典伦理学、社会正义和19世纪政治经济学》,王文扬译,华东师范大学出版社2011年版,第208页。

[3] 参见陈忠《城市社会的生态营建及其人文选择》,《探索与争鸣》2018年第9期。

契合了习近平总书记对城市发展的未来期望,即将城市空间合理地规约为一个集生产空间、生活空间、生态空间内在统一的城市命运共同体。

第 五 章

空间伦理的宏观未来：
人类解放和全球伦理

身体和城市属于全球空间的有机组成部分。前文关于身体伦理和城市伦理的研究为全球伦理奠定了一定的基础。它们的实践主体都是人，因此它们面临着伦理的共性问题，但由于空间范围和层次不同，它们的伦理问题又呈现出具体性与特殊性。全球空间所涉及的主体与因素更加多元，它们之间的关系一旦失去平衡秩序就会导致不断的空间冲突，让全球人民的生存受到危害，这远比身体或城市的伦理困境更为难解。因此，全球伦理要立足于人类解放的崇高视野来把握人类未来的发展走向。全球伦理之所以能够被视作空间伦理的宏观未来，就在于目前全球空间内的民族国家、地区组织、各族人民都已彼此紧密地联系成为一个整体，全球人类处于命运与共的状态。这种状态要求实现一种适应于全球空间领域，并用达成共识的人类价值去规范调节全球空间的发展。人们为此做出了积极的努力并提出了一些理想方案，但是由于诸多历史因素而无法真正地将它们实现出来，导致全球伦理的"乌托邦化"。习近平总书记立足全球化时代经济、政治、文化蓬勃发展的现实基础，坚持马克思主义的指导思想提出了具有可实践性的全球伦理方案——"人类命运共同体"，为增进全人类的共同福祉贡献了中国智慧。

第一节　全球：宏观空间的表现形式

人类作为认识主体与实践主体，具有超越性的眼界。人类视野面向的宏观空间是高瞻远瞩的、超越局部的全球空间。从宏观视野来看，全球空间不仅是指地理层面范围的扩大，也指社会关系层面内容的复杂性，以及认识层面视野的提升。从人类发展的历史进程来看，全球空间的形成表现出从单一化到多元化的特征。具体而言，全球空间从初步的形态即以资本为核心的世界市场，发展到了以经济、政治、文化多元因素并存的全球一体化。在本书中，全球和全球空间基本是可以互换使用的概念，全球是宏观层面的空间形式，强调全球化的空间维度时会使用全球空间。全球伦理作为宏观空间伦理的表达，是指将全球空间和伦理进行有机融合为一体。研究此问题的背景正是全球空间的形态转变：从以资本为主导的单一化世界市场转向经济、政治、文化和生态因素共同作用的全球空间。

马克思对于世界市场和世界历史的论述和分析具有时代的前瞻性。世界市场的开拓是资本主义社会解决自身发展危机的主要空间手段，同时也是人类持续发展的必然趋势。世界市场的形成并不是抽象的，而"是在一定的历史条件下、一定的权力关系、一定的利益冲突格局中发生和进行的"[①]。世界市场与资本全球化内在统一：资本增殖需要更多市场，它便开拓出了全球空间，同时全球空间又为资本提供了更多的资源和需求量。从根本上讲，世界市场和全球空间的形成都是以"全人类互相依赖为基础的普遍交往"[②]为前提的。但是在19世纪，资本成为世界市场形成的主要动力，把资本

[①] 陈来：《走向真正的世界文化——全球化时代的多元普遍性》，《文史哲》2006年第2期。

[②] 《马克思恩格斯文集》第2卷，人民出版社2009年版，第691页。

主义生产方式带到了世界的各个角落。因此，世界市场的建立是全球化的最初阶段和基本形式，资本将不同的地区卷入世界市场的统一化进程之中，由此产生了世界性层面的从属关系。

人类任何实践都是合目的性的。所谓合目的性是说，人们实践行为的出发点都有与人类生存和生活相关的目的。人类进行生产活动的目的首先是生存，只有生存下来才能获得繁衍，人类自由而全面的发展和人的解放终极价值目标才能实现。但是由于目前的社会条件，全球空间人类的生产活动依旧处于资本扩张阶段，还没有发展到实现人类解放的程度。根据历史唯物主义原理，经济的发展状态决定了国家的地位、社会的性质和个体的样态。因此，经济是国家生产的首要任务，国家在任何方面的规划和内容都要依据经济发展的状态而决定。从资本家的角度来讲，"一切都服从于一个目的：降低各种原料特别是工人阶级的一切生活资料的价格，减少原料费用，压住工资"[1]。资产阶级与无产阶级的生产目的是不同的，不同阶级有不同的目的诉求也有不同的实现途径。资产阶级和无产阶级因利益的对立而发展到政治立场的对立。工人一旦开始觉醒，就会发现他们这种机械性的生产是无意义的，为了与工作本身毫无关系的东西而劳作。但是个体的力量是不足以改变社会中阶级对立的现状的，他们为了保障自身利益，选择联合成为唯一的出路。这种联合是选择加入社会团体，拥有平等的身份和权利，马克思指出让那些"加入协会的一切团体和个人，承认真理、正义和道德是他们彼此间和对一切人的关系的基础"[2]。在资本主义生产方式和异化劳动的掩盖下，我们应该看到人的生产活动和生活实践，它们本身就包含着伦理性。

伴随着人类实践范围的变化，全球空间的地理范围也在不断扩大，包含的因素和内容也在不断丰富。由于世界市场带动资源、人

---

[1] 《马克思恩格斯文集》第1卷，人民出版社2009年版，第372页。
[2] 《马克思恩格斯文集》第3卷，人民出版社2009年版，第227页。

口、文化、价值的流动,形成了多元因素并存的全球空间。资本作为主导因素成就了全球空间,同时也导致了全球空间的同质化。资本的逻辑和金钱关系将人的身份、地位和性别等外在的差异性同质化为消费买卖的逻辑。资本的流动也带来了文明成果、历史传统在不同空间内相互交流、互赏互鉴。正因为人类是有意识、有道德、有理性的存在,所以在全球化的实践中才倡导用和平化解冲突、用互助消解对立、用共同体精神完善自我发展。

全球空间中政治因素也是重要的内容。虽然目前来看,不同国家因为主权独立,而有独立的政治体制与制度体系进行国家治理。但全球空间的形成将国家紧密联系在一起,因此也需要超越国家具体的治理制度形成全球治理的体系。全球治理是在尊重国家权利的基础上对全球问题做出的积极应对,"全球治理的价值日益呈现出和而不同的面目,在不同国家有着不同的涵义和表现"①。如果说,政治是人类在全球空间内的社会性联系,那么生态环境则是人类共享全球空间的自然联系。全球空间内的自然环境为人类提供了生存和发展的基本条件,因此要在全球空间中形成生态文明,意识到生态危机和生态保护工作都必须在人类共同的努力下才能实现。在文化维度,全球化并不是东方文明对西方文明的附属认可,而是将具有地域特色的文化融合为世界性的人类共同拥有的精神成果。但是在全面全球化的过程中并没有表面看起来的那么和谐统一,而是隐含着各种价值观念此起彼伏的紧张关系,因为不同区域长久的历史传统之间难免会存在冲突现象,这也正是突破同一化趋势的主要力量和可能性之所在。

综上所述,当今时代的全球化已经不是单一的资本全球化了,而是包括经济、政治、文化、生态等多个方面在内的全球化时代。多元因素的全球化让人类更加紧密地融合为一个整体,为人类发展

---

① 高奇琦、杜欢:《全球治理的中国责任》,《社会科学报》2012年10月25日第3版。

提供了新的机遇与挑战。在全球空间中，发达国家与发展中国家的关系本质上是一种不对称的关系，发达国家始终处在空间的中心地位，发展中国家处在被支配的边缘地位。这种"非对称性"关系主要表现在"不公平和不平等的交换，在空间中相衔接的垄断权力，和受限的资本流动有关的敲诈行为，以及榨取垄断租金等"①。因此，在全球空间的经济发展、政治治理、文化交流中都需要以人类整体发展为分析视野，也意味着要从人的超越性本质出发去思考全球空间发展，意味着全球空间的发展要以伦理为规范，维护全球空间内经济、治理、生态、文化的共生发展，以及不同主体之间的全球认同，增进人类的共同福祉。

第二节　理论透析：全球空间和伦理的互构关系

全球化的趋势是不可避免的，它是人类历史发展中必然会出现的阶段。不管是从地理空间来看，还是从社会空间来看，世界都已经联系成为一个整体性空间。在全球空间形成的过程中，人类也日益联系成为一个命运与共、休戚相关的命运共同体，这意味着全球化进程中伴随着经济、政治、文化的一体化的同时，人类的伦理精神也趋于更崇高的全球伦理价值。因此，全球化现实和人类命运的伦理精神在全球空间上实现了内在统一。共生共荣的全球伦理立足全球空间的现实状况，为人类解放的未来提供了价值支撑。

一　全球化对人类理想的伦理印证

全球化和全球伦理在空间逻辑下本质上都以全球空间为根基，全球化是全球伦理的空间化表达，全球伦理是人类在全球空间中实

---

① ［美］戴维·哈维：《新帝国主义》，付克新译，吴默闻校，中国人民大学出版社2019年版，第19页。

践的伦理诉求。"共同体的基础内涵至少包括两条,一是道德性,二是共同性,两者的结合就构成了完善的统一体,因此,道德是共同体的核心和基石。"[①] 因此,全球伦理将空间的全球化和人类未来的伦理诉求统一在了全球空间中。

首先,全球化是全球空间形成的过程和动力。全球化的内容是多方面的,全球化的意义也是多重的。一方面,可以将全球化看作一个过程,"全球化可以被视作一个过程、一项条件或者一个特定的政治规划"[②]。因为全球化是人类历史发展到一定阶段时才会出现的过程,它受制于社会的生产方式、经济基础和文明进程。另一方面,全球化是空间重组的结果,在资本全球化运作的过程中,空间从物质空间发展到非物质空间,空间流动性带来空间重组,形成命运与共的全球空间格局。全球化不仅是经济、文化、生态的一体化过程,也是地理空间层面的世界市场的形成和社会层面的世界文明的形成过程,全面的全球化将地理上存在距离的区域空间紧密联系在一起形成了目前我们所处的全球空间。全球空间为全球化进程提供了基础,全球化为全球空间的形成提供了动力。我们目前所处的全球空间既是现实空间,也是网络空间,我们所生活的位置是全球空间的一部分,但是我们可以通过交通、互联网快速到达其他地方,地理空间的限制正在逐步被瓦解。

其次,全球空间是人类共同价值形成的空间前提。在历史的发展过程中,人的伦理关系受到生存地方的环境、历史背景、宗法关系的深刻影响。地方具有鲜明的精神特色和伦理关系。在中国古代封建社会,倡导长幼有序、尊卑有别的等级伦理关系,并通过建构不同的建筑空间来展示和强化这种等级伦理秩序。在西方中世纪的宗教性质国家和城市,人们之间的伦理关系主要受到宗教精神的制

---

① 魏传光:《马克思共同体思想对"人类命运共同体"的道德观照》,《湖南师范大学学报》2019 年第 2 期。

② [美]大卫·哈维:《希望的空间》,胡大平译,南京大学出版社 2006 年版,第 53 页。

约,通过建造的宗教场所让人们在特定的空间中产生宗教信仰,并使宗教信仰成为人的伦理实践的主要原则。通过不同地区形成的不同伦理关系的对比,我们看到伦理精神具有十分明显的空间性,不同的空间和场所对于塑造不同的伦理关系具有重要意义,空间的结构和形态影响到人们的伦理关系。当信息化将全球空间联系在一起时,空间结构发生了变化,随之伦理关系也就发生了变化。全球空间中形成具有共识的伦理价值是必然的;而全球空间的形成也正是人类共同价值的空间化表达,也为共同价值的实现提供历史—地理的条件。所以,全球空间不仅是资本和利益的共同体,也是意义和价值的共同体,风险共存的共同体。命运共同体强调的是一种多元主体的共同性需求,主体间虽然有差异性的生存需求,但人类也有共同的追求,比如对善、正义、和谐、安全、幸福、解放等价值的不懈追求。从历史唯物主义视域看,全球空间的形成是一切共同价值提出的重要基础,因为全球空间这种社会存在才形成了共同价值的社会意识。身体、城市都必然地和全球空间联系在一起,形成人类命运与共的整体性的话语体系和精神意识。

最后,全球伦理是全球化发展的伦理规范。全球空间需要一种全球化的伦理精神即人类命运共同体的精神去平衡多重关系。特别是风险的全球化,让我们必须认识到利益全球化的同时风险也成为全球化的特征,在现代社会中风险已成为人类历史可持续发展的中心议题。德国社会学家乌尔里希·贝克(Beck, U.)在《风险社会》中指出现代社会风险愈加多样性,不确定性给人类生命和健康带来了巨大的威胁,同时由于全球化、信息化的背景,社会风险已经突破了传统的地域界线,逐步成为一种全世界所面临的风险[1],新冠肺炎疫情的全球蔓延正是这种全球化风险的印证。这种不确定性的全球风险对社会的可持续发展的未来带来了巨大的挑战,它们

---

[1] 参见[德]乌尔里希·贝克《风险社会》,何博闻译,译林出版社2004年版,第7页。

威胁着城市安全、国家安全、信息安全、人民生命安全和身体健康等。我们必须站在全人类的未来发展角度去积极面对、合作解决。"地球从来就不是资本积累可以在其中纵横驰骋的一个水平运动场，它曾经并且还将继续是一个高度多样化的表面，包含着生态、政治、社会及文化的千差万别。"① 所以全球空间中必然会存在不同主体因利益而发生的冲突事实。在不同的利益面前，简单的冲突和阶级斗争是解决不了矛盾的，只有超越个体的利益和局部的视野，坚持人类共同价值——和平和发展的理念；同时在全球空间共同发展的过程中要构建起人们之间的相互信任、彼此对所做贡献的承认，以及对人类未来发展充满希望的全球伦理观，才有可能会化解全球冲突。

二 全球伦理的内涵：共生共荣与全球认同

全球伦理是以人类主体为实践活动核心的伦理自觉，指在对全球与区域的关系、人类自身内部关系中起到规范作用的价值秩序。全球伦理是基于人类未来发展共识的共同价值，而不是以西方为中心的普世价值体系。普世价值本质上是一种不对等的关系，是西方发达国家将自己的价值观作为主流价值输出给发展中国家。而全球伦理作为一种共同价值，强调全球空间中不同国家基于共同认知形成具有对人类整体发展有益的价值观，如果没有形成共同的价值观整个人类社会就会有不断的冲突或独裁式的危险。② 全球伦理一方面面临着协调诸多因素、主体利益之间相互冲突关系的难题；另一方面也期望在全球化时代建构一种基于人类共识的价值秩序，这既是一个现实挑战，也是一个理论难题。全球伦理的基本内涵是在全球空间中多元主体和多元因素能够在共同价值指导下实现共生发展。

---

① ［美］大卫·哈维：《希望的空间》，胡大平译，南京大学出版社2006年版，第33页。

② 参见［美］列奥纳多·斯威德勒、保罗·莫泽《全球对话时代的宗教学》，朱晓红、沈亮译，四川人民出版社2014年版，第271页。

（一）共生共荣是全球伦理的基本价值追求

全球伦理是全球化时代人类主体的价值选择。因为全球地理环境提供的生产、生活条件本身的差异性，以及地区之间生产方式和风俗民情的不同，导致全球地理空间的不平衡发展成为不可忽略的客观事实。所以倡导形成人类主体共识的全球伦理是约束或缓解这种空间不平衡和利益冲突的重要手段。全球空间的形成既是地理空间紧密联系的结果，也是在人类主体层面形成的社会关系的空间化认识。因此，在全球空间一体化的过程中，伴随着利益冲突、文化价值观的碰撞以及政治主权的独立，要立足人类主体地位，使不同空间区域在不平衡发展的冲突中相互承认、相互信任，达到共生共荣的良好状态。在地理空间不平衡的全球空间内，人类要实现自我的可持续性发展既要尊重人与自然的共生逻辑，也要遵守人类追求终极目标善的社会历史发展规律，在规律中实现全球空间内的共生共荣，让全球伦理在全球共生关系中深化。全球伦理的基本内涵正是共生共荣。在全球空间中的共生单元是包含个体与国家的人类主体形态；同时，全球化时代为人类共生共荣提供了命运与共的共生环境；在此基础上，形成了全球空间内相互承认、互助合作的共生模式。全球共生发展既是全球伦理的重要内涵，也是全球治理现代化的重要方式和价值指向。

全球伦理中的共生共荣首先要强调的是全球空间内主体之间的彼此承认，以及对全球伦理合法性的承认。承认是全球共生共荣的重要基础，以往那些虚假的承认关系以及虚假的共同体中不同主体之间的地位是不对等的，这启示了马克思恩格斯去提出真正的共同体以及成员之间的承认关系，他们认为"真正的承认则是在'现实的''具体的'人的关系中得到体现"[①]。承认关系要在实践主体中实现，承认既是对自身地位和价值的肯定，也是对其他主体价值的

---

① 陈良斌：《"主奴辩证法"的扬弃与承认的重建——从黑格尔的"主—奴关系"论到马克思的承认理论》，《武汉理工大学学报》（社会科学版）2009 年第 5 期。

认同，承认是主体间相互尊重与平等关系的基础。承认关系发生在人的社会性实践之中，而社会关系必然是超过一个主体本身的关系，所以承认关系不是主人对奴隶的承认，也不是资本家对工人的承认，而是平等地位的主体之间的相互承认。全球空间中的主体不再是具体的个人，而应该是不同国家、国际组织并存的主体。为了实现全球空间的共生共荣，国家之间、地区之间的相互承认与信任是不可或缺的基础，空间的不平衡关系不利于全球伦理的构建、全球治理秩序的形成以及全球主体的平等对话。人们要为构建相互信任、共生共荣的全球伦理关系，为构建和平、平等、合作的国际关系而努力。让人类主体共享新时代的发展机会和实践成果、共享全球空间的发展资源，同时也要共担全球空间的发展风险。

（二）全球认同是全球伦理的核心内容

人作为实践主体和价值主体基本有三种存在形态：作为现实的个体、作为社会的群体以及作为整体的人类。现实的个体可以通过身体伦理增进个体认同，社会的群体可以通过城市伦理获得社会认同，人类主体需要借助全球伦理来增进全球认同。全球认同并不是一朝一夕就能形成的，作为全球伦理的核心内容它以相互承认和信任为基础。信任有诚信、相信、依赖之意，在伦理学中信任是构建人与人之间良好的伦理关系的重要基石。信任关系在不同的人类社会形态中有不同的表现形式，人类社会发展的历史上"信任区分为习俗型信任、契约型信任和合作型信任"[①] 三种关系，它们以人类生产方式和生产工具的演进方式为标准。习俗型信任是指在传统社会中，人们经过共同生活形成的熟人社会关系；契约型信任正是资本主义社会发展后形成的工业城市中所需要建立起来的伦理关系。合作型信任是社会主义社会中才可能形成的，社会主义社会中人们是制度保障下平等的主体，合作型信任不同于契约型信任，它更强

---

① 张康之：《在历史的坐标中看信任——论信任的三种历史类型》，《社会科学研究》2005 年第 1 期。

调建立完善的法律制度体系去形成平等的合作团结关系。合作型信任关系是一种良好的社会关系,"合作从根本上改变了陌生人的性质,把相互利用、互为自我利益实现工具的陌生人改造为通过合作互惠互利的陌生人"①。合作型信任更多的是为了合作互惠,进行平等的交往。新时代需要构建一种新的合作关系来适应全球化的需求,增进人类对全球治理和共同体的认同。社会合作需要法律的维护,依法治国、有法必依是社会主义社会的明显特征。也可以说,全球认同并不仅仅是人类对全球多元价值观的认同,也是对多元的法律制度的遵守。全球认同虽然还有一段路程要走,但是我们已经认识到其重要性,这就是好的开端。

全球认同是全球伦理的核心内容。全球认同是新时代的认同方式,它与人的自我认同、社会认同之间具有不同的范围、层次、方式和目标。全球认同是人类主体范围内的认同,通过不同空间、地域、国家的交往方式实现各地区的平等共享发展的目标。全球认同是对自我认同、社会认同和国家认同中难以实现部分的合理满足和范围延伸。不同层次的认同之间是互补性的,它们相互融合又各有所长。人类认同的哲学基础是"和而不同"和"求同存异",而不是完全的同质化。从全球伦理来认识全球认同,其不同于以往的经济认同、政治认同,而更侧重伦理价值层面的认同,虽然这是更加困难和深层次的认同,政治与经济认同随着利益关系而变化,而伦理价值层面的认同是相对持久与稳定的关系。因此,在全球伦理中认识到全球认同的重要性和核心地位,全球伦理是合乎人类发展的历史规律和道德愿景的全球秩序。全球伦理是那些人类主体在全球空间中实践形成的具有基本共识的价值原则和规范,实现这些价值原则与规范正是要在经济、政治、文化的空间交往中才成立。人自身从个体到人类的丰富内涵中可以看出,全球伦理既是底线思维,

---

① 张康之:《在历史的坐标中看信任——论信任的三种历史类型》,《社会科学研究》2005年第1期。

也是超越思维。底线思维是指全球伦理是全球空间内人类行为遵守的最低伦理限度，这为全球伦理的认同和实现提供了更为广阔的空间；超越思维是指全球伦理蕴含的是人类未来的道德愿景。

第三节　问题缘由：全球空间中的伦理问题及原因

全球化为人类带来发展机遇的同时也带来了很多风险，而且这种风险早已经突破某种局部性成了全球性风险，对实现全球伦理和全球秩序造成了严重影响。针对全球化的风险以及全球伦理失序的困境，社会学家、哲学家根据不同的理论体系提出了不同的理想方案。但是由于人类历史发展的阶段性，共同体为核心的全球伦理一直以理想性、乌托邦化的方式存在着。乌托邦化的全球伦理有两种理解：从积极意义看，是指全球伦理建构是以人类全面自由解放为理想目标的；从消极意义看，是指全球伦理的实现是一个漫长的历史过程，因为经济、政治、文化等因素导致有一部分全球伦理方案在现实中实现比较困难。

一　问题：全球伦理构想的双重乌托邦化

新时代平等互利、合作共赢的国际关系和全球治理都需要全球伦理精神的引导。共同体是平衡全球多元主体关系的解决之道，倡导在现代社会重新建构共同体来调适现代性的结果。虽说在此之前，人类历史上也曾提出过一些未来社会的构想理念，比如思想家们提出的乌托邦、理想国构想、田园城市和花园城市等理念，这些社会构想都属于共同体的某种类型。但是理念性的、乌托邦式的共同体局限在人们的情感和意志层面，它们缺少像"自由人的联合体"这类真正的共同体对现实和人民的观照，缺乏人类社会的实践精神。对于全球伦理的乌托邦化现象，我们可以从两方面来认识：从消极意义看，它是指全球伦理的实现是一个漫长的历史过程，它的实现是比较困难的;从积极意义看,是指全球伦理建构是以人类全面自由解放为理想目标的。

从消极意义看,全球伦理的乌托邦化是指全球伦理的实现比较困难。一部分人认为乌托邦只有消极的意义。他们认为乌托邦的提出只是人们不切实际、不能实现的想象。乌托邦是指以往的社会构想,是一种脱离了历史唯物主义现实实践的空洞理想,是无法真的实现出来的理念。共同体的理念在资本和权力的主导下只能成为一种不切实际的理想。资本带来消费文化和消费主义的盛行,在人们之间形成了以金钱为中心的伦理关系,不管是生产方式还是生活方式,人们的交往实践都以积累资本、获得利益为目的。共同体能够成立在于人们有共同的诉求和目的,而在金钱关系中人们只为自身的利益而不会兼顾他者的利益。因此,在资本利益为主的利益共同体并不能解决人的意义和价值的共同诉求,从而就无法在现实中进行人类命运共同体的实践。共同体本身也分为很多种类:有的共同体是因人们聚集在某个空间长久地生产和生活而形成的地缘共同体;有的是因家族血缘联系在一起形成的家族共同体等。事实上,还需要立足于更高的宏观视野去把握共同体,之前思想家们提出的各种社会理想形式就是从人类超越性的本性出发研究共同体的例证。

本书指出的这些社会理想乌托邦化并不是对其意义和价值的否定,而是从历史唯物主义视域考察这些理想社会,指出它们因为受到历史的局限性而无法真正地在人类社会中实现,或者有的不符合人类历史的发展规律,因此这里的乌托邦化主要指理念在实现的过程中十分困难。

从积极意义看,全球伦理的乌托邦化是指其构建的理想性。立足于马克思主义辩证法,我们要辩证地看待乌托邦出现的意义,从消极和积极两方面看待乌托邦,为理解人类社会提供新的思路。积极的乌托邦是指未来社会的构想充满了人类对自身发展的希望,具有推动人类不懈实践的积极意义,它体现了人类对于未来、希望、美好的追求，是人类实践不可缺乏的实践动力。我们要从马克思主义理论的实践观和辩证法中去发现乌托邦的积极意义。我们要在新时代"重振时空乌托邦理想——一种辩证乌托邦理想，它来源于我们目前的可能性中，但同时它也揭示了人类不平衡地理发展的轨迹"①。辩证乌托邦既不是片面的空间乌托邦，也不是片面的时间乌托邦，之所以是辩证的乌托邦是因为它是结合了时空两个维度的乌托邦。辩证的乌托邦启示我们不能只认识到乌托邦被赋予的负面的、消极的意义，还要认识到它蕴含的人类超越性、理想性的积极意义。

本书在分析全球空间中伦理问题时，主要强调的是消极意义层面的全球伦理乌托邦化，具体表现为全球伦理的同质化、虚假性和强制性。

第一，全球伦理的同质化。资本主义生产方式是目前全球空间内的主要生产方式。资本"它按照自己的面貌为自己创造出一个世界"②。资本主义生产方式通过空间扩张实现了全球化，将全球空间塑造成为一个生产同质化的现代社会，在世界的各个地方有了同样的高楼大厦，有着同样的品牌物品，有着同样的审美标准，有着同样的电影文化等。与此同时，在这个过程中也造成了全球伦理的同质化。但是，全球伦理内涵本身应当满足不同主体和差异化的需求，全球伦理是在尊重多元价值观的基础上形成的具有人类共识的伦理观念。

第二，全球伦理的虚假性。在资本输出的同时资本主义国家也在进行文化输出。资本主义的文化输出具有强势的价值引导性和指向性，通过电影、电视、歌曲、知识、技术的输入，它们对输入国家中的意识形态和文化价值产生了十分直接的影响，甚至会影响到

---

① [美]大卫·哈维：《希望的空间》，胡大平译，南京大学出版社2006年版，第191页。

② 《马克思恩格斯文集》第1卷，人民出版社2009年版，第36页。

人们的价值观念、伦理认知和社会认同。这样的资本主义文化输出形成的以资本主义价值观为样本的全球价值观其实并不是真正的全球伦理。全球伦理应该表达的是人类整体真实的、正确的价值观念，而不是资本主义文化输出营造的虚假的全球价值观。

第三，全球伦理的强制性。资产阶级经济地位的确立意味着资产阶级的政治地位和政治权力的获得。经济、权力和文化是影响人的身份地位的重要因素，但是经济因素已经成为决定性的因素。因此，美国依靠自身的经济生产实力，成为世界上一家独大的霸权国家，同时它也拥有了在世界舞台上强力的政治话语权。发展中国家和地区只能在霸权关系的控制下生存和发展。由此可见，资本逻辑主导的全球伦理有一些强制性的因素在其中，并非基于人类共同的认知形成。全球伦理应该尊重个体、国家的自愿认同原则，通过自我认同进而达到全球认同。

本书在肯定全球伦理乌托邦化代表人类未来的积极意义的同时，主要立足历史唯物主义视域批判分析全球伦理的乌托邦化的消极原因，即要剖析出在全球伦理构建的过程中造成这些理论构想无法实现的真正原因是什么，只有这样才能在新的全球伦理关系中既体现人类的理想信念，也能找到一条可能性的实践路径。

二 原因：经济、文化、政治的不平衡发展

人类以"理想国"为典型代表的全球伦理理论构想之所以出现乌托邦化的特征，是由诸多原因综合作用而导致的。全球伦理乌托邦化的消极性表现在全球伦理的同质性、虚假性和强制性，造成这种现象的主要原因有资本经济、文化价值和政治制度不平衡发展。只有这些因素按照人类历史发展的预期达到一定程度的时候，重构具有可实践性的全球伦理才有可能性；如果基础条件发展不足，就可能会造成全球伦理乌托邦化的困境。

（一）经济原因：资本主义生产方式造成全球伦理的同质性

资本主义生产方式是造成全球伦理乌托邦化的根本原因。资本

积累向来就是一个深刻的地理事件。资本全球化的趋势形成了"全球历史地理学"研究,因此认识到全球范畴既是一个历史范畴,也是一个空间范畴。全球空间的形成与资本密不可分,全球空间在地理上是一个空间整体,但在社会空间的形成过程中资本起到决定性的作用。资本促进工业城市的形成,创新了科学技术,建设了发达的交通体系,将不同区域连接成一个整体,让人口、资源和资金都可以流动在全球空间中。全球化的本质是去中心化,但是却因资本霸权反而将全球空间同质化为一个机械的、僵硬的、毫无特色的空间,正如马克思所言,"在资产阶级社会里,资本具有独立性和个性,而活动着的个人却没有独立性和个性"[①]。所以说,全球空间的实践中表现出来的是资本特性即逐利性,它也将个人的个性掩盖为逐利性,由此全球空间中没有表现出人所具有的丰富个性和人类的伦理本质。资本在全球空间中处于核心的地位和力量,全球空间的形态和空间布局以及全球空间的不平衡发展都被资本的流动所影响。资本向哪个地区流动,哪个地区就会聚集起更多的劳动力、资源支持。资本的投入带动经济、基础建设、文明的发展,甚至带动了城市的整体性发展。因此,资本在空间层面展示出一种霸权。资本主义在资本力量拓展的时候塑造了带有霸权性的地理景观。这些地理景观包含了丰富的社会因素,比如不同的阶级色彩、身体的性别和社会职业等。社会景观和资本是相互塑造的,社会景观为资本霸权提供了多种实现途径,资本霸权又为社会景观的布局和结构提供了依据。

(二)文化原因:文化的不平衡关系造成全球伦理的虚假性

全球空间的不平衡发展包括了经济的不平衡、文化的不平衡和政治的不平衡。不平衡的发展状态是由于生产水平的不同和社会关系的核心要义不同决定的。全球空间内的文化不平衡发展是指通过对外传播发达国家的社会意识形态和文化观念,去影响甚至同化发

---

① 《马克思恩格斯文集》第 1 卷,人民出版社 2009 年版,第 46 页。

展中国家的人民价值观和文化观，并在意识形态层面起到隐匿的控制作用。"文化是欧洲事业的核心。它被视作欧共体'内部市场'和远景目标的绝对根本所在。"① 文化是共同体形成的内部动因，相较于经济因素而言，它是共同体更为深远的、持久的不懈动力。因为文化认同会增进人们的自我、社会、国家层面的认同，特别是在全球化过程中不同地方的文化具有很大的差异性，如何在差异中达成文化认同是个难题，因为全球化的过程中"既涉及到社会空间基体的变革，又涉及到主观上对空间与空间性的体验及定位的变更"②。获得其他主体的承认和认同，不能仅仅依靠强制性的权力措施来实现地位的稳固，还要通过文化和伦理精神的引导把信任和共同体理念内化在人民的心中，并出于主体的自由意志来认同国家和社会。

文化和意识形态的统一对国家、社会和个体的发展都有深刻影响。发达国家资本主义文化观念对发展中国家的价值观有直接的影响。目前，在全球空间中存在的消费主义至上的价值观就是一个例证。以消费至上为价值理念的主流文化价值观，不仅没有促进全球文化认同和身份认同，相反，它用符号化的消费文化构建起的全球伦理秩序其实是一种虚假的普遍价值。因为从根本上讲，消费文化是以资本主义社会的资本为核心的，倡导消费主义文化的目的也是扩大资本主义对全球空间的意识形态控制。因此，全球空间中的文化不平衡发展造成了全球伦理的虚假性。必须强调的是，人类需要良善的文化和正义的道德，这种道德应不受资本和权力干预，应该从人的类本质出发，打破不平衡的霸权关系，把资本和权力关进制度的笼子；从长远和深层着眼，必须对全球化过程进行民主机制和伦理精神的规范。

---

① ［英］戴维·莫利、凯文·罗宾斯:《认同的空间：全球媒介、电子世界景观与文化边界》，司艳译，南京大学出版社2001年版，第103页。

② ［英］戴维·莫利、凯文·罗宾斯:《认同的空间：全球媒介、电子世界景观与文化边界》，司艳译，南京大学出版社2001年版，第35—36页。

（三）政治原因：资本主义政治秩序造成全球伦理的强制性

资本主义政治秩序的形成以资本主义生产方式为基础。政治秩序是指处于统治地位的阶级对自身利益进行维护的权力手段。从全球空间内的政治关系来看，世界文明中更有利的政治制度都属于经济实力更强的国家。资本主义在全球空间构建的统一的政治秩序为全球伦理的建立奠定了秩序的基础，但是，政治秩序是一种由国家机构实现的强制性的手段。马克思认为，国家是在不同阶级的冲突与对立中产生的，"在经济上占统治地位的阶级的国家，这个阶级借助于国家而在政治上也成为占统治地位的阶级，因而获得了镇压和剥削被压迫阶级的新手段"①。国家是调节不同利益冲突的工具，将主体冲突控制在合理的秩序范围内。因此，全球空间内建立起很多的民族国家，这些国家以保护领土内的民族利益为目的。当全球化时代到来时，我们不能再以固定的国家领土、地理界限为分界线去治理，必须要超越地理空间的限制，进行全球协作和治理。但是在全球治理中制定政治秩序时，资本主义国家因占据着生产方式和资本的统治地位，从而也占据了政治上的统治地位，制定了有利于资本主义发展的全球治理政治秩序，将其他发展中国家纳入这样的政治秩序中，有一定的强制性作用，这也意味着在全球治理的过程中发展中国家总是处在被动的地位。因此，以资本主义发展利益为核心的全球伦理是虚假的、强制性的、局部的伦理秩序，并不能真正地实现人类未来对全球伦理的诉求。

全球空间各种因素的不平衡发展造成了全球伦理的同质化、虚假性和强制性，导致全球伦理的方案大多只停留在理论构想层面，而无法从历史现实中生发出理论实践的根基。我们要抵抗全球空间的不平衡发展需要进行人民之间的联合斗争，这是一场共产主义的斗争，也是一场自由人的联合斗争。全球性的反抗改革是从地方到区域再到全球空间的展开过程。为了抵抗资本主义同质化、虚假

---

① 《马克思恩格斯文集》第4卷，人民出版社2009年版，第191页。

性、强制性,寻找共同体的现实性基础、历史性源头和超越性目标,必须构建一种互相承认、彼此尊重、和谐共处的命运共同体。人类命运共同体正是承载全球伦理承认、信任、希望内涵的最佳样本。

第四节 重构全球伦理,增进人类共同福祉

全球伦理给人类许诺了一个更加美好、充满希望的共同福祉,这正是习近平总书记提出的人类命运共同体理念中最重要的伦理意蕴。马克思恩格斯对人类未来的构想是"自由人的联合体",但人的自由和解放要经历一个漫长而艰苦的过程。在这个历史过程中,人类只有一直保持对未来美好生活的希望,才能有面对困难、解决困难的不懈动力。共产主义是一个公正、自由、充满希望和未来的世界,它既是一种生产力高度发展的状态,也是人类普遍交往规范化的状态。全球伦理是共产主义实现的必然要求,而人类命运共同体是全球伦理的一种实践形式。立足马克思主义的时代精神,重构全球伦理以增进人类的共同福祉为内容和目的,有利于破解由于经济、文化、政治在全球中的不平衡发展导致的全球伦理乌托邦化的问题。当今时代我们倡导通过积极构建全球与地方发展的新关系,深化人类命运共同体理念的共识度,强化主体对全球伦理的认同感来重构全球伦理。全球伦理充分考虑了人类生存和发展的现状,蕴含了人类对自由和解放的超越性追求,它既具有实践性和包容性也具有现实性和超越性。

一 积极构建全球与地方发展的新关系

全球和地方的传统关系是一种对立关系:地方代表着民族性、本土性、传统性;全球代表着世界性、现代性、普及性。在传统认识中,地方是指一个固定的场所,地方表现为各种具体的空间场所,是人生产和生活的场所。但是,当代社会已经步入全球化快速

发展的历史阶段，我们必须重新认识全球与地方的关系。

马克思认为资本主义生产方式已经在全球空间形成了独具一格的关系模式，但是更重要的是要发现"真实的具体的同一性自身包含着差异、变化"①。全球化过程其实是体现在地方变化过程中的，全球可以视为一个被放大的地方，所以地方不再是以前人们所认识的那样——封闭的、有边界的、静止的、逃避性的选择。发现一种地理学意义上的"地方"是不够的，还需要建构一种社会学、本体论意义的地方范畴。重新定义和构建全球与地方的关系，将两者外在的对立关系转变为内在的辩证关系，形成"全球—地方"的新关系。"全球地方感——动态的，具有内部矛盾的，外向的——无疑是一种潜在的进步。"② 它有开放性、过程性、阶段性、动态性的特征。地方在一种与全球互动的关系中形成，地方的重要性并不在于某个具体的、固定的一个地点，而在于与地方、周围环境的关系。属于地方的特殊认识——地方感，正是地方之间相区别的内在标准，而只有地方与全球的联系与区别之中才能凸显出地方感，地方之间的实践互动才产生了全球性的关系。全球的本质是一种关系，地方只是关系网络中的一个节点，所有的关系都必然在每一个地方实现。空间和地方的区别就在于人在空间中实践、体验，经过人在空间的行为把这个空间变成与自己有关的地方。

全球关系中的地方概念，包含了人与自身、人与自然、人与社会的整体性关系。从空间是一种关系的本质来看，空间是我们生活所实践产生的所有的关系总和，并且这些关系在人的流动性中也会发生全球空间内的流动。同时要思考地方是否必然给我们一种伦理的承诺，"在一种相互关联的、全球化的空间性中，'有根性'和对一种情景化的伦理学的寻求，是否必须依然与本土观念紧密结合

---

① 《马克思恩格斯文集》第 9 卷，人民出版社 2009 年版，第 477 页。
② ［英］多琳·马西：《空间、地方与性别》，毛彩凤、袁久红、丁乙译，首都师范大学出版社 2018 年版，第 182 页。

在一起"①。空间生产和空间重组的过程需要主体给予空间伦理承诺，这就要求建立起"全球—地方"之间的伦理关系。人在空间中形成一种有根性的情感体验，但这种有根性并不必然地和地方联系在一起。相反，这些情感和伦理的体验可以在全球关系中实现，正如马克思说的，"只有在共同体中，个人才能获得全面发展其才能的手段，也就是说，只有在共同体中才可能有个人自由"②，共同体既为个体提供了全面发展自身能力的条件，也借助其力量给个人自由以保护。全面发展的个人关系和个人能力以及组成的命运共同体表现的都是一种社会关系，是一种时空的产物。

总而言之，在"全球—地方"的新关系中二者不再彼此对立而是相互支持。全球空间的形成和地方的开放是统一的过程，全球—地方的关系是基于地方差异性的全球化，它既保留着地方本身具有的独特性，也用一种开放的态度接受全球化的趋势；既要借助地方传统来抵抗经济、文化、政治的霸权关系，也能寻找到人类在全球空间中的共同价值，实现全球与地方的融合关系。

二 深化人类命运共同体理念的共识性

全球伦理要破解无法实现的乌托邦化困境和资本主义社会中存在的霸权主义，就要寻找到全球伦理存在的现实基础和实现条件。当然全球伦理因为涉及的主体与因素过于繁杂，所以它的实现还需要一个历史过程，只有生产力得以发展，文明更加进步以及人们对类观念的认同程度提升，才有可能实现全球伦理。全球伦理是全球空间中形成的一种共同认可的价值理念，在不同的历史、空间中也有具体的价值。目前全球空间中存在的最具合理性的共同价值，正是习近平总书记在坚持马克思主义立场提出的"人类命运共同体"

---

① [英]多琳·马西：《保卫空间》，王爱松译，江苏教育出版社2013年版，第253页。

② 《马克思恩格斯文集》第1卷，人民出版社2009年版，第571页。

理念。

（一）人类命运共同体的现实性

人与自然的共生关系是人类命运共同体的现实基础。人与自然的关系在历史实践中不断改变。从人依赖自然、索取自然、尊重自然，到人与自然共生的关系转变表明，人类的自然观始终与人类社会历史阶段相符合。生产力低下的社会时期，人们的物质资料生产总是依赖自然，向自然索取资源。新时代人类更加注重生态文明建设和生态系统的保护，习近平总书记提出了一种共同体式的自然观——"山水林田湖是一个生命共同体"[①]，从自然环境的生命共同体到人与自然关系的生命共同体，新时代的自然观、生命观已经形成。"生命共同体"是人类命运共同体提出的现实基础，因为"人的命脉在田，田的命脉在水，水的命脉在山，山的命脉在土，土的命脉在树"[②]。对人与自然的关系分析，可以帮助我们树立起生态文明的发展理念。人与自然的关系是恩格斯在《自然辩证法》中重点讨论的内容，恩格斯明确提出人与自然不是对立的关系，相反，人与自然是内在统一的关系。人的身体、头脑都属于自然界的有机部分，人与自然是整体性的存在。人通过对自然界的改造而获得自身发展的条件，在人与自然相互作用的过程中实现了自然的人化和人的对象化。人与自然的关系本质上就是人与人之间的关系，所以人与自然的生命共同体从逻辑上是人类命运共同体的现实基础。

人类存在的现实性需求是构建共同体的合理性来源。人们按照自己的需求进行生产和生活的实践，在实践活动中建立起与之相关的社会关系。"人们按照自己的物质生产率建立相应的社会关系，正是这些人又按照自己的社会关系创造了相应的原理、观念和范

---

① 《习近平谈治国理政》，外文出版社 2014 年版，第 85 页。
② 《习近平谈治国理政》，外文出版社 2014 年版，第 85 页。

畴。"① 社会关系是建立在人与自然的关系以及人的实践活动之中的，当实践环境、实践对象在不断发生变化时，我们的观念也伴随着实践而变化。从历史唯物主义视域来看，人类文明始终处在动态的变化之中。习近平总书记在相关重要讲话中提到的其他一些具体范围的命运共同体则是对区域内共同价值的精神进行实践尝试和多方面论证。人类命运共同体既是一种理念，也是一种实践，只有在实践中得到检验的理念才是符合历史唯物主义原则的，也只有在实践中理念才能不断地完善和调适自身，从而更加科学。

（二）人类命运共同体的超越性

人类命运共同体之所以能够超越形式化的共同体、局部性的共同体，就在于其扎根于全球化的空间现实，并包含了"人与自然是生命共同体"的自然关系。还因为人类命运共同体具有超越理想性和充满希望的内涵，这也正是人类与动物相区别之处，马克思说，"人是唯一能够挣脱纯粹动物状态的动物——他的正常状态是一种同他的意识相适应的状态，是需要他自己来创造的状态"②。动物只能为了生存对自然界进行索取，而人却能够超越基础的生存需求去创造一个属于人类的精神世界。当无产阶级为了人类的自由和解放进行不懈斗争的时候，原来资本主义制度下存在的一切社会关系都岌岌可危，因为新的世界观就要形成了。人类命运共同体的超越性来源于人本身的超越性本质。人的内在超越性是人类超越个体有限性存在的前提，不论是在时间维度还是空间维度个体都是有限性的存在。个体存在只是人类历史长河中有限的内容，因此，为了突破人的有限性，人类便构想了宗教世界、理念世界、想象世界和未来世界。人的有限性一方面表明了人在世界中的局限性，另一方面却也激活了人们对超越性和无限性的追求。人们始终对美好世界存在期盼，但因为不具备实践的现实土壤和历史条件，所以历史上人们

---

① 《马克思恩格斯文集》第1卷，人民出版社2009年版，第603页。
② 《马克思恩格斯文集》第9卷，人民出版社2009年版，第408页。

对未来的乌托邦构想大多处在一种理念式的空间想象中。

在全球化的新时代，习近平总书记立足马克思主义实践立场，以实现人民对美好生活的向往为目标，科学地提出"构建人类命运共同体是一个美好的目标"[①]。在人类命运共同体中，第一个关键词是"人类"，不单是指哪个具体的个体，哪个具体的国家，而是指不区分种族、国家、性别和阶级的人类整体，人类命运共同体是对整个人类未来的思考。第二个关键词是"命运"，命运关乎人类的存在，也关乎人类发展变化的趋势，人类的命运在历史的潮流中跌宕起伏。当人类面临的风险不再局限于一个地区，而成为整个人类共同面对的问题时，人类的命运才真正地联系在一起。第三个关键词是"共同体"，它是利益层面、意义层面、权利层面、认识层面的共同体，其中组成共同体的核心是人们的共识和认同。人类命运共同体真正地体现了马克思主义中历史唯物主义方法论的内核精神，它做到了"真正立足于世界一体化的时代背景，立足于世界各国现有的和未来可能的物质生产生活方式，是马克思世界历史理论及其历史唯物主义合乎逻辑的延伸和发展"[②]。所以，树立人类命运共同体理念是实现21世纪全球伦理的必然路径，这就要求相关主体从思想上改变不平等的观念，树立平等参与全球空间治理的意识，在国际交流中积极对话、互助合作，真正做到命运一体、休戚与共。

人类命运共同体的理念在相互尊重、公平正义、合作共赢的新型国际关系中不断落实。相互尊重是全球伦理关系中的前提。发展中国家受制于发达国家，承受了发达国家的生产原料、劳动力和生产垃圾以及发达国家的文化、价值理念。不平等地位让人类命运共同体的理念无法贯彻，只有不同国家之间开始相互尊重，相互承认

---

① 《习近平谈治国理政》第二卷，外文出版社2017年版，第548页。
② 李猛：《共同体、正义与自然——"人与自然是生命共同体"与"人类命运共同体"生态向度的哲学阐释》，《厦门大学学报》（哲学社会科学版）2018年第5期。

才能有平等的国际关系和相互协作的可能。公平正义是全球伦理关系的价值内容。公平正义意味着人们可以拥有公平获得生存和发展资源的机会，公平的机会有可能带来正义的结果和理念，公平也能带来平等的身份和地位。合作共赢是全球伦理关系的实践途径。在新型国际关系中，不同国家之间要进行互助合作才能达到发展的共赢结果，共赢是指各个国家在国际合作的过程中获得自身最好的发展空间和机会。在全球化时代，人类命运共同体就是要"超越'以资本为中心'的空间生产机制，迈向'以人民为中心'的空间生产命运共同体"①。全球空间是人类生存的宏观空间，全球伦理就是整体性、全局性的伦理关系。习近平总书记提出的亚洲命运共同体、中欧命运共同体、海洋命运共同体以及"一带一路"的空间倡议都是在人类命运共同体理念下增进全球合作、互助共赢的重要举措。

三 强化各主体对全球伦理的广泛认同

以人类命运共同体为代表的全球伦理思想在新时代的重要价值不言而喻。人类命运共同体在全球化时代对于每一位个体、对于每一座城市、对于每一个国家乃至整个人类世界而言都具有现实性和超越性的价值和意义。人类命运共同体是包括个体、城市、民族、国家等不同主体实践的共同需求的结果，它的价值既指向了当下，也指向了未来；既深入个体，也面向了全球。人类命运共同体的共同利益和共同目的，并不是将不同主体之间的利益同质化，而是要尊重主体的差异性，在差异性的基础上，寻求更高层次的共同利益。

对于个体而言，全球伦理有利于现实的个人自我认同的实现。人类命运共同体的构成基础是现实的人，因为人类命运共同体理念

---

① 林密：《〈共产党宣言〉的空间生产思想及其当代意义再探析》，《南京社会科学》2019年第1期。

是在人类生活的历史过程中才演化出来的结果。人类命运共同体蕴含的共同价值是个体道德的升华凝结，也是社会道德的最高表达。人类命运共同体在全球空间不同国家中得到的认同和肯定，有利于现实的个人之间伦理关系的实现，有助于个体与人的类本质实现统一。个体如果不能认识到人的类本质就无法对自己的地位有明确的认识；而人类的类本质如果无法观照到个体的本质，就会导致类本质脱离历史实际，从而让人的类本质成为抽象的存在。人类的共同价值和共同利益存在于人与人相互依存的生产关系和社会关系之中，人类的共同价值是有深厚的现实基础的。个人是认识的主体，也是实践的主体，更是一种价值的主体。作为价值的主体，我们需要从内在做好个体和社会对自身的要求，将社会主义核心价值观和人类命运与共的精神内化于个体的道德实践之中。共同价值是个人道德的有机升华，个人的道德生活是共同价值的具体实践。人的道德存在不仅是回归到人的日常生活，还要回归到人的类本质。"人是类存在物，不仅因为人在实践上和理论上都把类——他自身的类以及其他物的类——当做自己的对象……因为人把自身当做普遍的因而也是自由的存在物来对待。"[①] 人与动物的区别就在于人能够具有自我意识，并认识到自己的类本质。全球霸权主义终会受到大多数人的反抗，并被那些符合人类整体发展利益的价值观所替代。人类社会的共同价值属于人类的精神财富，应包含着命运与共、平等自由、生态平衡、共生共荣等丰富的内涵。

对于中国而言，全球伦理有利于提高中国的国际地位和话语权。人类命运共同体正是习近平总书记在面对复杂的国际环境和国内发展现状，而提出的全球伦理的中国话语和实践方案。话语权是指通过话语的内容和形式表达出话语主体所拥有和诉求的权力和权利。话语权可以分为经济话语权、政治话语权、文化话语权等内容，在国际关系中，话语权主要指一种政治话语权。国际话语权是

---

① 《马克思恩格斯文集》第 1 卷，人民出版社 2009 年版，第 161 页。

指不同的国家在国际关系中因地位不同而具有不同的影响力，国家的权力和地位影响着其他国家的发展，拥有话语权就是其他国家对话语内容的认同，只有认同了话语权所内含的内容，才会产生一个国家对另一个国家的权力和权利。所以说，话语权的重要性就在于话语认同和话语之间的相互反馈。多维度的具体命运共同体，人类命运共同体，"一带一路"的空间倡议等丰富内容构成了中国和平发展的新型国际关系体系。这些国际关系的理念和倡议，体现了中国以和平与发展为核心的对外交流的价值理念。正是因为中国提出的这些国际交流政策具有人类未来发展的共识，才能适应人类在现代全球空间的发展需求。也因此人类命运共同体才能在全球空间中受到一致的认可，"在人类命运共同体中，每一个国家作为伦理主体都应该树立自身的伦理意识，坚守国际秩序和规范就构成人类命运共同体的伦理原则"[①]。全球空间中的其他国家对中国全球伦理方案的认可意味着对中国的外交政策和国际地位的认可。

对于世界而言，全球伦理有利于全球空间治理新秩序体系的建立。人类生活空间的新形势需要建立新秩序，用新秩序保障全球空间治理现代化的进程。全球空间中旧的不平衡的国际秩序已经不适应当代社会的发展，但新的国际秩序尚未明确建立。国际秩序的调整是与时代发展相适应的创新过程，国际秩序是国际安全、和平发展和全球治理现代化的重要保障。全球空间的秩序已从"普世价值"转向"共同价值"：普世价值以西方文化为中心，是以抽象的人的自由和平等为内容的价值观；"'共同价值'立足于现实的命运共同体中的社会实践，是各个层面的命运共同体在其追求自身的生存与发展的过程中自我生成的现实利益及其价值"[②]。共同价值相较于普世价值具有深刻的现实性，共同价值的具体内容是经由人类

[①] 吴宏政：《"人类命运共同体"的将来时伦理承诺》，《北方论丛》2018年第1期。

[②] 鲁品越、王永章：《从"普世价值"到"共同价值"：国际话语权的历史转换——兼论两种经济全球化》，《马克思主义研究》2017年第10期。

实践得来的，涉及丰富的经济、政治、文化等内容的价值观。基于共同价值的全球伦理有助于全球治理新秩序的建立，共同价值观念是全球治理秩序的内化动力，全球治理又为共同价值的实现提供了制度的保障。全球治理新秩序的建立不仅需要治理理念的现代化，也需要治理制度的现代化，治理技术的现代化，更需要人类命运共同体理念的价值支撑。全球伦理和全球治理是相辅相成的辩证过程，都为国际和平外交提供了有利的助力。

对于人类而言，全球伦理有利于推动人类全面而自由的解放。对于整个人类而言，人类命运共同体是人类能够可持续发展的时代选择。人类命运共同体的提出意味着新的共同体形式的出现，它是面向全球空间所有人类利益而建立的共同体，它从人类的高度出发来把握共同体的前进趋势。"构建人类命运共同体作为走向'真正的共同体'的世界历史性阶段，必须自觉地从'人类社会或社会的人类'的哲学立场出发，变革世界市场体系和全球治理体系，发展全球性社会生产力。"[①] 因为在马克思主义理论中，人不仅在生物学意义上属于人类，而且应该在社会学意义上属于人类，人的社会属性是人类区别于动物的特征。人们的生产可以结合不同种类的属性和人的需求去改造自然物质，将大自然的资源整合创造，形成了"第二自然"状态——人类社会。所以人类命运共同体所强调的人类是社会意义上的人类，是以人的类本质、类文明为基础的。人是认识的、实践的、价值的主体，因此人类命运共同体要始终以人民为中心，中国在这方面做出了诸多尝试和努力。中国的社会实践和经济发展始终都依靠人民、为了人民，以满足人民的需求为发展目的。总的来讲，立足历史唯物主义视域，反思全球空间伦理的问题及其解决方案，为人类命运共同体理念提供了历史和现实的印证。

马克思特别关注人类的超越性本质。人类对未来的思考和坚持

---

① 刘同舫：《构建人类命运共同体对历史唯物主义的原创性贡献》，《中国社会科学》2018 年第 7 期。

的动力来源正是因为人类本质是一种怀有希望的主体。在布洛赫的希望哲学中认为,"人是一种希望的动物。这种'希望'不仅仅是心理学意义上的,而且还是宇宙论意义上的"[①]。这就说明人所拥有的希望既是一种理想的存在,同时人类的希望也是具有现实性的,人类的希望是主观和客观的统一,是内在性与外在性的统一。马克思主义本身就是一种蕴含希望和无限可能的世界观,历史唯物主义是实践的唯物主义、是进步的唯物主义。这种唯物主义并不是把物质看作简单的客体和被动的对象,相反,物质是实现一切希望和计划的基础,如果没有物质作为实践活动的基础,那么,人类对世界的认识和改造都无法实现。

人类发展和世界进程是内在一致的,它们都是一个尚未完成的过程。[②] 尚未完成意味着有很多的可能性未来,也正是因为世界的尚未完成,人们才会永葆希望去不断尝试和选择。希望对于人类而言具有本体论、认识论和价值论层面丰富的意义,"希望不只是纯粹心理学意义上的情感或者期盼,而且还具有认识论意义的乌托邦功能;人是希望的动物,而希望是一种构成性的认识力量"[③]。对未来社会、美好生活的希望,人们有很多的表达方式,可以通过构想新的世界、树立新的伦理秩序、创造新的理论思想、规划新的生活空间等。人们不仅在认识世界的过程中表达着对未来的希望,也在改造世界的过程中表达着对善的追求。

[①] 欧阳谦:《"尚未存在"与"希望哲学"》,《世界哲学》2013 年第 1 期。
[②] Wayne Hudson,"*The Marxist philosophy of Ernst Bloch*", London: Macmillan Press, 1982, p. 92.
[③] 欧阳谦:《"尚未存在"与"希望哲学"》,《世界哲学》2013 年第 1 期。

第 六 章

新时代中国空间伦理的善治实践

前文对身体伦理、城市伦理和全球伦理的研究最终都指向了空间伦理的善治目标。空间伦理以人民的美好生活和美好社会为善治目标，这也符合空间治理的善治要求。习近平总书记提出在我国的发展中要注重"完善空间治理"[1]，细化空间功能、协调空间关系以达到空间的善治状态。空间治理是对空间内资本、权力、技术、伦理等因素应用的反思和协调，除了需要法律制度的规范和经济基础的支撑，还需要"强调政治向善、求善和行善的内在善性，要求政治通过促进国家发展、社会进步和国民福祉的方式，彰显崇高的合伦理性"[2]。伦理精神对空间治理的引导是将治理的制度规范这种外在的力量内化于人民内心，为善治目标提供充分的精神价值支撑。但是实现空间伦理的善治目标并不是一件容易的事情，我们要认清空间伦理善治的影响因素，挖掘出促进善治的驱动力量，遵循善治的践行原则。在空间伦理善治目标的指导下新时代中国提出的"住有所居""城乡融合""一带一路"等空间治理方案切实地推进了人民对美好生活的向往。

---

[1] 《习近平谈治国理政》第三卷，外文出版社 2020 年版，第 271 页。
[2] 向玉乔：《国家治理的伦理意蕴》，《中国社会科学》2016 年第 5 期。

第一节　空间伦理的善治目标：人民对美好生活的向往

历史唯物主义视域中空间伦理理论就像一棵大树，它统一于空间实践的树干上，同时，它也有很多的内容分支即不同层次的空间伦理。空间伦理属于人的实践问题，而人的实践在具体空间中才得以展开。所以身体伦理、城市伦理和全球伦理虽然看似是具有独立性的研究部分，但从实践本质上讲，它们都属于空间伦理的有机内容。在现实中，生活空间没有完全的、绝对的界限，相反，它们是重叠的，就像身体空间必须在城乡空间中才能存在，而城乡空间又是全球空间的必要部分。虽然它们各有不同的问题、解决方案和具体目标，但是它们的根本目标是高度一致的即达到空间的"善治"状态。空间伦理的总体目标是善治，即人民通过空间伦理将空间治理得更符合人的发展要求，充分体现出人的主体性和能动性。生活得好的标准既符合个体道德要求，满足主体的全面发展需求；也符合社会伦理精神，为人民提供一个良好的社会环境，个体的道德要求和社会的伦理精神是内在一致的。

一个善的身体就是一个健康的身体[①]、完善的自我状态；一个善的城市就是一个和谐的社会、人文宜居的状态；一个善的全球空间就是一个共荣共生的人类命运共同体。与此相反，空间的恶表现在身体的疾病、城市的冲突、全球的霸权等方面。健康或疾病，和谐或混乱，并不能简单地等同于善或恶。这些状态在空间中处在一种重叠交织、不可分辨的复杂关系里。在善恶的交织斗争过程中，善的伦理道德更加凸显出其对于人类发展的价值，对善的追求也彰显了人类的自由解放本质。我们要在善与恶的辩证关系中找到善的

[①] 参见任丑《身体伦理的基本问题——健康、疾病与伦理的关系》，《世界哲学》2014年第3期。

德性实现之路也即恶的约束方法。空间伦理就是要突出善的、伦理的理念在空间治理中的重要作用。空间善治目标通过空间伦理的提出而进一步实现，因为空间伦理为人民在空间中的生活起到了引导和规范作用，引导人民的社会行为更符合空间治理的要求。人们在空间中如何生活得更好，一方面，要尊重空间本身发展的规律；另一方面，要遵循人类发展的伦理愿景。空间伦理的善治要求处理好空间伦理中资本、政治、文化、地理等影响因素，突出主体内在需求和社会外在需求对空间伦理的驱动力量。空间善治要始终坚持人本性与空间性相统一、差异性与系统性相统一、个体性与类本性相统一的实践原则。

一 空间伦理善治目标的影响因素

通过对身体伦理、城市伦理和全球伦理问题产生原因的分析，可以看出经济因素、政治因素、文化因素和地理因素都与空间伦理能否重建、能否实现其善治目标紧密相关。空间治理的善治目标以人民为中心包括了经济发展、政治清明、法律健全、文化普及和地理平衡发展等。空间伦理的善治目标在经济、政治、文化和地理等因素的共同作用下才能实现。

第一，经济因素是实现空间伦理善治的现实基础。历史唯物主义中人类社会关系和伦理观念都取决于当时他们所处时代的生产方式和经济基础，因为"人们自觉地或不自觉地，归根到底总是从他们阶级地位所依据的实际关系中——从他们进行生产和交换的经济关系中，获得自己的伦理观念"[①]。经济因素中那些生产力和生产关系的辩证关系对空间伦理起到基础性影响，但是伦理观念具有相对的独立性，它会对社会经济发展起到反作用。资本在哪里，经济中心在哪里，人口就在哪里，新的空间中心就在哪里。经济因素本身是没有价值偏向的，但是掌握资本的资本家有主观的价值偏好，因

[①] 《马克思恩格斯文集》第9卷，人民出版社2009年版，第99页。

此，资本导致的空间伦理问题在本质上是人们对资本的不合理运用而导致的社会性问题。从经济因素来讲，空间伦理的善治需要既大力提高空间生产效率，同时也要通过制度、伦理来约束资本在空间中的应用。

第二，政治因素是实现空间伦理善治的外在保障。合理的国家权力分配和制度规范有利于保障空间治理的有效性、空间规划的科学性和空间定位的准确性。政治权力对空间治理的重要性不言而喻，合理合法地使用政治权力是善治的要求，善治以法治为前提，同时善治也以伦理为内在依据。"善治是政府与公民对社会公共生活的共同管理，是国家与公民社会的良好合作，是两者关系的最佳状态。"[①] 政治权利直接通过国家政策、制度体系对人民生活、城乡关系、全球发展进行治理。空间治理需要政治力量也需要伦理力量，空间伦理和空间法治之间是相互补充、相互配合的关系。政治因素如果和空间伦理相符合，就有利于推进人民美好生活的善治目标；当政治因素不符合空间伦理的要求时，就会阻碍空间善治的实现。

第三，文化因素是实现空间伦理善治的内驱动力。人们在空间实践中形成的具有民族性、地域性的传统文化对空间伦理价值观有重要影响作用。人们在某一空间中实践形成的文化和伦理都属于社会意识层面的内容，它们受到当时空间现状的制约。中西文化的差异就是最好的例证，中西文化的差异也导致了中西伦理观念和生活习惯的差异。文化因素是伦理的重要来源，某一地方历史形成的优良文化有利于促进空间伦理的形成；而那些糟粕文化则是阻碍空间伦理形成的障碍。空间伦理的善治目标不仅要通过政治制度的保障，还需要通过文化、伦理等精神韧性去提升善治的人文性、持久性，将善治目标用文化教育转化为人民内心的道德追求。所以，我国开展的传统文化、革命文化、地方文化等优秀文化的教育宣传活

---

① 俞可平：《善治与幸福》，《马克思主义与现实》2011 年第 2 期。

动正是通过文化来推进我国空间伦理的实践方法。

第四，地理因素是实现空间伦理善治的客观条件。自然空间的地理面貌会影响社会空间发展。人类生活的地球空间面积广袤无垠，气候类型多样。不同地理区域的自然环境差异巨大，由于地理纬度的不同，产生了不同的自然气候。在不同的地理环境气候影响下，人们的生活方式、生产方式、交往方式都不相同。自然地理条件是社会空间的客观基础因素，人们无法避开自然空间因素的影响。人们只能在尊重自然发展规律的基础上，通过实践活动改造自然条件以适应人类对美好生活的需求。人类合理地利用自然空间资源，尊重自然空间规律是空间伦理善治目的实现的前提。地理空间为人类的空间实践提供了客观条件，合理利用客观条件，是发挥人的主观能动的前提，将地理空间环境与人类的主观需求相统一，达到自然空间与社会空间的和谐。

二　空间伦理善治目标的驱动力量

空间伦理以实现人民对美好生活的向往为善治目标，这并不是凭空得出的结论。它是符合人类历史发展进程的必然目标，正如马克思恩格斯在批判资本主义社会中提出的人类解放的崇高目标一样。无产阶级对自由解放的追求驱动了人类解放的进程，同样，人民对美好生活的向往也是驱动空间伦理及其善治目标的力量。空间伦理不是一个事物，它是历史发展中的一个过程，人民群众是空间伦理的主体和动力。空间伦理和空间生产、空间正义、空间权利都是人类空间治理不可缺少的维度。由于空间伦理本质上是人的伦理问题、社会的伦理问题，因此，从内在动力讲，人作为历史—地理的主体自身寻求更好地发展需要空间伦理；从外因讲，社会想要更好地满足人民多样化、高质量的发展，所以需要空间伦理引导社会与人的互动关系。

第一，人民对美好生活的向往是空间伦理的善治目标的内在动力。人民群众是历史的主体，也是空间的主体。主体根据自身需求认识和改造空间的状态,所以当空间中出现资本化、权力化、技术化的趋势时,人们开始反思什么样的空间才是好的?什么样的空间才能更好地同时激发人的感性和理性能力?什么样的空间才能最优地展示出人的主体性地位?空间受到过度资本化和权力化的管制,从人的生存场域变成了权力规训的工具,人们在空间中无法感受到除了金钱关系之外的情感和价值。所以当人民自由自觉的意识觉醒时就需要空间伦理的善治,人民的主体地位和主观能动性便是推动空间伦理善治实现的内在动力。空间伦理的善治目标的提出既符合全人类共同解放的需求,也符合个体对自身的健康治理和自我完善的目的,以及城市和谐社会的构建需求。不同空间的治理目标都指向了空间的善治,因为个体利益与群体利益、人类利益在本质上是一致的。

如果不加以深究,我们就会以为人们总是出于个体的主观意志对空间伦理做出判断。一般而言,人们认为只有个体才是活生生的主体,这样的主体才有自我的独立意志、行为习惯和利益需求,所以任何的价值判断都带有个体性色彩。但是事实上,人们的社会性比个体性在空间生活中的作用更大,社会性的价值判断对于人类整体的发展也更为重要,因为社会价值是人类价值的总和,它平衡了无数个体的价值追求。所以,资本主义制度倡导的那种自我中心主义并不适用于社会主义社会的集体利益要求,社会主义需要解决那些现代性相关的道德纷争,"由于受到'自我'之任性的浸染、影响和主宰,现代性价值诉求总不能免除'我'之专断"[1]。因此,只有超越了个体的自我偏见,在社会关系中打开无数个自我,形成一种包容的、开放的、共有的社会价值理念,在实现自我价值的同时达到社会身份的认同。人本身的善良意志和理性意志成为空间伦

---

[1] 田海平:《国家伦理的基本价值预设及其道德前提》,《学术研究》2016年第9期。

理实践的内在动力,所以说,"成就社会和谐的是人的本性"①。

第二,美好社会对和谐和公平正义的需求是空间伦理的外在动力。建设和谐、公平、正义的美好社会既是空间伦理的自我要求,也是重视空间伦理的外在动力。在社会中人与人之间的道德行为和伦理关系基于一种无处不在的联结关系,我们所处的地点不同、单元不同、人员不同就会形成不同的社会关系,我们始终无法挣脱各种关系的束缚去独立存在。个体与他人、与社会、与人类连结在一起,所以"我们这个时代的伦理危机也就是个体—社会—种属的连结危机"②。联结的危机就是关系断裂的危机,人们生活的社会空间的本质就是无数的关系网格,所以根据社会关系的范围,伦理形成了自我伦理、社会伦理和人类伦理;如果将空间因素凸显出来,从空间来反思伦理关系,就形成了本书所研究的对象微观空间的身体伦理、中观空间的城市伦理和宏观空间的全球伦理。

主体的主观需求还不足完全推动空间伦理的建构,只有人民和社会达到一致的伦理需求才能更有利于空间伦理的提出。主体在主观层面证明了空间伦理的必要性,社会在客观层面证明了空间伦理的合理性。任何社会的伦理都是一种复杂性伦理。现实生活中人们对事实进行直接的价值判断是相对困难的,很多时候我们可能并不能简单地判断事实的善或恶、是或非,因为可能存在目的的善,但过程却包含恶行,也存在善的行为导致了恶的结果。所以说伦理是具有复杂性的,善与恶的辩证法就在其中。在人类社会的形成过程中,虽然社会属于人们共同的实践领域,但"它不会自动消除剥削、统治、不公平、不平等"③,甚至在社会中的资本、政治和技术

---

① [美]爱莲心:《时间、空间与伦理学基础》,高永旺、李孟国译,江苏人民出版社2015年版,第153页。

② [法]埃德加·莫兰:《伦理》,于硕译,上海:学林出版社2017年版,第47页。

③ [法]埃德加·莫兰:《伦理》,于硕译,上海:学林出版社2017年版,第243页。

被不正当运用时会加深空间中的不公平、非正义等现实问题。但是在人民向往的"在美好社会里，所有公民都必须有个人自由、基本的福利、种族和民族平等以及过一种有价值生活的机会"①。为了建设符合人民需求的美好社会更需要空间伦理来引导这些社会因素的合目的性及合理性应用。

空间伦理内容根据时代变迁而不断地革新。生活时代的条件变革本身就包括了道德和伦理意识的革新。每当社会出现新的条件和技术创新应用时，我们首先就要思考这种技术或方案带来的社会影响和伦理后果人类是否能够承担，是否能制定有效的应急预案等前提性反思。由于人与时间、空间同时存在，所以我们目前所做的空间伦理研究主要是对空间生产、空间生活和空间生态相关的空间治理的反思，以及对空间未来发展的一种合理展望。因为，社会空间内的善与恶是相伴相生的，人类社会中恶的意识是不可能消除的，只有通过善的行为去引导恶的观念，将恶的、不好的、非正义的行为控制在一定的范围之内，让社会的善总体大于社会的恶，才能推动社会朝向一个更好的发展方向。人们在抵抗空间伦理关系失序带来的混乱时，也就是在抵抗身体的片面化、城市的陌生化和全球的同质化等现象。这就意味着人民对美好生活的向往以及美好社会的建设是空间伦理善治目标的主要驱动力量。

三 空间伦理善治目标的践行原则

空间伦理为了实现主体与社会的善治状态就需要坚持人本性与空间性相统一、差异性与系统性相统一、个体性与类本性相统一的原则。这些原则既关注到个体、社会，也关注到人类；既关注到不同空间的差异性，也关注到空间整体的系统性。

第一，坚持人本性与空间性相统一的原则。一方面，空间伦理

---

① ［美］约翰·肯尼思·加尔布雷思：《美好社会——人类议程》，王中宝、陈志宏、李毅译，江苏人民出版社2009年版，第3—4页。

的善治应当坚持人本性原则。人本性原则的本质是以人为目的、以人为中心的原则。但以人为中心并不能狭隘地认为是人类中心主义，以人为中心是指以人为主体，并围绕人的发展将相关的因素融合在一体中考量。空间伦理坚持人本性原则是指在空间生产、分配、消费等规划过程中要以人为目的，而不能以空间本身为目的，本末倒置。空间是人活动的场所、过程，也是实践活动的结果，如果我们只将空间当作工具式的存在，就容易陷入物化的结果，所以必须通过实践将空间人化并赋予空间内心价值，将空间与人的存在融为一体。如果没有人的实践，空间作为一种客观性的存在将毫无价值，物件只有通过人的"上手"才能获得价值性存在，在人的实践中实现空间社会化。所以空间伦理最首要的价值原则就是人本性。

另一方面，空间伦理的善治应当坚持空间性原则。空间伦理强调的是空间与人的关系而不是时间与人的关系。空间性是空间伦理能够成立的前提，立足于空间才能思考空间伦理的问题，挖掘空间对伦理精神的影响，也要凸显伦理对空间的浸润。空间是人类存在的必要条件，离开时间与空间，人类是无法真正存在与言说的。空间为人类带来了方位感和边界感，空间也为人类提供了安全和保护，坚持空间伦理的空间性也意味着研究坚持了物质性生产的历史唯物主义基础。所以，在空间伦理研究的过程中要坚持人本性和空间性相统一的原则，将人与空间两大因素紧密结合才能把握空间伦理的核心内容。

第二，坚持差异性与系统性相统一的原则。一方面，空间伦理的善治应当尊重差异性原则。差异性是指事物之间以及事物内部因内外因素存在不同之处，需要具体问题具体分析和解决。善是空间伦理的最高标准，它对于不同主体、不同空间和不同时代具有不同的内涵和意义。本书中对空间伦理的研究坚持了从不同层次空间的具体问题出发，剖析身体、城市和全球中伦理问题的根源及其解决之道。我们不能将空间混淆成一个毫无区分的混沌空间，因为没有边界的空间就是没有标准的空间,这将是一种没有价值的空间。只有根据历史唯物主义将具体问题具体分析的唯物辩证法应用于空间伦理认识中,将空间与人的关系范围具体区分成不同的空间样态,才能体现空间伦理理论的现实性与实践的有效性。

另一方面,空间伦理的善治应当坚持系统性原则。系统性原则主要是指坚持系统性思维将空间伦理视作一个体系来研究。系统性原则是和差异性原则相联系的,差异性原则关注部分与部分的区别,系统性原则是用一种全局、整体的视域来统括部分研究,这种统括并不是机械的部分相加,而是用有机整体的眼光在全局高度把握空间伦理的发展规律。空间伦理的善本身就是一个可以容纳全部好的价值的范畴,善治实现了空间伦理的理论与实践的统一。之所以分别研究身体空间、城市空间和全球空间,也是为了展示出关于空间伦理的体系化的内容。善治是身体伦理、城市伦理和全球伦理共同朝向的根本目标,在具体善与总体善的辩证关系中实现差异性和系统性的统一。

第三,坚持个体性与类本性相统一的原则。一方面,空间伦理的善治应当坚持个体性原则。个体性原则要求关注到现实的个人的存在状态和日常生活世界,这是马克思历史唯物主义的要求,也是新时代中国坚持人民主体观的要求。历史唯物主义认为历史由人民群众的实践所推动,现实的个人的实践在历史长河中虽然都是微小的力量,但是当每份小力量汇集成社会合力时就会成为推动历史进步的重要力量。空间伦理中之所以坚持个体性原则,是认识到空间研究应当从现实的个人的身体空间和日常生活空间为出发点,我们不能凭空去认识空间、改造空间、想象空间,必须要有一个真实的立足点才能将空间转向运动融入人的生活中。现实的个人不仅是空间的建构者也是空间的受动者,既是空间的因素也是空间的内容,同时,伦理是属人的性质,伦理关系也必须围绕着人才能形成。作为空间主体的人,既可以是现实的个人、群体,也可以是人类整体,所以空间伦理研究要坚持个体性和类本性相统一的原则。

另一方面，空间伦理的善治应当坚持类本性原则。现实的个人在视野和目标上有局限性，现实的个人是缩小结构的人类，人类是放大结构的个人，只有将现实的个人视野提升到全人类的视野上才能高屋建瓴地把握人类未来的发展方向。从个人的道德原则来讲，个人追求的是自我更好的生活条件和发展权利，个人的道德意识侧重自我的内在修养和行为实践。从人的类本性原则出发，则追求社会的和谐关系，自由、公平、正义、平等、秩序是人类集体追求的伦理精神。只有将个人原则和类本性原则结合起来才能理解恩格斯社会合力论的伟大意义，"无论历史的结局如何，人们总是通过每一个人追求他自己的、自觉预期的目的创造他们的历史，而这许多按不同方向活动的愿望及其对外部世界的各种各样作用的合力，这就是历史"[①]。历史唯物主义中的社会合力论合理地、准确地表述了个人和人类整体之间的关系，也说明了人类在历史中的主体性地位。从历史唯物主义的社会合力论来看，空间伦理既符合个体的发展，也符合人类社会的未来趋势。

综上所述，空间伦理的善治目标的实现是一个具有挑战性的问题。人民对美好生活和美好社会的向往驱动了空间伦理的善治目标的提出，但要实现这种善治目标，必须坚持人本性与空间性、差异性与系统性、个体性与类本性的原则，全面分析空间伦理相关的经济、政治、文化、地理等因素。理论总是需要经过实践检验才能达到完善，新时代中国的空间治理就是对空间伦理的善治目标的实践检验。

第二节　空间伦理的善治实践：新时代中国的空间治理

空间伦理的善治目标必须通过空间实践才能达到。新时代中国

[①]《马克思恩格斯文集》第4卷，人民出版社2009年版，第302页。

的空间治理始终以人民至上为价值依据,具体表现在坚持以人民为中心的"住有所居"的空间政策;坚持城乡一体化发展的"城乡融合"的空间格局;坚持共商共建共享的"一带一路"的空间倡议。这些新时代中国的空间治理经验实践了空间伦理的善治目标,同时也证实了历史唯物主义视域下的空间伦理研究具有的重要现实意义。

一 坚持以人民为中心的伦理理念,落实"住有所居"的空间政策

人类对住宅的必要需求,正如马克思所说的那样,"野蛮人的每一个家庭都有自己的洞穴与茅舍,正如游牧人的每一个家庭都有独自的帐篷一样"[①]。不管是茅草屋、帐篷、洞穴,还是现代住宅和别墅,人类建筑住宅空间的目的都是给家庭成员提供基本的安全保障和隐私保护。私有制则加剧了家庭对财产的保障意识,也由此更激发了人们对稳定的私有住宅的需求。

(一)人民对"住有所居"的现实诉求

人民对于住宅空间的诉求最为强烈,因为它直接关系到人民能否在城市中安居的问题。改革开放后,我国通过推进住房制度的改革实践,有效地缓解了住宅紧缺的问题,但由于房地产市场刺激的高房价,导致住宅成为人民群众最难实现的城市权利之一。聚集在城市空间的人口越来越多,由此人民对住宅数量需求也随之增加。针对住宅紧缺和住宅生态恶化的现实问题,习近平总书记在民生发展的讲话中特别强调:"坚持房子是用来住的、不是用来炒的定位……让全体人民住有所居。"[②] 住有所居,并不只是居有住所,还包括居所生态环境带给人的稳定情感和健康、积极的社会关系,这

---

① 《马克思恩格斯文集》第1卷,人民出版社2009年版,第568页。
② 习近平:《决胜全面建成小康社会 夺取新时代中国特色社会主义伟大胜利》,人民出版社2017年版,第47页。

让人民有更多的获得感、幸福感和安全感。中国进入新的历史发展阶段，提出国家全面改革要坚持以人民为中心的发展原则，将人民群众置于发展的中心地位，一切发展为了人民，一切发展依靠人民。以人民为中心的伦理理念，本质上是一种目的伦理和共享伦理，它们与经济伦理和资本伦理具有本质上的差别。经济伦理和资本伦理以经济发展为主要任务，目的是实现经济又好又快地发展；而目的伦理和共享伦理以人的全面发展为任务，目的是实现人民更好的生活。

以人民为中心的发展原则体现了居住空间的目的伦理。以人民为中心是对马克思主义人本思想的时代创新和中国话语的转换。在中国空间规划和布局的过程中关注的始终是人本身的发展，空间是人民实践的空间，人民是空间内的存在者。住宅空间的建造是空间实践的主要内容，新时代中国制定了人民住有所居的空间政策。以人民为中心的理念体现了空间主体的共享伦理。树立空间共享伦理，就必须坚持发展空间是为了人民、依靠人民、由人民共享空间生产的结果，坚持做到住宅空间的全民共享、全面共享、共建共享、渐进共享。以人民为中心的发展原则是目的伦理、共享伦理，也是一种生态伦理。生态伦理是人类可持续发展的内在要求，生态伦理的本质是要求一种系统思维、整体性思维，将人类发展与自然环境、社会条件、文明进程都联系在一起，视作一个过程中的多因素共存的发展结构。居住空间的生态环境直接影响到人民的生活质量，所以住宅空间以人民为中心就是要坚持人与生态的和谐伦理关系。

马克思恩格斯立足历史唯物主义视域认为，解决住宅问题的途径有两种：一是从当下条件来讲，恩格斯曾提出将城市中现有的住宅合理地分配给个人；二是从未来条件来讲，要通过消灭资本主义生产方式和私有制，让全社会成员共同占有社会资源。马克思恩格斯曾批判蒲鲁东主义和资本主义提出的"自由""永恒公平"等概念十分虚伪、不切实际，因为这种自由和公平仅是局限在资产阶级内部的，无产阶级依旧无法享有这些权利。所以，当马克思恩格斯从劳动分工、资本生产、阶级关系和城乡对立等维度来分析住宅问题，才真正科学地把握了住宅问题的产生根源。这也为当下城市化中住宅紧缺、住宅资本化、城乡对立的现实问题提供了诸多启示。以人民为中心之所以能体现居住空间的伦理精神，就在于把人作为居住空间的目的时，就会从人的角度出发去思考居住空间与社会环境的关系，将人对善的理念贯穿到居住空间的生产过程之中，不再为了资本积累去建设数量过多、价格高昂的居住空间而牺牲城市的自然生态环境，挤压城市公共空间。

(二) 实现以人民为中心的"住有所居"的路径

"住房问题既是民生问题也是发展问题。"① 实现人民住有所居是社会和谐和国家富强的前提和基础。提升城市空间治理效能，合理规划住宅空间布局，提升空间宜居性，满足人民的住宅需求，这是当前我国要解决的重要问题之一。

第一，改善住宅生态环境，提升空间宜居性。我国通过很多措施积极改善住宅空间的生态环境。生态环境不仅包括自然生态环境，也包括社会生态环境。自然环境是社会环境的基础，社会环境是自然环境的延伸。改善住宅生态环境，首先要解决的是住宅空间的自然环境，处理好住宅的通风和卫生条件。恶劣的住宅环境不仅影响人的身体健康，也摧毁了人的精神健康：在狭窄、潮湿、不通风的住宅空间中容易滋生各种病菌，一些传染病在人口稠密的城市中更容易暴发出来；同时由于身体受到的各种病痛，人的精神日渐变得麻木和消极。中央城市工作会议要求城市发展不能无限制地进行人口和土地的扩张，要将城市自身对人口和环境的承载能力容纳底线作为城市规划的重要依据，相互协调好城市发展、生态环境和人口数量之间的关系。人民城市为人民，城市要提升生态性、人文性和宜居性，让城市空间同时具有生产、生活、生态三重空间属

---

① 《习近平论治国理政》，外文出版社2014年版，第192页。

性，实现"生产空间集约高效、生活空间宜居适度、生态空间山清水秀的总体要求"①。城市空间结合合理、布局分明，遵守了以人民为中心的发展原则，兼顾了人民对不同空间的需求，丰富了人存在的多样身份和价值。

第二，建立健全人民住房保障制度。依法治理住宅问题，用法律制度来保障住有所居的空间政策。依法治理住宅问题是依法治国的重要组成内容，也是对国家治理能力和治理体系效果的考验。马克思恩格斯指出，对于资产阶级而言法律是神圣的，因为它是资产阶级为保障自身利益制定的条款。但是资产阶级的法律对于无产阶级而言却是消极的。我国社会主义的法律不同于资本主义的法律，它来自我国发展的现实经验，为了保障人民的权益而存在。住宅涉及国家的民生福祉，要解决住宅如何适应人民需求的问题，就要将住宅问题纳入法治制度体系之中，法律制度是保障住宅的根本措施。我国城市空间的住宅问题有多重表现：贫困人口的住宅数量紧缺、住宅面积不足、住宅生态恶劣、住宅附属资源差异过大等，因此，要解决城市空间的住宅问题就要具体问题具体分析。我国作为社会主义国家，解决住宅问题的总的方向是"构建以政府为主提供基本保障，以市场为主满足多层次需求的住房供应体系"②，具体而言，制定了"加快建立多主体供给、多渠道保障、租购并举的住房制度"③。通过棚户区和危房改造、廉租房建设和控制房价等多层次住房保障方法，将住宅需求纳入制度化、法治化的城市治理现代化进程中，这有利于实现人民对住有所居的基本需求。

让人民住有所居是我国目前面临的重要民生问题之一，中国共产党坚持以人民为中心的伦理取向确定我国的住房制度。营造住宅

---

① 《中央城市工作会议在京举行 抓住五个统筹 做好城市工作》，《城市问题》2016年第1期。

② 《习近平谈治国理政》，外文出版社2014年版，第193页。

③ 习近平：《决胜全面建成小康社会 夺取新时代中国特色社会主义伟大胜利》，人民出版社2017年版，第47页。

社区的良好生态氛围,建设适应多层次群体需求的住房格局,努力实现全体人民居住权利,这是通向人民美好生活的关键一步。所以,我国作为社会主义国家不能像资本主义国家那样通过人口的空间转移去暂时缓解住宅紧缺的问题,而是要站在历史唯物主义和人类文明进步的高度,将住宅问题置于人类历史的城乡发展、生产方式和社会关系的大格局中反思,这正体现了马克思主义人类解放和中国共产党为人民谋幸福的崇高价值。

二 坚持城乡一体化发展的伦理目标,构建"城乡融合"的空间格局

中国城乡空间发展模式伴随着中国发展的历史境况而改变。城乡空间是国家经济发展的主要领域,但是在国家发展的不同时期,城市和乡村处在不同的地位,两者之间的关系也处在不断的动态变动之中。在国家经济发展的初期,城乡不平衡发展是经济快速发展的路径,城市集中资本,快速地进行资本积累,这种发展路径在一定的历史阶段是具有合理性和发展优势作用的。城市是现代化国家经济发展的中心,它聚集了资源、资金、人口,最大限度地为国家积累了资本、奠定了坚实的经济基础。将城市作为经济中心,必然会牺牲周边乡村应享有的资源和条件,在城市中心主义的视域下,乡村空间一直作为城市的附属物存在。因此,城乡之间是一种二元论的城乡分离或对立关系。现代工业社会过度地关注城市空间而忽略乡村空间,城乡对立导致了乡村发展不充分,城乡之间发展不平衡的状态。新时代中国对城乡一体化关系的认知和布局,转变了城乡对立的空间关系和发展模式,也扭转了城乡不平衡发展的困境。

(一)"城乡融合"的空间格局的内涵

新时代体现在新的社会矛盾、新的社会目标、新的历史任务和新的价值观念等方面。新时代是在经济发展、政治发展、文化发展到一定的阶段出现的历史时期。我国已成为世界第二大经济体,伴随着经济的发展,人们的生活需求日益丰富、多样化:从对经济的

需求扩展到对文化繁荣、政治清明、生态和谐、教育公平等方面的需求。在人民需求多样化的历史背景下，城乡关系必须做出转变才能更好地适应人民对美好生活的向往。以往的城乡分离关系不利于城乡空间中人民的和谐，城乡之间因空间不平衡发展导致了居民在生活条件、生活习惯、生活质量的较大差异。所以，我国提出适应新时代人民对公平正义的向往，就要建设好"城乡融合"的空间格局。城乡分离和对立不利于人民团结和社会稳定，新时代中国用"城乡融合"来定位新时代的城乡区域关系，这符合全面建成小康社会的发展目标，也符合我国人民对社会公平和正义的诉求。

"城乡融合"的本质蕴含着城乡一体化发展的伦理目标。党的十九大报告中提出，"建立健全城乡融合发展体制机制和政策体系，加快推进农业农村现代化"[①]。国家认识到社会全面发展不仅要发展城市，更要关注到城乡差距，加快发展农业农村的现代化程度，走出一条具有中国特色的新城镇化道路。城乡融合是对城乡分离和对立关系的积极调整政策。城乡对立关系中，乡村为城市提供劳动力和自然资源，甚至成为城市工业垃圾的排放地，乡村始终处在被动的、消极的发展地位。城乡融合不仅是从空间上利用交通体系将城乡打通为一个整体，也强调城乡之间要进行资源互通，特别是乡村的自然资源和城市的文化资源要进行相互的补充。在乡村依靠自身优势独立发展的同时，与城市取长补短才是协作发展的硬道理。因此，从城乡融合的内容和本质来看，城乡一体化发展包含着城乡之间的平等关系和空间正义，它是空间伦理的重要部分。

从空间伦理的价值理念来讲，城乡关系应该是两者因功能各异且互补，而产生的一种共生关系。城乡空间可持续发展的共同的价值理念是权利平等、空间正义和生态和谐。城乡融合意在强调城乡空间中技术、文化、产业之间的优势互补，用城市带动周边乡村、

---

① 习近平：《决胜全面建成小康社会　夺取新时代中国特色社会主义伟大胜利》，人民出版社2017年版，第32页。

用工业化带动农业现代化。通过现代技术和文明实现农业、农村现代化和城市现代化，达到实现城乡空间共同发展的目的，让城乡居民可以平等地享受到国家赋予人民的权利，享受到同等标准的医疗、教育等社会资源，共享城乡空间良好的生态环境，形成城乡空间共建共享的发展格局。城乡融合一方面是人的社会关系的融合。户籍改革之前城乡居民有严格的城乡户口，城市居民和乡村居民的身份认同被户籍制度所阻碍。城乡融合解决了因城乡户籍不同而带来的差异性权利，提倡城乡居民自由流动、共享权利。另一方面城乡融合是对城乡空间中的不同优势产业、丰富资源、先进技术的融合。这也是创新、协调、绿色、开放、共享五大发展理念在城乡空间中的共同实践。

（二）"城乡融合"的空间格局的时代意义

首先，"城乡融合"的空间格局有利于建设城乡一体化的新城镇化道路。城乡空间关系和发展模式经历了从城乡对立到城乡融合的转变，城乡融合是新城镇化的助推剂，城乡融合重新定位了城市与乡村空间的关系，将二者视为一个整体性的存在。新城镇化道路追求的是一种新的城乡关系，而城乡融合则正是新城镇化实现的方法和结果。新城镇化以人民发展为目的，新城镇化本质上是人的城镇化。城乡融合是新城镇化的方法，通过这种方法将城乡之间的分离、对立关系破解，增进城乡之间的交流、互动，推进新城镇化中的城乡一体化进程。

其次，"城乡融合"的空间格局有利于巩固全面建成小康社会的成果。通过实地考察与经验总结，发现我国全面建成小康社会，最艰巨最繁重的任务在农村特别是在贫困地区[①]。中国地域广袤、人口众多、农村分布面积广、地理环境差异大，导致农村脱贫攻坚难度较大。我国实施的精准扶贫、产业扶贫、教育扶贫等科学有效的扶贫措施，有效地推动了农村人口脱贫的进程。全面建成小康社

---

① 参见《习近平谈治国理政》，外文出版社2014年版，第189页。

会要求覆盖领域的全面、人口的全面、区域的全面,也就意味着是"城乡区域共同的小康"①。农村脱贫不仅是经济上的脱贫,更是教育的脱贫,教育是培育人才的主要措施,只有农村教育资源跟得上,才能从思想上解放农民的传统意识,实现农村的现代化转型。农业现代化、农村教育现代化是实现全面小康社会的关键。城乡融合正是纠正了以往城乡二元论的发展模式,通过城市带动乡村,乡村与城市共同发展,为建成全面的小康社会奠定扎实的基础。

最后,"城乡融合"的空间格局有利于城乡居民共同实现美好生活。我国城乡空间的发展目的是以人民为中心,发展途径是依靠人民智慧、相信人民才干,人民既是城乡空间的建设者,也是城乡发展的受益者。人民的需求不仅有对丰富物质生活的需求,还包括人民内心对良好的精神文明、生态文明和政治文明的需求。城乡融合内涵的全面性、整体性的发展,也正符合了人民对美好生活的向往。人民虽然处在不同的城乡空间中,但是所期望的美好生活却具有一致性:人民都希望生活在一个经济发达、政治清明、环境优美、公正和谐、人人平等的社会空间之中。

(三)实现新时代中国新城镇化道路的路径

中国发展的中心是人民,以人民的需求为发展方向,以人民的力量为发展动力,以人民的获得感、幸福感、安全感为发展目的。目前我国社会的主要矛盾已经转化为"人民日益增长的美好生活需要和不平衡不充分的发展之间的矛盾"②,人民对美好生活的向往就是我国城镇化的伦理内核。城市建设要注重人文性、整体性和全局性的把握,"要加强对城市的空间立体性、平面协调性、风貌整体性、文脉延续性等方面的规划和管控,留住城市特有的地域环境、

---

① 习近平:《习近平谈治国理政》第二卷,外文出版社2017年版,第81页。
② 习近平:《决胜全面建成小康社会 夺取新时代中国特色社会主义伟大胜利》,人民出版社2017年版,第11页。

文化特色、建筑风格等'基因'"①。城市文脉的留存和风格的延续与创新都是城市应有的本色。具有新时代中国特色的城镇化道路是对城市伦理和城市命运共同体的具体实践，社会主义城市是属于人民的城市，它蕴含着城乡空间的协调性、公共空间的开放性以及历史空间的延续性。

首先，推动城乡空间的协调性。资本在城市中的集中，促进了城市的快速发展。资本集中在城市中便要吸收城市及其周边乡村更多的资源来进行生产和扩张。现代城市的大力发展带来的代价是周边乡村人口和资源的萎缩、消耗。新时代中国特色城市化道路是协调城市发展和乡村发展的道路，并不将城市空间当作发展中心，将乡村空间当作城市的边缘空间。城镇化和农业现代化是同步进行的过程，这个过程应坚持以人民为中心的发展原则，"要以人为本，推进以人为核心的城镇化"②。我国发展始终重视人民的需求和利益，人民是发展的出发点也是落脚点，城镇化如果仅是在空间建设上表现出高楼大厦的形式，而没有真正地实现城乡居民在权利上的平等，那就是还没有彻底完成城镇化，城镇化必须落脚在人的权利和生存上。同时，城镇化并不是以城市为模板来建设乡村，而是要考虑城乡空间本身的基础，"推动人才、土地、资本等要素在城乡间双向流动"③。我们应注意保存乡村的生态环境，保留农业发展优势，因地制宜，推动城市和乡村在新时代的一体化发展。推动城乡空间的协调性的最终目的是人类在空间中能够获得最大的发展潜力，解决城乡发展不平衡，乡村发展不充分的主要问题。

其次，实现公共空间的开放性。家庭空间和公共空间的分离与独立是人类社会的一次进步。家庭空间和公共空间的混淆导致了人自身身份的混乱。因为不同的空间塑造了人类不同的身份和角色，

---

① 《中央城市工作会议在京举行抓住五个统筹做好城市工作》，《城市问题》2016年第1期。

② 《中央城镇化工作会议在北京举行》，《小城镇建设》2013年第12期。

③ 《习近平谈治国理政》第三卷，外文出版社2020年版，第260页。

对人的行为方式和道德规范分别有具体的要求。在家庭空间中人们是一种血缘关系的存在，他们之间形成的是温情和陪伴；在公共空间中人们是一种社交型关系，他们在公共空间中不断地进出，就会不断地重新建立联系。所以，公共空间之中人们无法形成持久性的情感关系。换句话说，家庭空间也可以称为私人空间，因它具有相对的隐私性和边界性；公共空间则具有开放性和公共性。公共空间的开放性是其最为重要的属性，因为公共空间在城市规划中的定位就是为所有居民提供休闲娱乐、社会活动等的实践空间，所以保持它的公共性和开放性是人们公平参与、自愿组织的保障。公共空间不能被统治阶级占领，也不能只成为统治阶级进行规训的空间策略。公共空间要实现城市社会阶级的平等参与权利，城市是人民的城市，是每一个人的城市。

最后，保存历史空间的延续性。文化和文明的传承是历史空间的重要使命。独具风格的历史空间让城市在全球化时代具有能够被辨识的鲜明特征。在走城乡融合发展之路时要注重乡村空间乡风文明的建设，具体而言就是"保护和传承农村优秀文化，加强农村公共文化建设，开展移风易俗，改善农民精神风貌，提高乡村社会文明程度"[1]，让乡村空间全面进步。城市是人类历史文明的结晶，城市建筑本身就是人类实践留下的痕迹和纪念物。每座城市的建筑及其风格都与人类历史、地理环境、伦理关系紧密相关。在城镇化的进程中历史文脉一定要保留下来，城市更新过程中对历史街区、历史文化小镇、著名景点的保护，让我们更好地传承了传统文化，这既是城市空间创新的文化底蕴，也是城市空间重组的文化根据。历史空间的延续既要保护历史建筑的原貌，也要传承建筑所表达的历史文化伦理精神，既是建筑空间的跨时空对话，也是民族文化的跨时空的交融。我国已陆续出台了一系列保护传统建筑的法律制度，尝试通过城市设计将历史建筑和现代文明融为一体，达到历史和现

---

[1] 《习近平谈治国理政》第三卷，外文出版社2020年版，第259页。

代的和谐。

三 坚持共商共建共享的伦理原则,推进"一带一路"的空间倡议

中国积极参与全球治理的措施是"一带一路"的空间倡议。虽然目前"一带一路"还属于一定区域空间的合作倡议和模式,但是它具有强大的向心力,坚持共商共建共享伦理原则将会吸引更多沿线国家或地区进行开放合作,务实发展沿线国家的经济、教育和生态等内容。总之,习近平总书记强调全球要"以共建'一带一路'为实践平台推动构建人类命运共同体"[①],积极促进全球的共享发展。由于"一带一路"在本质上是一种空间的、国家的合作机制,所以"一带一路"的空间倡议并不会止步于某些区域发展,它会在全球化的进程中不断扩大沿线合作范围、拓展合作领域、深化合作目的,促进全球与区域的辩证发展,提升全球空间治理的效能。

(一)"一带一路"的空间倡议的提出

2013年,习近平总书记立足全球空间现实和人类未来发展命运,创新地提出了"一带一路"(The Belt and Road)的空间倡议,这是新时代中国"参与全球开放合作、改善全球经济治理体系、促进全球共同发展繁荣、推动构建人类命运共同体的中国方案"[②]。自从"一带一路"空间倡议提出后,加入其中的国家和地区数量越来越多,带给周边人民的福利也越来越多,表现出全球空间中命运与共的伦理价值。"一带一路"以共商共建共享为合作原则,它是全球空间伦理的具体实现路径,因为"一带一路"倡议的本质是"通过发展共同利益,寻求发展利益的最大公约数和合作的最大契合点"[③],因此,我国提出的"一带一路"空间倡议是对全球伦理

---

① 《习近平谈治国理政》第三卷,外文出版社2020年版,第487页。
② 《习近平谈治国理政》第三卷,外文出版社2020年版,第486页。
③ 高扬:《"一带一路"实践推动构建人类命运共同体进入新阶段》,《马克思主义与现实》2020年第1期。

的积极探索,也为全球空间治理能力和治理现代化提供了历史经验。

以资本主义社会制度和生产方式为主导的全球化初级阶段,是一种单向的、以资本为主要内容的全球化,由此导致了全球空间的同质化和区域不均衡发展。而今中国的硬实力和软实力在全球空间中处于优势地位,因此单向度的全球化进程被双向互动的、多元因素的辩证发展所改变,越来越多的国家和地区在全球空间中拥有了平等的话语权和发展机会。中国作为负责任的大国要为人类的可持续发展做出自己的贡献,因此提出了人类命运共同体和"一带一路"的空间倡议。"一带一路"倡议是通过对古丝绸之路的空间拓展而形成的,在其沿线的国家和地区可以根据共建共享的原则加入共同发展规划之中。"一带一路"的空间倡议具有明确的价值定位,它与人类命运共同体之间具有一致的"共建共享"原则,建设高质量的"一带一路",就是"把'一带一路'打造成团结应对挑战的合作之路、维护人民健康安全的健康之路、促进经济社会恢复的复苏之路、释放发展潜力的增长之路"[①]。人类在全球空间形成的过程中不同民族国家、地区等空间主体应相互承认、相互信任、永葆人类解放的希望,实现全球空间中发达国家和发展中国家之间的平等关系和协同发展。

"一带一路"的空间倡议包括了经济方面的互帮互助、基础设施方面的共同建设、文化方面的互相交流、政治主权的相互认同、技术方面的相互支撑。

"一带一路"的空间倡议促进经济方面的互通有无。古代丝绸之路连接了中国西北地区和周边区域之间的陆上通道,海上丝绸之路则打通了中国海洋空间的对外贸易的通道。"一带一路"倡议在

[①]《习近平向"一带一路"国际合作高级别视频会议发表书面致辞》,《人民日报》2020年6月19日第1版。

全球信息化的发展机遇中走出了一条"数字丝绸之路"①。由于不同国家之间要进行贸易活动，必然会涉及不同货币间的兑换、进出口税收等事宜，因此倡导"一带一路"有利于形成简约的、规范的、高质量的贸易交易。当然，"一带一路"并不是单纯的陆地经济和海洋经济的全球化发展，它是多元因素、多线互动的发展模式，以经济发展为基础，带动文化交流、教育互助、生态共建的可持续发展。

"一带一路"的空间倡议推动文化方面的交流互鉴。不同空间因人类历史及实践而生成了不同的文化成果。人类的文化因多元而精彩、因交流互鉴而发展。如果人们拥有的文化仅仅是自己生活空间中形成的传统历史文化，而不去了解和认识其他空间形成的文化和文明，就会陷入故步自封的虚无主义的状态，不利于人类全面的发展。"一带一路"倡议在推动经济生产合作的同时，也进行了文化观念的传播和教育教学的相互学习。不同文化和价值观通过相互碰撞和交流会增进文化的包容性和创新性，更好地适应人类新时代命运共同体的价值。

"一带一路"的空间倡议加强政治方面的认同合作。"一带一路"的空间倡议强调不同国家和地区的合作、互助与交融，但是并不意味着民族国家主权的界限的丧失。恰恰相反，合作的前提是强调不同国家之间的主权认同与相互尊重。政治互信是展开其他方面合作的重要条件，政治互信意味着国家会在政策和制度层面对平等合作提供强有力的保障。只有沿线国家和地区相互认同政治主权，认同"一带一路"空间倡议的内容和伦理精神，才能实现"一带一路"空间倡议的政治伦理目标。

（二）"一带一路"的空间倡议的意义

中国的"一带一路"的空间倡议基于全球空间内经济、文化和政治发展的现状和未来诉求而提出。"一带一路"的空间倡议是中

---

① 《习近平谈治国理政》第三卷，外文出版社2020年版，第493页。

国为全球空间治理贡献的有效方案，为改善不同国家、地区和国际之间的紧张关系提供了可能选择。

首先，"一带一路"的空间倡议有利于全球风险的把握和解决。人类命运共同体理念和"一带一路"的空间倡议的价值，在全球新冠肺炎疫情的防疫工作中得到了直接证明。新冠肺炎疫情在短暂的时间内快速地蔓延到了全球空间，成为严重威胁人类生命安全和健康的重大风险。全球化的新冠疫情防疫工作以及疫苗研制工作都需要全球通力合作、信息共享，只有将全球空间的人类视作一个命运共同体才能在未来积极应对全球风险时凝聚最大化的力量。"一带一路"空间倡议实实在在地将沿线国家和地区的命运联系在一起，在利益共享的同时要求风险共担，这样才能有长久合作的可能性。

其次，"一带一路"的空间倡议有利于推进国际经济模式创新改革。以资本主义生产方式为主导的国际经济模式是不平衡的发展。"发展不平衡是当今世界最大的不平衡。"① 发达国家总是处在经济发展的优势地位，获得更多的发展资源和机会，而发展中国家处在原件加工、基础操作等相对低端的生产地位，获得的经济利润较低，付出的生产成本较高。"一带一路"的空间倡议加强了相近区域空间中国家经济发展的合作互助。根据相关研究，开展"一带一路"倡议的这几年，中国与合作国家"货物贸易总额累计超过7.8万亿美元，对沿线国家直接投资超过1100亿美元。中国同138个国家签署'一带一路'合作文件，共同开展2000多个合作项目，解决了成千上万人的就业"②。因此，在"一带一路"空间倡议中国际发展的经济模式从不平衡、不对等的关系转变为平等合作的发展模式。

最后，"一带一路"的空间倡议有利于塑造良好、和谐的安全

---

① 《习近平谈治国理政》第三卷，外文出版社2020年版，第493页。
② 皮拉尼·姆坦布：《共建一带一路 共促经济发展（国际论坛）》，《人民日报》2020年6月19日第2版。

环境。国家和人民的可持续发展，需要安全的国内环境和国际环境。国家安全、人民健康、信息安全、主权安全等都是全球伦理的内在要求。"一带一路"空间倡议以经济合作发展为基础，通过合作共商共赢，有利于缓冲国家和地区之间的矛盾冲突。当今世界并不是一个真正和谐的社会，不同国家之间时常会因为利益诉求、国家主权而进行冲突摩擦，动荡的国际关系不断地冲击着全球伦理精神。因此，通过"一带一路"空间倡议加强区域和全球的国际合作，有利于以人类共同利益为基础，形成具有共识的人类共同价值，从而为人类共同发展繁荣提供和平、安全、秩序井然的发展环境。

综上所述，新时代中国空间治理包括了以人民为中心为伦理理念的"住有所居"的空间政策实践、以城乡一体化发展为伦理目标的"城乡融合"的空间布局实践以及坚持共商共建共享为伦理原则的"一带一路"的空间倡议。这些空间治理实践既践行了空间伦理的善治目标，也推动了我国全面建成小康社会的步伐，为实现人民对美好生活的向往奠定了基础。

结　　论

　　空间和伦理都是人类生活的必要因素。空间需要伦理规范，伦理需要空间实践。如果脱离历史唯物主义视域去探讨空间中个体与群体的关系、城市与乡村的关系、全球与区域的关系及其存在的伦理问题，那将会陷入宏大理论的空想之中。人类总是生活在一定的空间之中，如何在空间中保持身心的健康状态，建立良善、和谐的社会关系，增进全球人民的共同福祉，这是空间伦理研究的价值目标。但是由于对资本、权力、技术不加限制地应用，导致人在空间中的实践活动与伦理精神逐步背离，使原本应具有生活属性、价值属性的社会空间逐渐被异化为冰冷的社会关系的"牢笼"。本书对空间伦理的研究正是在这种背景下提出的，这是人们对于当代社会空间中伦理价值失序、伦理精神缺乏、伦理精神异化等问题的反思，同时也表达着人们对于美好生活、自由解放的价值目标的向往。因此，空间伦理研究不仅是一个历史唯物主义视域下的理论问题，也是当下中国空间实践的现实问题。基于前文的详细论述，基本可以得到以下三点结论：

　　（一）历史唯物主义视域下的空间伦理研究具有合理性和必要性

　　从合理性来讲，本书认为历史唯物主义和空间伦理的内容具有内在精神的一致性。历史唯物主义视域可以让空间伦理的研究既关注到现实问题又能够提升精神境界，既能关注到个人道德，也能关注到社会整体发展的伦理未来。空间伦理的研究既符合人类自身发展的客观规律：人类的实践活动不仅要受到理性条件制约，也要受到伦理关系的规范；同时也符合空间发展的客观规律：空间在生产和消费的过程中已经超越了物质性，被赋予了社会性和价值性。因此，历史唯物主义视域下的空间伦理研究符合人类空间实践的自然规律和社会规律，具有合理性。

从必要性来讲，在历史唯物主义视域下空间伦理关注的身体、城市和全球空间都与时代背景下个体的生存和人类的发展利益紧密相关，直接关系到人在不同空间中如何生活得更好的问题，如何伦理地生活的问题。因此，空间研究不仅要涉及资本、权力因素，还要进行解决资本化、权力化的手段和目的研究，这正是空间伦理的内容。分析空间伦理的本质，指出造成空间伦理问题的现实原因，据此提出不同空间伦理的重构路径。为了解决空间伦理问题，实现人在空间中更好地生活，历史唯物主义视域下的空间伦理研究就有了必要性。

（二）空间伦理是主观与客观、实践与理论相统一的系统性研究

本书以历史唯物主义视域下的身体伦理、城市伦理和全球伦理的研究为内容，尝试构建空间伦理思想的基本框架。通过划分不同层次的空间可以相对全面地展示出空间本身的丰富性和人类实践的多样性。微观空间的身体、中观空间的城市和宏观空间的全球是本书对人类生存空间的基本划分，但它们都围绕空间伦理的善治目标而展开。身体是空间伦理的微观起点，人类的一切实践都以自我身体为出发点，本书希望通过对异化身体和消费身体的批判，在日常生活世界中激活主体的自我认同。城市是人社会属性的集中场域，是人与他人社会关系的实现场所，通过批判城市陌生人社会的伦理困境，指出城市伦理要通过多维度的空间正义和城市权利的实践才有可能实现和谐社会。相对于身体和城市而言，全球空间以全人类利益为目标，是风险、利益、生产、消费、视野等融合为有机整体

的空间状态。因此，在全球空间要树立起人类命运共同体理念，反思全球与地方的新关系，增进人类对和平、发展、公平、正义、民主、自由等人类共同价值的认同。总之，不管是身体伦理、城市伦理还是全球伦理，它们都是空间伦理善治目标的具体化内容。

（三）空间伦理的重要意义在于启示新时代中国的空间善治实践

新时代中国坚定马克思主义立场而提出的"住有所居"的空间政策、"城乡融合"的空间格局和"一带一路"的空间倡议等都是对空间伦理的善治实践。"住有所居"的空间政策体现的是以人民为中心的身体伦理；"城乡融合"的空间格局体现的是城乡空间一体化发展的城市伦理；"一带一路"的空间倡议体现的是共商共建共享的全球伦理精神。我们要解决不同空间中资源、人口、资金等之间的差距和不平衡发展，既要从制度层面来保障不同区域空间的协调发展，也要从伦理道德层面来规范人的空间实践活动。因此，需要将空间塑造为人类共享的生产共同体、生活共同体、利益共同体和价值共同体。将正义、和谐、秩序、平等、安全、幸福的观念融入新时代中国的空间治理中是必要的、合理的，只有这样才能构成城市与乡村、全球与区域之间的和谐关系。在居住空间、城乡空间和全球空间中释放出人本性、协同性、开放性的价值观念，在践行空间伦理的同时满足人民对美好生活的向往。

理论常青的奥秘在于理论研究总是伴随着实践而不断深化，人类的实践总是会改变空间伦理的内容。虽然本书在历史唯物主义视域下，以马克思恩格斯的空间伦理思想为基础，对当代多样化空间中存在的伦理问题尝试进行了分析和解决。但是，历史唯物主义视域下的空间伦理研究是一个常提常新的重要议题，学者们对它的认识和理解也不尽相同。受到笔者的自身学识和科研能力的限制，本书的议题研究还存在一些不足和进一步值得推进的地方，主要表现在对空间伦理理论与实践的进一步融合，这将是以后科研工作中的重要任务。

参考文献

中文文献

一 著作

(一) 马克思主义经典著作

《马克思恩格斯文集》第1—10卷，人民出版社2009年版。

《习近平谈治国理政》，外文出版社2014年版。

《习近平谈治国理政》第二卷，外文出版社2017年版。

《习近平谈治国理政》第三卷，外文出版社2020年版。

《习近平总书记系列重要讲话读本》，学习出版社、人民出版社2016年版。

习近平：《决胜全面建成小康社会　夺取新时代中国社会主义伟大胜利》，人民出版社2017年版。

(二) 学术专著

包亚明：《游荡者的权力：消费社会与都市文化研究》，中国人民大学出版社2004年版。

包亚明：《现代性与空间的生产》，上海教育出版社2003年版。

陈忠：《空间与城市哲学研究》，上海社会科学院出版社2017年版。

邓晓芒、赵林：《西方哲学史》，高等教育出版社2012年版。

冯雷：《理解空间——20世纪空间观念的激变》，中央编译出版社 2017 年版。

罗国杰：《马克思主义价值观研究》，人民出版社 2013 年版。

任政：《空间正义论：正义的重构与空间生产的批判》，上海社会科学院出版社 2018 年版。

唐代兴：《伦理学原理》，上海三联书店 2018 年版。

汪民安：《身体、空间与后现代性》，江苏人民出版社 2006 年版。

辛德勇：《历史的空间与空间的历史：中国历史地理与地理学史研究》，北京师范大学出版社 2005 年版。

（三）译著

［德］乌尔里希·贝克：《风险社会》，何博闻译，南京：译林出版社 2004 年版。

［法］加斯东·巴什拉：《空间的诗学》，张逸婧译，上海译文出版社 2013 年版。

［法］让·鲍德里亚：《消费社会》，刘成富、全志钢译，南京大学出版社 2014 年版。

［英］鲍曼：《后现代伦理学》，张成岗译，江苏人民出版社 2003 年版。

［英］鲍曼：《全球化——人类的后果》，郭国良、徐建华译，商务印书馆 2001 年版。

［美］段义孚：《空间与地方》，王志标译，中国人民大学出版社 2017 年版。

［美］段义孚：《恋地情结：对环境感知、态度与价值》，志丞、刘苏译，商务印书馆 2018 年版。

［法］福柯：《规训与惩罚：监狱的诞生》，刘北成、杨远婴译，生活·读书·新知三联书店 2012 年版。

［法］福柯：《权力的眼睛》，严锋译，上海人民出版社 1997 年版。

［法］福柯：《什么是批判：福柯文选Ⅱ》，汪民安编，北京大

学出版社 2016 年版。

［法］福柯：《生命政治的诞生》，莫伟民、赵伟译，上海人民出版社 2011 年版。

［英］费瑟斯通：《消费文化与后现代主义》，刘精明译，译林出版社 2000 年版。

［英］费瑟斯通：《消解文化——全球化、后现代主义与认同》，杨渝东译，北京大学出版社 2009 年版。

［丹麦］扬·盖尔：《交往与空间》，何人可译，中国建筑工业出版社 2002 年版。

［德］霍克海默、阿道尔诺：《启蒙辩证法：哲学断片》，渠敬东、曹卫东译，上海人民出版社 2006 年版。

［美］大卫·哈维：《希望的空间》，胡大平译，南京大学出版社 2006 年版。

［美］戴维·哈维：《叛逆的城市——从拥有城市权利到城市革命》，叶齐茂、倪晓晖译，商务印书馆 2014 年版。

［美］戴维·哈维：《新帝国主义》，付克新译，中国人民大学出版社 2019 年版。

［美］戴维·哈维：《正义、自然和差异地理学》，胡大平译，上海人民出版社 2015 年版。

［美］卡斯滕·哈里斯：《建筑的伦理功能》，申嘉、陈朝晖译，华夏出版社 2001 年版。

［匈牙利］阿格妮丝·赫勒：《日常生活》，衣俊卿译，重庆出版社 1990 年版。

［英］阿道斯·伦纳德·赫胥黎：《美丽新世界》，孙法理译，译林出版社 2020 年版。

［英］彼得·霍尔：《文明中的城市》第三册，王志章等译，商务印书馆 2020 年版。

［英］大卫·哈维：《资本的限度》，张寅译，中信出版社 2017 年版。

［日］加藤周一：《日本文化中的时间与空间》，彭曦译，南京大学出版社 2010 年版。

［英］安东尼·吉登斯：《现代性的后果》，田禾译，译林出版社 2000 年版。

［德］康德：《纯粹理性批判》，邓晓芒译，杨祖陶校，人民出版社 2012 年版。

［美］卡茨纳尔逊：《马克思主义与城市》，王爱松译，江苏教育出版社 2013 年版。

［美］曼纽尔·卡斯特：《认同的力量》，曹荣湘译，社会科学文献出版社 2006 年版。

［美］曼纽尔·卡斯特：《网络社会的崛起》，夏铸九、王志弘等译，社会科学文献出版社 2001 年版。

［英］杰米里·克莱普顿、斯图亚特·埃尔顿编著：《空间、知识与权力——福柯与地理学》，莫伟民、周轩宇译，商务印书馆 2021 年版。

［法］亨利·列斐伏尔：《空间的生产》，刘怀玉等译，商务印书馆 2021 年版。

［法］亨利·列斐伏尔：《空间与政治》（第二版），李春译，上海人民出版社 2015 年版。

［法］亨利·列斐伏尔：《日常生活批判》（全 3 卷），叶齐茂、倪晓晖译，社会科学文献出版社 2018 年版。

［美］温迪·林恩·李：《马克思》，陈文庆译，中华书局 2014 年版。

［英］西莉亚·卢瑞：《消费文化》，张萍译，南京大学出版社 2003 年版。

［美］刘易斯·芒福德：《城市文化》，宋俊岭等译，中国建筑工业出版社 2009 年版。

［美］刘易斯·芒福德：《技术与文明》，陈允明等译，中国建筑工业出版社 2009 年版。

［美］马尔库塞:《单向度的人:发达工业社会意识形态研究》,刘继译,上海人民出版社2008年版。

［意］托马斯·马卡卡罗、克劳迪奥·M. 达达里:《空间简史》,尹松苑译,四川文艺出版社2019年版。

［英］多琳·马西:《保卫空间》,王爱松译,江苏教育出版社2013年版。

［英］多琳·马西:《空间、地方与性别》,毛彩凤、袁久红、丁乙译,首都师范大学出版社2018年版。

［英］多琳·马西:《劳动的空间分工:社会结构与生产地理学》,梁光严译,北京师范大学出版社2010年版。

［挪威］诺伯舒兹:《场所精神:迈向建筑现象学》,施植明译,华中科技大学出版社2010年版。

［美］安杰伊·齐埃利涅茨:《空间和社会理论》,邢冬梅译,苏州大学出版社2018年版。

［美］爱德华·索亚:《第三空间:去往洛杉矶和其他真实和想象地方的旅程》,陆扬等译,上海教育出版社2005年版。

［美］苏贾:《后现代地理学:重申批判社会理论中的空间》,王文斌译,商务印书馆2004年版。

［美］苏贾:《寻求空间正义》,高春花、强乃社译,社会科学文献出版社2016年版。

［德］斐迪南·滕尼斯:《共同体与社会》,林荣远译,商务印书馆1999年版。

［古希腊］亚里士多德:《尼各马克伦理学》,廖申白译注,商务印书馆2003年版。

［美］简·雅各布斯:《美国大城市的死与生》,金衡山译,地址译林出版社2006年版。

［美］张鹂:《城市里的陌生人:中国流动人口的空间、权力与社会网络的重构》,袁长庚译,江苏人民出版社2014年版。

二 论文

陈丛兰:《居住需求伦理的本质与功能探论》,《伦理学研究》2018年第6期。

陈丛兰:《中国居住伦理百年研究述要》,《天府新论》2013年第2期。

陈良斌:《"主奴辩证法"的扬弃与承认的重建——从黑格尔的"主—奴关系"论到马克思的承认理论》,《武汉理工大学学报》(社会科学版)2009年第5期。

陈育霞:《诺伯格·舒尔茨的"场所和场所精神"理论及其批判》,《长安大学学报》(建筑与环境科学版)2003年第4期。

陈忠:《城市社会:文明多样性与命运共同体》,《中国社会科学》2017年第1期。

陈忠:《城市社会的伦理自觉》,《社会科学辑刊》2018年第2期。

陈忠:《城市意义与当代中国城市秩序的伦理建构》,《学习与探索》2011年第2期。

陈忠:《空间批判与发展伦理——空间与伦理的双向建构及"空间乌托邦"的历史超越》,《学术月刊》2010年第1期。

戴维·佩珀:《生态乌托邦:张力、悖论和矛盾》,张淑兰译,《马克思主义与现实》2006年第2期。

邓晓芒:《康德空间观的两层含义》,《新建筑》2009年第6期。

邓晓芒:《全球伦理的可能性:"金规则"的三种模式》,《江苏社会科学》2002年第4期。

翟振明、冯平:《为何全球伦理不是普遍伦理》,《世界哲学》2003年第3期。

翟振明:《价值理性的恢复》,《哲学研究》2002年第5期。

董慧:《关于城市空间生产之价值诉求的伦理思考》,《哲学研究》2013 年第 12 期。

董慧:《理解空间的三条批判性路径》,《马克思主义与现实》2013 年第 5 期。

董慧:《身体、城市及全球化:哈维对解放政治的空间构想》,《哲学研究》2012 年第 4 期。

董慧、李家丽:《数字劳动中情感的异化和解放》,《世界哲学》2020 年第 6 期。

董慧、李家丽:《城市、空间与生态:福柯空间批判的启示与意义》,《世界哲学》2018 年第 5 期。

董慧、李家丽:《新时代网络治理的路径选择:网络空间命运共同体》,《学习与实践》2017 年第 12 期。

段素革:《伦理的空间隐喻:个人与共同体的统一》,《学术研究》2018 年第 7 期。

段义孚:《地方感:人的意义何在?》,宋秀葵、陈金凤译,《鄱阳湖学刊》2017 年第 4 期。

段忠桥:《历史唯物主义与马克思的正义观念》,《哲学研究》2015 年第 7 期。

福柯:《另类空间》,王喆译,《世界哲学》2006 年第 6 期。

高春花、孙希磊:《我国城市空间正义缺失的伦理视阈》,《学习与探索》2011 年第 3 期。

高春花:《列斐伏尔城市空间理论的哲学建构及其意义》,《理论视野》2011 年第 8 期。

高宣扬:《福柯的生存美学的基本意义》,《同济大学学报》(社会科学版)2005 年第 1 期。

高扬:《"一带一路"实践推动构建人类命运共同体进入新阶段》,《马克思主义与现实》2020 年第 1 期。

郭洪纪:《儒家的身份伦理与中国社会的准身份化》,《学术月刊》1997 年第 7 期。

郝立新:《历史唯物主义的理论本质和发展形态》,《中国社会科学》2012年第3期。

贺来：《人类命运共同体的伦理向度》，《光明日报》2020年5月25日第13版。

胡大平：《从历史唯物主义到历史地理唯物主义——哈维对马克思主义的升级及其理论意义》，《南京大学学报》（哲学·人文科学·社会科学版）2004年第5期。

胡潇：《空间的社会逻辑——关于马克思恩格斯空间理论的思考》，《中国社会科学》2013年第1期。

黄玉顺：《"全球伦理"何以可能？——〈全球伦理宣言〉若干问题与儒家伦理学》，《云南大学学报》（社会科学版）2012年第4期。

黄志军：《历史唯物主义关于未来共同体的构想》，《马克思主义与现实》2018年第2期。

江畅：《核心价值观的合理性与道义性社会认同》，《中国社会科学》2018年第4期。

江畅：《价值哲学研究的两种基本取向》，《哲学动态》2014年第10期。

江畅：《中国梦与中国社会的终极价值目标》，《道德与文明》2013年第4期。

景泉等：《大城市空间结构特点与社会伦理关系演变历程探析》，《城市建筑》2017年第31期。

孔明安：《从物的消费到符号消费——鲍德里亚的消费文化理论研究》，《哲学研究》2002年第11期。

郎廷建：《何为生态正义——基于马克思主义哲学的思考》，《上海财经大学学报》2014年第5期。

郎廷建：《生态正义与生态文明——一个马克思主义哲学价值论的研究视角》，《内蒙古社会科学》（汉文版）2014年第6期。

李春敏：《"去居化"、空间抵抗及居住理想的重构——基于当代居住焦虑的一种探讨》，《天津社会科学》2017年第6期。

李德炎:《资本的空间生产及其伦理意蕴探析——从〈1857—1858年经济学手稿〉到当代》,《理论月刊》2018年第9期。

李佃来、王益:《历史唯物主义中的"自由"问题》,《吉林大学社会科学学报》2017年第2期。

李猛:《共同体、正义与自然——"人与自然是生命共同体"与"人类命运共同体"生态向度的哲学阐释》,《厦门大学学报》(哲学社会科学版)2018年第5期。

李培超:《论马克思伦理思想的逻辑思路》,《当代世界与社会主义》2007年第4期。

李蕊:《全球治理中的全球伦理:何以需要?何以可能?》,《学习与探索》2017年第4期。

李天慧、陈永盛:《历史唯物主义的三个现实域:现实的个人、现实的生产活动和现实的感性世界》,《学术界》2017年第6期。

李昕桐:《身体作为伦理的始源意义——施密茨新现象学视阈下的身体伦理学》,《道德与文明》2013年第2期。

林密:《〈共产党宣言〉的空间生产思想及其当代意义再探析》,《南京社会科学》2019年第1期。

刘怀玉:《列斐伏尔与20世纪西方的几种日常生活批判倾向》,《求是学刊》2003年第5期。

刘怀玉:《为日常生活批判辩护——论列斐伏尔〈日常生活批判〉(第一卷)的基本意义》,《江苏社会科学》2008年第4期。

刘同舫:《构建人类命运共同体对历史唯物主义的原创性贡献》,《中国社会科学》2018年第7期。

鲁品越、王永章:《从"普世价值"到"共同价值":国际话语权的历史转换——兼论两种经济全球化》,《马克思主义研究》2017年第10期。

陆扬:《析索亚"第三空间"理论》,《天津社会科学》2005年第2期。

罗孙可:《"全球伦理"与"文明的冲突"》,《宗教学研究》

2007 年第 1 期。

马杏苗:《论至善目的与生命实现——亚里士多德功能性概念蕴含的伦理空间》,《南京航空航天大学学报》(社会科学版) 2017 年第 3 期。

欧阳康:《新时代社会认识与国家治理现代化——马克思主义哲学的本真精神、演进逻辑及其当代价值》,《哲学研究》2018 年第 10 期。

欧阳康:《全球治理变局中的"一带一路"》,《中国社会科学》2018 年第 8 期。

欧阳谦:《"尚未存在"与"希望哲学"》,《世界哲学》2013 年第 1 期。

欧阳谦:《消费社会与符号拜物教》,《中国人民大学学报》2015 年第 6 期。

漆玲、赵欣:《建立全球伦理的可能性》,《道德与文明》2000 年第 6 期。

钱俊希、钱丽芸、朱竑:《"全球的地方感"理论述评与广州案例解读》,《人文地理》2011 年第 6 期。

曲蓉:《公共空间伦理视域下公德研究的两个基本问题》,《江西师范大学学报》(哲学社会科学版) 2016 年第 1 期。

曲蓉:《关于空间伦理可能性的确证》,《道德与文明》2016 年第 2 期。

R. 舒斯特曼:《身体美学与乌托邦式身体》,刘检译,《世界哲学》2011 年第 5 期。

孙春晨:《符号消费与身份伦理》,《道德与文明》2008 年第 1 期。

孙春晨:《全球伦理与国际伦理》,《唐都学刊》2015 年第 1 期。

孙全胜:《空间生产伦理:条件、诉求与建构路径》,《理论月刊》2018 年第 6 期。

孙全胜:《马克思主义社会空间现象批判伦理的出场形态》,《内蒙古社会科学》(汉文版)2014年第2期。

孙正聿:《历史唯物主义的真实意义》,《哲学研究》2007年第9期。

汤一介:《"全球伦理"与"文明冲突"》,《北京行政学院学报》2003年第1期。

唐代兴:《伦理信任何以可能的本体性思考》,《中国人民大学学报》2017年第5期。

唐健君:《伦理作为身体规训的契约:为身体立法》,《唐都学刊》2015年第1期。

唐健君:《身体作为伦理秩序的始基:以身体立法》,《学术研究》2011年第10期。

唐正东:《历史唯物主义的方法论视角及学术意义——从对西方学界的几种社会批判理论的批判入手》,《中国社会科学》2013年第5期。

田海平:《美德之城的空间正义之维:从城市生命伦理及其"场域发生"看》,《深圳大学学报》(人文社会科学版)2019年第1期。

田鹏颖:《历史唯物主义与"人类命运共同体"》,《马克思主义研究》2018年第1期。

汪怀君:《物、符号与符号消费的伦理意蕴》,《中南大学学报》(社会科学版)2014年第5期。

王振林:《伦理道德的历史唯物主义基础》,《长白学刊》2008年第1期。

王振林:《论历史唯物主义思维对传统伦理观念的变革》,《中国特色社会主义研究》2009年第3期。

王志刚:《马克思〈政治经济学批判大纲〉中的空间思想》,《教学与研究》2015年第3期。

王志弘:《傅柯 Heterotopias 翻译考》,《地理研究》2016年第

65 期。

翁寒冰：《历史唯物主义视域下"以人民为中心"的思想探析》，《南昌大学学报》（人文社会科学版）2018 年第 5 期。

吴红涛：《"空间人"与空间人性化——以哈维的空间伦理批判思想为中心》，《人文杂志》2017 年第 6 期。

吴红涛：《空间伦理：问题、范畴与方法》，《深圳大学学报》（人文社会科学版）2017 年第 4 期。

吴红涛：《乌托邦的空间表征——兼论大卫·哈维的乌托邦伦理思想》，《西南大学学报》（社会科学版）2014 年第 4 期。

吴宏政：《"人类命运共同体"的将来时伦理承诺》，《北方论丛》2018 年第 1 期。

吴璟、王义保：《城市生态权利：问题本质与现实建构》，《天津社会科学》2017 年第 3 期。

吴宁：《列斐伏尔的城市空间社会学理论及其中国意义》，《社会》2008 年第 2 期。

向玉乔、邓世瑜：《空间的共享性与空间伦理》，《伦理学研究》2020 年第 2 期。

薛彦波、仇宁：《现代城市人与生存场所情感关系的转变》，《城市问题》2013 年第 6 期。

闫帅：《从治理城市到城市治理：城市空间正义的政治学分析》，《华中科技大学学报》（社会科学版）2017 年第 4 期。

杨国荣：《信任及其伦理意义》，《中国社会科学》2018 年第 3 期。

杨茜好、朱竑：《西方人文地理学的"流动性"研究进展与启示》，《华南师范大学学报》（自然科学版）2015 年第 2 期。

杨楹：《马克思哲学的最高价值诉求："人民的现实幸福"》，《哲学研究》2012 年第 2 期。

仰海峰：《历史唯物主义的双重逻辑》，《哲学研究》2010 年第 11 期。

姚尚建：《城市权利：解释及分类》，《哈尔滨工业大学学报》（社会科学版）2015年第2期。

衣俊卿：《理性向生活世界的回归——20世纪哲学的一个重要转向》，《中国社会科学》1994年第2期。

袁久红：《劳动的空间分工：政治、权力与地方——马克思主义的女性主义者多琳·马西的空间政治学》，《哲学动态》2014年第11期。

詹小美：《"一带一路"文明互鉴的空间延展》，《陕西师范大学学报》（哲学社会科学版）2017年第4期。

张厚军：《当代社会空间伦理秩序的重建》，《伦理学研究》2018年第1期。

张佳：《大卫·哈维的空间正义思想探析》，《北京大学学报》（哲学社会科学版）2015年第1期。

张康之：《历史的坐标中看信任——论信任的三种历史类型》，《社会科学研究》2005年第1期。

张梧：《资本空间化与空间资本化》，《中国人民大学学报》2017年第1期。

张之沧：《西方马克思主义伦理思想研究》，《马克思主义与现实》2010年第2期。

张之沧：《新全球伦理观》，《吉林大学社会科学学报》2002年第4期。

张中：《空间伦理与文化乌托邦》，《华中科技大学学报》（社会科学版）2010年第1期。

赵建军：《超越"技术理性批判"》，《哲学研究》2006年第5期。

赵丽涛：《网络空间治理的伦理秩序建构》，《中国特色社会主义研究》2018年第3期。

周凡：《重读葛兰西的霸权理论》，《马克思主义与现实》2005年第5期。

周丽昀:《"伦理的身体"何以可能》,《学术月刊》2013 年第 4 期。

周丽昀:《世界主义:全球伦理抑或涉身伦理?》,《湖南师范大学社会科学学报》2016 年第 4 期。

朱竑、高权:《西方地理学"情感转向"与情感地理学研究述评》,《地理研究》2015 年第 7 期。

朱竑、刘博:《地方感、地方依恋与地方认同等概念的辨析及研究启示》,《华南师范大学学报》(自然科学版)2011 年第 1 期。

庄友刚:《何谓空间生产?——关于空间生产问题的历史唯物主义分析》,《南京社会科学》2012 年第 5 期。

邹诗鹏:《何以要回到历史唯物主义研究范式?》,《哲学研究》2010 年第 1 期。

三 学位论文

曹琳琳:《资本空间的伦理研究》,博士论文,南京师范大学,2017 年。

衡孝庆:《现代性视域中的城市伦理研究》,博士论文,苏州大学,2006 年。

李德炎:《人的自由与解放——马克思伦理思想研究》,博士论文,吉林大学,2015 年。

张奥童:《地方与认同》,博士论文,南京大学,2017 年。

张郢娴:《从空间到场所》,博士论文,天津大学,2012 年。

周丹:《道德的"祛魅":马克思对道德的现实批判》,博士论文,华东师范大学,2012 年。

英文文献

A. Synnott, *The Body Social: Symbolism, Self and Society*, London: Routledge, 1993.

Barney Warf, *The Spatial Turn: Interdisciplinary Perspectives*, New York: Routledge, 2009.

Bernardo F., Palma J M., "Place change and Identity Processes", *Medio Ambientey Comportamiento Humano*, No. 6, 2005, pp. 71 - 87.

Christine M., *Korsgaard, The Sources of Normativity*, Cambridge: Cambridge University Press, 1996.

Cresswell T., *Place: A short introduction*, Oxford: Blackwell, 2004.

David Harvey, *Marx, Capital and the Madness of Economic Reason*, New York: Oxford University Press, 2018.

David Harvey, *Social Justice and the City*, Athens and Georgia: The University of Georgia Press, 2009.

David Harvey, *Spaces of Neoliberalization: Toward to a Theory of Uneven Geographical Development*, Stuttgart: Franz Steiner Verlag, 2005.

Derek, P, McCormack, "An Event of Geographical Ethics in Spaces of Affect", *Transactions of the Institute of British Geographers*, 2003, pp. 488 - 507.

Ernst Bloch, *The Principle of Hope*, Vol. I, Oxford: Basil Blackwell, 1986.

Ernst Bloch, *The Spirit of Utopia*, Stanford University Press, Stanford, 2000.

Eyles J., *Senses of Palce*, London: Poin, 1985.

Foster K A, Pitner R, Freedman D A, et al., "Spatial Dimensions of Social Capital", *City & Community*, Vol. 14, No. 4, 2015, pp. 392 - 409.

Gottdiener, Mark, *The Social Production of Urban Space*, Austin: University of Texas Press, 1985.

Harvey David, *The Condition of Postmodernity: An Enquiry into the*

Origins of Cultural Change, Cambridge, Mass: Blackwell, 1990.

Hidalgo M C, Hernandez B., "Place Attachment: Conceptual and Empirical Questions", *Journal of Environmental Psychology*, Vol. 21, No. 3, 2001, pp. 273 – 281.

Hoekveld G A., "Applied Geography and Ethics in Spatial Planning: the Dutch National Spatial Strategy 2006", *Tijdschrift Voor Economische En Sociale Geografie*, Vol. 99, No. 2, 2008, pp. 223 – 237.

Hogan, Trevor, "Everyday Life in the Modern World", *Thesis Eleven*, Vol. 71, No. 1, 2002, pp. 106 – 109.

Howarth D., "Space, Subjectivity, and Politics", *Alternatives Global Local Political*, Vol. 31, No. 2, 2006, pp. 105 – 134.

James D. Proctor, David M. Smith, *Geography and Ethics*, London: Routledge, 1999.

Jameson, Fredric, *The Culture of Globalization*, Durham: Duck University Press, 1998.

Johannes Bircher, "Towards a Dynamic Definition of Health and Disease", *Medicine, Healthcare and Philosophy*, No. 8, 2005, pp. 335 – 341.

Katznelson I., *Marxism and the City*, New York: Oxford University Press, 1992.

Korsch K., *Marxism and Philosophy*, New York: Monthly Review Press, 1970.

Kyle G, Chick G, "The Social Construction of a Sense of Place", *Leisure Science*, No. 29, 2007, pp. 209 – 225.

Lynch T D, Lynch C E, Cruise P L., "Is a Global Ethics Possible?", *International Review of Public Administration*, No. 1, 2001, pp. 59 – 69.

Manuel Castells, *The Urban Question: A Marxist Approach*, London: Edward Arnold Ltd, 1977.

Martin B. , "Place: an Ethics of Cultural Difference and Location", *Educational Philosophy & Theory*, Vol. 32, No. 1, 2000, pp. 81 –91.

Massey D. , "A Place Called Home", *New Formations*, No. 17, 1992, pp. 3 – 15.

Massey D. , "Masculinity, Dualisms and High Technology", *Transactions of the Institute of British Geographers (New Series)*, Vol. 20, No. 4, 1995, pp. 487 –499.

Massey D. , *Space, Place and Gender*, Minneapolis: University of Minnesota Press, 1994.

Mautner M N. , "Life – centered Ethics, and the Human Future in Space", *Bioethics*, Vol. 23, No. 8, 2009, pp. 433 –440.

Miller S, Selgelid M J. , "Ethical and Philosophical Consideration of the Dual – use Dilemma in the Biological Sciences", *Science & Engineering Ethics*, Vol. 13, No. 4, 2007, pp. 523 –580.

Nirali Shah, "The Everyday Gita: a Spiritual Outlook for Life in the Modern World", *Publishers Weekly*, No. 39, 2019, p. 82.

Pallasmaa J. , "New Architectural Horizons", *Architectural Design*, Vol. 77, No. 2, 2010, pp. 16 –23.

Per – Anders Tengland, "Health and Morality: Two Conceptually Distinct Categories?" , *Health Care Analysis*, No. 20, 2012, pp. 66 –83.

Persson A. , "Intimate Immensity: Phenomenology of Place and Space in an Australian Yoga Community", *American Ethnologist*, Vol. 34, No. 1, 2007, pp. 44 –56.

Proshansky H. , "The City and Self Identity", *Environment and Behavior*, No. 10, 1978, pp. 147 –169.

Smith M P. , *Transnational Urbanism: Locating Globalization*, Malden: Blackwell Publishers, 2001.

Steele F. , *The Sense of Place*, Boston, MA: CBI Publishing, 1981.

Stokoe E H, Wallwork J., "Space Invaders: The Moral – spatial Order in Neighbour Dispute Discourse", *British Journal of Social Psychology*, Vol. 42, No. 4, 2004, pp. 551 – 569.

Thomas Schramme, "The Significance of the Concept of Disease for Justice in Health Care", *Theoretical Medicine and Bioethics*, No. 28, 2007, pp. 121 – 135.

Thompson M J., *Constructing Marxist Ethics*, Leiden: Brill, 2015.

Wayne Hudson, *The Marxist Philosophy of Ernst Bloch*, London: Macmillan Press, 1982.

Westlund H, Rutten R, Boekema F., "Social Capital, Distance, Borders and Levels of Space: Conclusions and Further Issues", *European Planning Studies*, Vol. 18, No. 6, 2010, pp. 965 – 970.

Wilde L., *Marxism's Ethical Thinker*, London: Palgrave, 2001.

Williamson M., "Space Ethics and Protection of the Space Environment", *Space Policy*, Vol. 19, No. 1, 2003, pp. 47 – 52.

Wilson R., "A Sense of Place", *Early Childhood Education Journal*, Vol. 24, No. 3, 1997, pp. 191 – 194.

索　引

城市　1—5，7—15，18—20，22—25，28，29，31，32，36，40，46，50，52—58，63，69，72—74，76—82，84，90，92，97，116—147，152—154，156，158，162，171，177，181，183—185，187—196，202—204

城市伦理　4，10，23—26，28，29，32，34，50，54，56，58，75，80，97，115—118，121，122，124—126，131，136，137，139，142，143，145，147，156，176—178，182，185，195，203，204

城乡对立　57，73，78，189，191—193

道德　3，5，6，14，16，18，19，21，26，36，37，43—47，57，61，63，64，66，69—72，75，81，82，87，91，95—97，104，106—109，114，120，126，128，141，145，149，150，152，157，158，163，172，177，179，181—183，186，196，202，204

地方　1，4，17，19，26，49，50，54，58，63，69，75，77，80，82—84，87，88，92，123，131—133，152，160，163—167，179，204

地方感　82，83，166

空间　1—43，46—62，68，69，73—85，87—96，99—103，105，108—114，116—148，150—160，162—167，169—171，173，175—204

空间不平衡发展　2，89，192

空间伦理　1—3，5—16，18—

20, 22—40, 46—52, 54, 56—62, 91, 92, 95, 117, 118, 136, 137, 147, 148, 167, 174, 176—187, 192, 197, 201—204

空间善治 2, 6, 23, 50, 60, 90, 178, 179, 204

空间生产 2, 8, 9, 12—14, 20—22, 28, 37, 38, 48, 52, 81, 89, 122, 136—139, 144, 167, 171, 179, 180, 183, 184, 188

空间正义 12, 20, 21, 23, 51, 52, 89, 117, 126, 136—138, 180, 192, 203

历史唯物主义 1, 2, 5—11, 23—26, 28—47, 52—54, 59—62, 69, 73, 89, 91, 92, 94, 95, 97, 113, 115, 117, 119, 120, 124, 137, 149, 153, 159, 161, 169, 170, 174, 175, 177, 178, 184—188, 191, 202—204

伦理 1—19, 21—26, 28—31, 33—40, 43—52, 54, 56—61, 63, 66, 68—76, 79—82, 84, 86, 87, 90, 91, 94—100, 102, 106—112, 114—131, 136, 139, 144, 145, 147—149, 151—154, 156—167, 171—173, 175—180, 182—192, 194, 196, 197, 199, 201—204

美好生活 5, 7, 10, 11, 15, 24, 30, 35, 47, 52, 98, 102, 109, 113, 145, 165, 170, 175—177, 179, 180, 183, 186, 191, 192, 194, 201, 202, 204

权 力 2, 6—8, 10, 13, 15, 18—22, 25, 29, 31, 37, 48—50, 54, 57, 58, 79, 80, 91, 93, 97, 101, 103, 105, 107—109, 114, 118, 119, 131, 134, 135, 137—139, 141, 144, 148, 151, 159, 161, 163, 164, 172, 173, 176, 179, 181, 202, 203

全球空间 4, 5, 7—11, 18, 23, 24, 31, 32, 40, 50, 52, 55, 56, 58, 83—90, 118, 147—158, 160, 162—164, 166, 167, 170—174, 177, 185, 197—200, 203, 204

全球伦理 9, 10, 23—26, 28, 29, 32, 34, 50, 56, 58, 97, 115, 125, 147, 148, 151—165, 167, 170—

174，176—178，182，185，197，201，203，204

人类解放　10，11，15，16，26，30，31，33，38，39，43—46，58，61—63，71，72，87，89，98，113，121，147，149，151，180，191，198

人类命运共同体　5，50，58，115，147，153，159，165，167—174，177，197，198，200，204

人民群众　2，6，24，30，31，35，36，38，41，47，60，65，95，141，142，180，185，187，188

社会关系　1—4，8，17，25，29，31，32，36—39，41—43，45—47，49，50，52—59，64—66，68，70—74，76，79，80，83，84，88，89，94，101，103—105，107，108，113，116—123，125—127，131—133，135，139，148，155—157，162，167—169，172，178，181，182，187，191，193，202，203

身　体　3，7，8，10，12，18，21，23，25，28，29，31，32，36，40，49，50，52—54，56—58，62，63，67—72，74，90—110，113—116，118，124，130，133，145，147，153，154，162，168，177，183—185，189，203

身体伦理　3，10，23—26，28，29，32，34，50，56，57，91，92，94—97，99，100，103，106—111，114—117，120，125，147，156，176—178，182，185，203，204

生产关系　8，24，33，34，39，46，62，65，70，77，87，88，111，113，119，172，178

生产力　8，24，34—39，46，59，62，65，72，75，78，93，98，102，119，137，165，167，168，174，178

实　践　1—3，5—17，19—22，24—49，51—53，55—66，71—73，75，76，80，82，83，86，88—101，103—105，107—120，123，125—129，132，133，137，139—142，147，149，150，153，154，156—162，164—166，168—180，182，184—188，193，195—197，199，201—204

实践主体 3, 6, 8, 33, 35, 36, 92, 108, 109, 128, 147, 148, 155, 156

世界市场 26, 58, 62, 63, 82, 84—90, 148, 149, 152, 174

私有制 68, 70, 71, 73, 75, 79, 87, 89, 124, 187, 188

网络空间 3, 12, 18, 24, 124, 128, 130, 132, 133, 152

文化 3—5, 8, 10, 14, 16, 19, 28—30, 37, 40, 41, 43—45, 53, 55, 58, 61, 76, 82, 83, 86—88, 91—93, 95, 97, 104—106, 115, 117, 122, 123, 126, 131, 132, 139, 140, 143, 147, 148, 150—152, 154, 155, 157—163, 165, 167, 170, 172—174, 178—180, 186, 191, 192, 195, 196, 198, 199

乌托邦 2, 22, 23, 58, 112, 134, 147, 158—161, 165, 167, 170, 175

乡村 2—5, 10, 31, 46, 54, 57, 63, 73—79, 81, 82, 116—121, 123, 136, 138, 191—196, 202, 204

消费主义 18, 19, 21, 57, 58, 93, 102—104, 106, 107, 111, 114, 159, 163

异化劳动 19, 26, 43, 57, 63, 65—71, 82, 89, 149

资本 1, 2, 5—8, 10, 12, 13, 15—22, 25, 26, 29—31, 35, 37, 45, 48, 49, 51, 54, 55, 57, 58, 62, 67—70, 73, 75—82, 84—93, 96, 98—101, 103, 105—109, 111, 113, 114, 116—119, 122, 125, 126, 131, 132, 134, 136—139, 141, 144, 145, 148—154, 156, 159—164, 171, 176, 178, 179, 181, 182, 188, 189, 191, 195, 198, 202, 203

资本主义 1, 5, 6, 18, 43—45, 57, 59, 62, 66—73, 76, 77, 79—81, 84—89, 92, 98, 107, 111, 112, 118, 119, 141, 148, 149, 156, 160—164, 166, 167, 169, 180, 181, 188, 190, 191, 198, 200

自由劳动 63—67

致 谢

本书是我在博士学位论文的基础上进一步修改完成的。在导师董慧教授的指导下,我的博士学位论文选题不断地调整,最终选定空间伦理作为研究对象。因为董慧教授在空间理论研究领域取得了一系列的成果,所以我博士阶段一直跟随导师做空间方面的学习与研究。空间理论研究集中于资本、权力与空间的关系,相对在空间与伦理的关系上研究较少,而空间在经过人类的社会实践后,有了人类社会关系的烙印,在空间中必然会产生伦理问题。我国现代化建设的过程涉及的住宅空间、空间规划、城乡空间、公共空间、文化空间和网络空间等对象,在依法治理的同时,也需要伦理秩序的规范。因此,作为马克思主义理论专业的博士,立足马克思主义的立场观点方法,从历史唯物主义视域出发,去研究空间伦理的基本范畴、主体结构与新时代意义有其合理性与必要性。

博士求学经历是我的学术能力不断提升的重要阶段,也是我成长路上的珍贵财富。我最应该感谢的是我的博士导师董慧教授。说实话,在博士开学前,因为国家治理研究院较高的毕业要求,我曾有过动摇、放弃的念头,是董老师给了我继续攻读的力量和信心。忘不了和董老师在学校操场旁的石凳上的谈话,董老师对我说:"你要相信自己,也要相信我可以指导你。"这一句话,她认真践行到现在,我也努力做到不辜负她的信任。回想起来,电子邮箱里几乎都是我与董老师往来的邮件,这些邮件是我们修改论文和学术交流的日常，也记录着我科研成长的过程。这些你来我往的邮件，包含的是董老师对我学业的细心指导，也包含着我对导师的信任和依赖。我希望自己做得更好一点，董老师就为我少操心一些，但我时常还是做得不够好。正是在董老师的不断"敲打"下，我才能够完成博士学位论文的撰写。

感谢欧阳康教授、江畅教授、毛华兵教授、黄岭峻教授、成良斌教授、黄长义教授、张峰教授、杜志章教授和杨金华教授。他们作为我博士论文开题、预答辩和答辩的专家，对论文选题和内容质量提出了很多宝贵的修改建议和进一步深化研究的方向，让我更加清楚地认识到研究还有很多需要补充与完善的地方。在博士论文写作与修订过程中，我还得到了同门师弟师妹们的帮助，他们不止一次地帮我进行论文校对和文献核查工作。在此，感谢他们的帮助与关心，他们是同门、是朋友、也是未来的同行者。

读博本身是一个需要勇气的事情。本科阶段，我读的是哲学专业，后来推免到华中科技大学哲学系，跟随邓晓芒教授继续攻读外国哲学的硕士。硕士毕业时我的研究对象是维特根斯坦，邓老师觉得我硕士论文写得不错，邀请我将硕士论文的主体部分发表到了《德国哲学》（2016）上面，这给了我很大的鼓励，也让我有了继续读博的信心，所以，当时我读博的目标也都聚焦在分析哲学上，但后来因缘际会，我去了华中科技大学马克思主义学院和国家治理研究院读博。从外国哲学专业到马克思主义基本原理专业，我开始了新方向的学习与探索。在董老师的认真指导下，在邓老师的鼓励下，我终于进入了马克思主义理论研究的领域，开始了我的博士阶段学习。感谢在我读书期间给我关怀与帮助的每一个人。

我还要感谢关心与支持我的单位领导和同事们。2020年底，我入职了重庆大学马克思主义学院。学院领导和同事们对我的生活和工作都非常关怀，大到教学科研的指导，小到饮食居住的帮助，都让我感到温暖和幸福。特别是本书的出版，离不开学校和学院的支持。本书出版受到重庆大学马克思主义学院和重庆大学中央高校基本科研业务费项目"21世纪国际共产主义史学新发展研究"（项目编号：2022CDJSKZX12）的资助支持。特此感谢！

本书有幸入选"中国社会科学博士论文文库"，感谢中国社会科学院组织者、评委老师的肯定与厚爱。感谢中国社会科学出版社哲学宗教与社会学出版中心的朱华彬老师，他作为本书的责任编辑，对本书进行了十分认真与细致的审读与校对工作，提出了很好的修改建议。想起来在前期进行出版合同签订时，由于我第一次申请出版经费，对学校的流程没搞清楚，导致合同在北京与重庆之间来回邮寄多次，但即使麻烦与辛苦，朱华彬老师在与我的沟通交流中都始终保持着耐心为我解答疑问。再次感谢朱华彬老师的敬业与负责。

我的父母思想开明，重视儿女教育，感谢他们一路支持我读到博士，尽管这个过程是艰辛的，但他们毫无怨言。我偶尔会想，选择这样漫长的读书过程正确吗？大多数同龄人早已工作、独立，而我由于读书无法分担父母的辛苦，对于父母，我始终心存愧疚。漫漫人生路，陪伴左右不离不弃的始终是家人，家是我漂泊在外唯一想念的地方。

本书虽然即将出版，但我对空间伦理的理解还处在发展之中。理论常青的奥秘在于理论研究总是伴随着实践而不断深化，人类的实践总是会改变空间伦理的内容。虽然本书在历史唯物主义视域下，以马克思恩格斯的空间伦理思想为基础，对当代多样化空间中存在的伦理问题尝试进行分析和思考。但是，历史唯物主义视域下的空间伦理研究是一个常提常新的重要议题，学者们对它的认识和理解也不尽相同。受到我自身学识和科研能力的限制，本书的议题研究还存在一些不足和进一步值得推进的地方，比如对空间伦理理论与实践的进一步融合研究，对新时代中国的空间伦理实践的解读等，这些都需要我在今后的科研中进一步探究。因个人学力有限，本书难免存在一些不足与问题，敬请大家批评指正。

李家丽

2022年8月